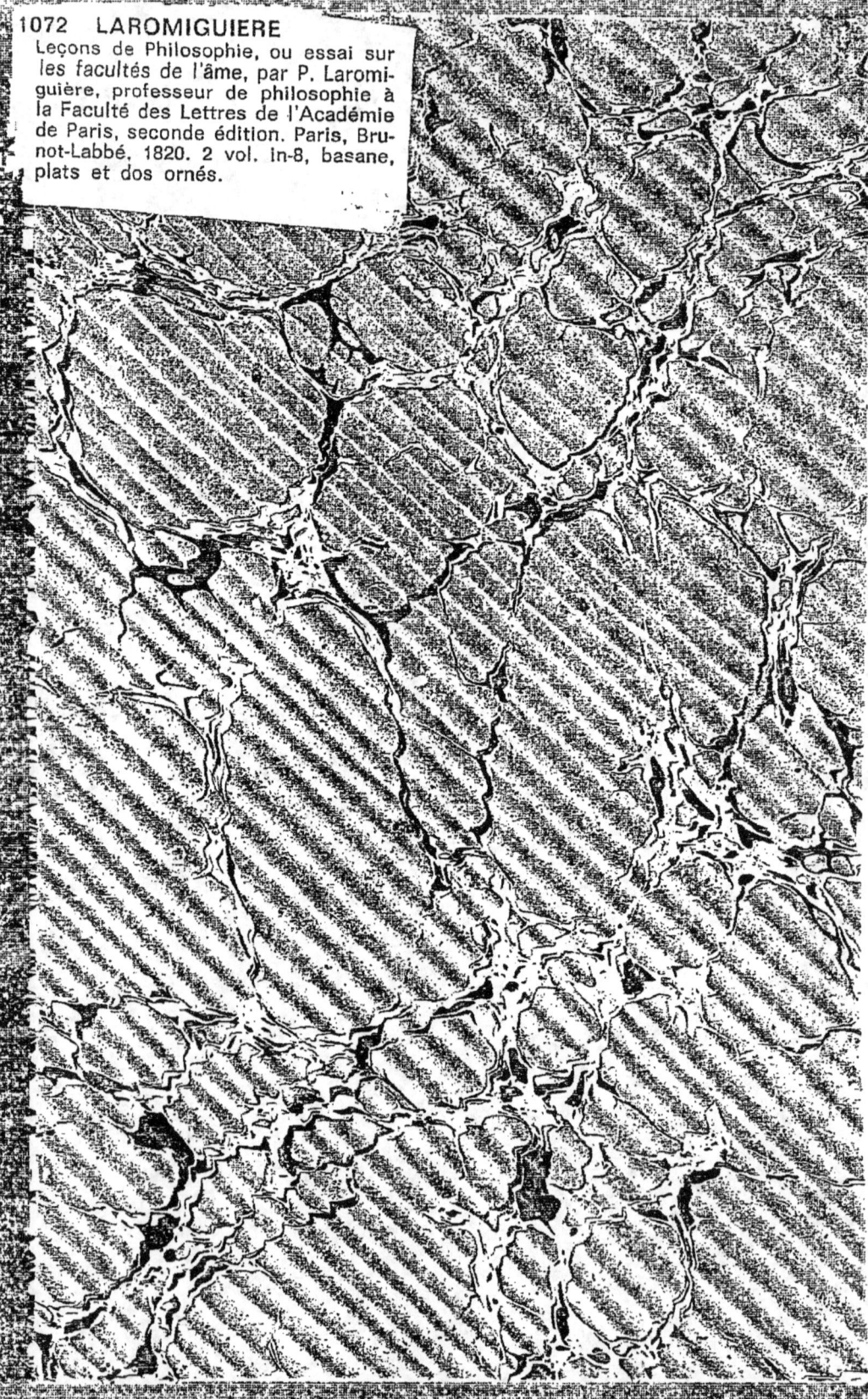

1072 LAROMIGUIERE
Leçons de Philosophie, ou essai sur les facultés de l'âme, par P. Laromiguière, professeur de philosophie à la Faculté des Lettres de l'Académie de Paris, seconde édition. Paris, Brunot-Labbé, 1820. 2 vol. in-8, basane, plats et dos ornés.

LEÇONS
DE PHILOSOPHIE,

OU

ESSAI
SUR LES FACULTÉS DE L'AME.

PAR P. LAROMIGUIÈRE,

PROFESSEUR DE PHILOSOPHIE A LA FACULTÉ DES LETTRES
DE L'ACADÉMIE DE PARIS.

TROISIÈME ÉDITION.

TOME SECOND.

PARIS,
BRUNOT-LABBE, LIBRAIRE DE L'UNIVERSITÉ,
QUAI DES AUGUSTINS, N°. 33.
1823.

IMPRIMERIE DE FAIN, PLACE DE L'ODÉON.

LEÇONS
DE PHILOSOPHIE,

OU

ESSAI
SUR LES FACULTÉS DE L'AME.

PAR P. LAROMIGUIÈRE,

PROFESSEUR DE PHILOSOPHIE A LA FACULTÉ DES LETTRES
DE L'ACADÉMIE DE PARIS.

TROISIÈME ÉDITION.

TOME SECOND.

PARIS,
BRUNOT-LABBE, LIBRAIRE DE L'UNIVERSITÉ,
QUAI DES AUGUSTINS, N°. 33.
1823.

LEÇONS
DE
PHILOSOPHIE.

SECONDE PARTIE.
De l'entendement considéré dans ses effets,

OU

DES IDÉES.

PREMIÈRE LEÇON.
INTRODUCTION A LA SECONDE PARTIE.

Messieurs,

Nous allons continuer l'étude de la *philosophie*. C'est ainsi que nous désignons, tous, l'objet que nous désirons de connaître. Mais on peut être d'accord sur le langage sans avoir les mêmes idées ; et cela arrive surtout lorsqu'on transporte dans sa langue naturelle les mots d'une langue étrangère. Comme nous ignorons le motif de la première imposition des noms, il est rare que nous puissions apprécier leur juste valeur; et nous n'avons pour règle qu'un usage qui varie, ou des autorités qui se combattent. Il faut donc qu'étant exprimée par des signes devenus arbitraires, la vérité perde à nos yeux ce qu'elle a de certain et d'évident. Dès lors, il n'est plus d'opinion qu'on ne puisse attaquer ou défendre avec des argumens également spécieux; rien d'absurde qu'on ne puisse ériger en dogme; rien d'assuré qu'on ne puisse ébranler; et il ne reste à la bonne foi que l'ignorance ou le doute.

Les hommes ne seront heureux, dit Platon, *que lorsqu'ils seront gouvernés par des philosophes.* Voilà la philosophie sur un trône.

Où est le philosophe, dit Rousseau, *qui, pour sa gloire, ne tromperait pas le genre humain?* Voilà la philosophie sur un tréteau.

Ainsi, la philosophie est tout ce qu'il y a d'excellent, de sublime; elle est tout ce qu'il y a de pernicieux, de vil.

Quand les choses en sont venues à ce point; quand on n'a qu'un langage pour exprimer ce que les extrêmes ont de plus opposé, la parole a perdu sa destination primitive. Elle devait rapprocher les esprits, unir les âmes : elle empêche toute communication d'idées et de sentimens.

Je ne puis donc pas vous dire ce que c'est que la philosophie. On a rendu cette définition impossible.

Nous avons appris, il est vrai, que *philosophie* est la même chose qu'*amour de la sagesse*, et que la sagesse, pour les anciens, était ce que les modernes appellent du nom de *science*. Mais quelle science devait-on cultiver pour mériter, et pour obtenir le titre de philosophe?

Suffisait-il de rechercher les principes des choses; d'imaginer quelque système sur le débrouillement du chaos, sur le combat des élémens, sur la naissance des dieux et des hommes? Fallait-il, comme Platon, dédaigner tout ce qui est sujet au changement; comme Anaxagore, passer sa vie dans la contemplation des astres; comme Socrate, se donner tout entier à la morale? Fallait-il, comme Zénon, soutenir que la douleur n'est pas un mal? Fallait-il rire avec Démocrite, pleurer avec Héraclite?

Les Grecs, qui avaient fait le mot *philosophie*, et qui, par cette raison, auraient dû, ce semble, en connaître le sens le plus précis, ne savaient donc pas toujours ce qu'ils disaient lorsqu'ils le faisaient entrer dans leurs discours;

et, comme nous, ils l'employaient au hasard. Qui pourrait croire que les stoïciens, les graves stoïciens, quand ils s'arrêtaient avec tant de complaisance sur les puérilités de la dialectique, fissent en effet de la *philosophie*, qu'ils fussent inspirés par le désir de la *science*, par l'amour de la *sagesse*?

Mais s'il faut renoncer à définir la philosophie, s'il est peu raisonnable de vouloir deviner ce qu'on entend par un mot que chacun entend à sa manière; et, si nous n'avons pas le droit de prescrire ce qu'il faut entendre, il nous sera permis du moins de dire ce que nous entendons.

Quel que soit le nombre de nos connaissances, quel qu'en soit l'objet, toutes peuvent se rapporter à deux points de vue. Ou nous faisons l'étude de ce qui est hors de nous, ou nous nous étudions nous-mêmes.

Des savans, pour expliquer l'ordre de l'univers, observent l'infinie variété des phénomènes qui produisent cet ordre. On les appelle *physiciens*.

D'autres observent les phénomènes non moins variés de la pensée et de la sensibilité; ils cherchent à en découvrir les lois. Nous les appellerons *philosophes*.

Les physiciens et les philosophes se sont partagé la nature. Les premiers ont pris tout, à l'exception de l'esprit humain. Les derniers ne se sont réservé qu'eux-mêmes, que leur intelligence. Il se pourrait que leur part ne fût ni la moindre, ni la moins importante.

Depuis deux cents ans, la physique a fait des progrès que n'avaient jamais soupçonnés les siècles antérieurs, et qui feront l'étonnement de la postérité. Chaque jour éclaire des découvertes nouvelles, des prodiges nouveaux. Les observations naissent des observations, les expériences des expériences. L'immensité des faits, auparavant cachés dans le sein de la nature, et qui maintenant se laissent apercevoir, s'accroît d'année en année, et presque d'un moment à l'autre.

Au milieu de tant de merveilles inattendues, les physiciens allaient être accablés sous le poids des richesses, quand ils eurent l'idée heureuse de tout réduire, de tout simplifier, en ramenant l'objet de leurs études à une théorie générale des forces des corps. Ils nous ont donné la *mécanique terrestre*, la *mécanique céleste*, *celle des solides*, *celle des fluides*; et, de ces divers traités sur la puissance des mobiles, on a vu sortir leur science toute entière.

La philosophie, depuis la même époque, n'est pas moins riche en observations nouvelles sur ce que nous sentons au dedans de nous, que la physique sur ce que nous apercevons au dehors. Ses progrès, il est vrai, n'ont pas le même éclat; ils ne frappent pas également : mais qu'on pense à ce que nous devons à Bacon et à Descartes. De combien de préjugés ne nous ont-ils pas guéris? De combien d'erreurs, consacrées par l'assentiment des siècles, ne nous ont-ils pas désabusés? Et, après nous avoir si bien avertis de ne pas nous engager dans les fausses routes qu'ils venaient de signaler, quels soins ne se sont-ils pas donnés pour nous faire connaître la véritable, pour nous y placer, pour nous y guider?

Les *aphorismes* de Bacon et les *règles* de Descartes devaient former des disciples dignes de succéder à ces grands hommes. Aussi, l'héritage de leurs pensées s'est-il accru sans cesse des fruits de nouvelles méditations.

Tout a été examiné, discuté, analysé par le génie de Mallebranche, de Locke, de Leibnitz, de Condillac, et par quelques autres philosophes dont les recherches utiles ou ingénieuses placent les noms à la suite de ces noms célèbres.

Des affections et des qualités qu'un instinct conservateur nous force de rapporter aux différentes parties de notre corps, ou à des corps étrangers, ont été rendues à l'âme, à laquelle seule elles appartiennent. Après un tel triomphe de la raison sur l'instinct, la distinction de l'esprit et de la matière s'est présentée d'elle-même; et il a fallu admirer de plus en plus l'auteur des choses, à qui il a suffi, pour assurer l'union de deux substances que leur nature tendait à tenir séparées, de faire que l'une se sentît ou crût se sentir dans l'autre.

On a reconnu de véritables jugemens, où les anciens philosophes ne voyaient que de simples sensations. Cette découverte, comme un trait de lumière, a dissipé tout à coup les ténèbres qui obscurcissaient l'entrée de la science.

Les différens modes de la sensibilité ont été séparés les uns des autres. D'un côté, on a fait la part de ce que nous devons à chaque sens, et de ce que nous devons à leur réunion; de l'autre, on a marqué la différence qui se trouve entre les impressions qui nous viennent du dehors, et ce que nous éprouvons par l'action de nos facultés intellectuelles et morales, soit dans le moment même qu'elles agissent, soit à la suite et en vertu de cette action. (Leç. 3, t. 2.) Dès lors, on a pu assigner avec certitude la véritable origine des idées.

L'origine, ou plutôt les diverses origines de nos connaissances ont donc été mieux observées. La nécessité de remonter à ces origines a été mieux sentie.

Ce que l'homme doit à la parole pour former ses jugemens (leç. 5.); pour s'élever, des premières abstractions aux notions les plus universelles, des rapports contingens aux vérités nécessaires; pour faire naître la raison, si on ose le dire, et pour lui donner tous ses développemens, a été reconnu, constaté.

La méthode, sans laquelle l'esprit ne peut rien ou presque rien, a cessé d'être un mystère. On a su enfin quelles facultés doivent agir, et dans quel ordre elles doivent agir, pour assurer nos connaissances. On a su que l'artifice de la méthode, lorsqu'elle s'applique à des idées qui ne dérivent pas immédiatement du sentiment, consiste dans l'analogie de ces idées et dans l'analogie du langage.

Deux questions surtout, disons mieux, deux vérités qui sont au-dessus de toutes les autres vérités, ont été le but des méditations de la philosophie. Il n'est plus permis aujourd'hui à quiconque peut suivre le fil d'une démonstration, de mettre en doute la simplicité ou l'unité du principe qui pense; et, si les preuves de l'existence d'un Dieu créateur et modérateur de l'univers ne pouvaient pas acquérir un nouveau degré de certitude, on a pu, du moins, leur imprimer le caractère d'une évidence plus frappante, plus générale.

De tels objets ont une dignité et une grandeur qu'on ne peut méconnaître. Ils élèvent la raison, ils l'ennoblissent ; et celui qui voudrait les dédaigner, trahirait le secret d'une âme pauvre et commune, qui ne trouve des jouissances qu'en les cherchant hors d'elle-même.

Mais, si rien n'a droit de nous intéresser autant que l'étude de la philosophie ; si l'on ne peut se défendre d'un sentiment de joie par l'espérance de connaître enfin ce qui nous touche de si près ; il faut bien se dire que, dans l'état d'imperfection où se trouve jusqu'ici la langue des philosophes, rien aussi n'exige plus de persévérance dans la méditation, plus de recueillement dans la pensée, plus de bonne foi avec soi-même, et plus, en même temps, de cet esprit simple, naturel et naïf, qui n'ôte rien, n'ajoute rien, voit les choses comme elles sont, et les énonce comme il les voit. L'imagination serait ici le plus grand des obstacles. En s'interposant entre nous et la nature, elle nous en déroberait la vue; et nous serions éblouis par des fantômes.

Il faudra cependant que nous arrêtions quelquefois nos regards sur ces fantômes, pour apprendre à ne pas les confondre avec la réalité.

Nous serons plus assurés de nous bien connaître, lorsque nous nous serons étudiés, et en nous-mêmes, et dans les opinions des philosophes.

Nul esprit ne peut suffire à ce double travail de critique et de méditation, si l'ordre n'en dispose les parties de telle sorte, que l'intelligence des premières facilite l'intelligence de celles qui suivent. Il faut donc qu'un lien commun les unisse, pour en former un système qui se développe de lui-même, et sans effort.

Et, puisque les physiciens ont porté l'ordre dans le chaos immense que leur avait d'abord présenté l'étude de l'univers, en ramenant tout à la théorie des forces des corps, pourquoi n'aurions-nous pas essayé d'imiter leur exemple ? Pourquoi, afin de régulariser la suite de nos pensées, n'aurions-nous pas cherché à les rapporter toutes à une pensée unique, à réduire tout à un traité des puissances de l'esprit, *des facultés de l'âme?*

Tel est le titre que nous avons placé à la tête de nos leçons. Si ce titre est juste, il faut qu'il appelle autour de lui toutes les questions agitées par les philosophes. En effet, quelle question peut échapper à une théorie complète des facultés de l'âme, à une théorie qui nous les montrerait dans leur *nature*, dans leurs *effets* et dans leurs *moyens ?*

Nous avons essayé, dans la première partie, de dire en quoi consiste la nature de ces facultés.

La philosophie, trompée par une fausse apparence, avait cru les apercevoir, tantôt dans les sensations, tantôt dans les idées. Nous les avons séparées des unes et des autres. L'être qui sent agira sans doute; mais, sentir n'est pas agir. L'être qui agit produira un effet; mais, cet effet n'est pas l'action.

Il ne suffisait pas d'avoir marqué les facultés par le caractère qui les distingue de ce qui n'est pas elles. Il fallait encore saisir le caractère qui les distingue les unes des autres, quoique toutes, dans leur nature, ne soient qu'une seule et même chose. Nous nous sommes assurés de ce qu'elles ont d'identique et de ce qu'elles ont de divers; en les voyant sortir d'un même principe, non pas à la fois, mais successivement et dans un ordre nécessaire; en sorte que, celles qui sont composées n'auraient jamais pu se produire, si les plus simples ne s'étaient montrées d'abord.

Alors le système des facultés de l'âme s'est laissé voir dans toute sa simplicité. Il se compose, il est vrai, de deux systèmes particuliers. D'un côté, c'est l'attention qui se concentre sur une seule idée, ou se partage entre deux, ou se porte sur quatre, en saisissant deux rapports à la fois; de l'autre, c'est le désir qui tend de toutes ses forces vers un seul objet, ou qui se modère pour faire un choix entre plusieurs, ou qui se suspend et s'éclaire pour mieux choisir encore, lorsqu'il aura tout examiné, tout pesé, tout balancé.

Ainsi, nous avons un entendement qui s'exerce par l'attention, par la comparaison et par le raisonnement. L'auteur de notre être, en nous donnant ces facultés, nous a rendus capables de discerner la vérité ; comme aussi, il nous a rendus capables d'aimer le bien, en nous donnant une volonté qui se manifeste par le désir, par la préférence et par la liberté.

Mais ces deux systèmes ne sont pas indépendans l'un de l'autre. La volonté est subordonnée à l'entendement, et l'unité de système n'est pas altérée.

Or, les facultés de l'entendement une fois connues, on n'a plus besoin de chercher la méthode. Elle se montre aussitôt ; et si elle est ignorée, c'est que les facultés dont elle n'est que l'emploi régulier sont elles-mêmes ignorées.

Des êtres dont l'entendement aurait une faculté de moins, ou comprendrait une faculté de plus, seraient assujettis à une méthode différente ; et ils concevraient les choses autrement que nous.

Privés du raisonnement, pourraient-ils conduire leur esprit comme nous conduisons le nôtre ? Y aurait-il pour eux des principes et des conséquences ?

Enrichis d'une quatrième faculté qui nous manque, et que nous ne saurions imaginer, mais qu'il nous est permis de supposer, n'est-il pas à croire qu'ils feraient des combinaisons d'idées qui nous sont inaccessibles, et que leur intelligence s'élèverait au-dessus de l'intelligence de l'homme, autant que celle de l'homme s'élève au-dessus de celle des animaux ?

La méthode que nous devons suivre n'est donc pas arbitraire. Elle est fondée sur les lois de notre existence. Se faire des idées exactes par l'attention, les rapprocher par la comparaison, les enchaîner par le raisonnement : voilà tout ce que nous pouvons faire, et ce que nous sommes obligés de faire, sciemment ou à notre insu, toutes les fois que nous voulons acquérir la connaissance d'un objet.

Enfin, de l'analyse des facultés de l'âme et des règles sur la méthode, sont sorties des réflexions propres à nous aider de plus en plus dans nos études ; et, peut-être n'aurez-vous pas trouvé tout-à-fait inutiles, celles qui ont pour objet les *définitions*, leur usage, et surtout leur abus.

Telles sont les principales questions qui nous ont occupés jusqu'à ce moment.

Il me serait moins facile de vous présenter une exposition aussi rapide, et en même temps intelligible, des autres parties du cours de philosophie.

Vous connaissiez la nature des facultés de l'âme. Vous les aviez observées dans leur origine et dans leur génération. Vous aviez été frappés du rapport qui existe entre ces facultés, et la méthode qui peut le mieux soulager notre faiblesse. Il a donc suffi de quelques mots pour vous rappeler ce que vous saviez déjà. Mais ici, vous êtes censés ignorer ce qui ne doit être exposé que dans la suite de nos discours. Puis-je me flatter que des énoncés sommaires, des énoncés qui résument, vous donneront des idées que vous n'avez pas, comme ils ont suffi pour réveiller des idées qui vous étaient devenues familières?

Je m'abstiendrai donc de vous présenter à l'avance une table de matières, propre, si l'on veut, à réfléchir une lumière empruntée, mais incapable d'éclairer par elle-même. J'indiquerai seulement les principales divisions; et je dirai ce que je me suis proposé d'offrir à votre curiosité, ou de livrer à votre examen.

L'âme unie au corps éprouve des sensations, des sentimens qui se succèdent, en se variant, tout le temps que cette union persiste. Or, l'âme ne peut pas sentir et être indifférente à ce qu'elle sent. Le plaisir et la douleur la forcent d'abord à sortir du repos. Elle ne peut pas sentir et ne pas agir.

Exister, de la part de l'âme, c'est donc agir, puisque exister c'est sentir. *Exister, sentir, agir :* ces trois mots expriment trois choses qui ne sont pas séparées, ou qui du moins sont rarement séparées.

Elles pourraient l'être, sans doute. Une âme réduite à la sensibilité et à la simple activité n'en existerait pas moins pour être privée de tout sentiment, et pour n'avoir jamais produit aucun acte. L'œil n'est pas anéanti lorsqu'il cesse de voir ou de regarder.

Mais cette supposition n'est pas la nôtre. Nous sommes sensibles, et nous sentons. Nous sommes actifs, et nous agissons. Nous agissons parce que nous sentons. Nous agissons sur ce que nous sentons. L'entendement et la volonté, excités par les sensations et par d'autres sentimens, s'appliquent à ces sentimens et à ces sensations ; la volonté, pour écarter ce qui nuit, ce qui déplaît, pour ne pas laisser échapper ce qui peut faire notre bien ; l'entendement, pour étudier, démêler, distinguer des manières d'être qui nous intéressent si vivement, pour les connaître enfin, soit en elles-mêmes, soit dans leurs causes.

Le tableau des facultés de l'âme serait donc à peine ébauché, s'il ne montrait ces facultés que dans le calme et le repos. C'est dans leur action, c'est dans les effets qu'elles produisent, qu'il faut surtout les observer ; car notre sort en dépend, les vraies ou les fausses lumières, le bonheur ou le malheur.

Ainsi, l'étude des facultés de l'âme, considérées dans leur *nature*, commande l'étude de ces mêmes facultés considérées dans leurs *effets*. Ce nouveau travail, on le voit, comprend ce que nous devons à l'action de l'entendement, et ce que nous devons à l'action de la volonté. Il se divise en deux sections qui, par l'étendue et par la diversité de leur objet, constituent deux parties de la philosophie.

Celle qui a pour objet de nous apprendre ce qui résulte de l'application de l'entendement à nos différentes manières de sentir, ou de nous montrer comment se forment nos idées et nos connaissances, c'est la *métaphysique*.

Celle qui examine les produits de la volonté, c'est la *morale*, la science des mœurs, la science du juste et de l'honnête.

La métaphysique et la morale seraient des sciences mortes, ou tout-à-fait stériles, si un art, qui est le privilége de l'homme, ne venait les vivifier et les féconder.

Comme la main seule ne peut mouvoir les grands corps, et qu'elle est inhabile à donner à ses dessins l'exactitude des contours géométriques, tandis qu'à l'aide d'un instrument elle soulève les masses les plus énormes, ou trace des courbes parfaites; ainsi, l'entendement, livré à lui-même, ne sentira que sa faiblesse; et chacun de ses efforts attestera son impuissance. Donnez-lui des secours; à ses moyens naturels, ajoutez des moyens artificiels : ses ouvrages porteront l'empreinte de la force et de la régularité.

Quel est donc l'artifice qui opère de tels prodiges, qui change, pour ainsi dire, la nature de l'esprit, qui donne à ses facultés tant d'énergie, tant de rectitude?

C'est ici qu'il importe de ne pas abandonner les inspirations, toujours sûres, du bon sens, pour les prestiges d'un art trompeur. Tout ce que nous aurions appelé à notre secours se tournerait contre nous; et, au lieu de nous sentir plus forts, à peine serions-nous capables d'agir.

Que l'expérience des autres, que notre propre expérience ne soient pas perdues. Nous nous sommes mépris sur le choix des moyens qui nous sont nécessaires; nous nous sommes égarés, parce que nos observations ont été mal faites. Observons mieux, et nous les découvrirons, ces moyens. La nature, il est vrai, ne les montre pas immédiatement; mais il suffit qu'elle les indique, pour que nous puissions nous en rendre les maîtres. Dès qu'ils seront à notre disposition, on verra de nouveaux effets se produire, se multiplier; et l'esprit s'étonnera de faire, sans effort, ce qui semblait excéder ses forces.

La science qui nous donne ainsi le secret de notre puissance, c'est la *logique*.

Un cours complet de philosophie se divise donc en quatre parties : 1°. Des facultés de l'âme considérées dans leur nature, ou, ce qui revient au même, *de la nature de l'entendement, et de la nature de la volonté*. 2°. Des produits de l'entendement, et particulièrement de ses premiers produits, ou *de la métaphysique*. 3°. Des produits de la volonté, ou *de la morale*. 4°. Des moyens d'augmenter les forces de l'esprit, de rendre ses opérations plus faciles, plus promptes et plus sûres, ou *de la logique*.

La première partie, celle qui nous fait connaître *la nature de l'entendement, et la nature de la volonté*, n'a pas reçu de nom; et elle ne pouvait pas en recevoir, car elle n'avait pas encore été traitée : non que je veuille dire qu'on n'ait rien écrit sur les facultés de l'âme. Aristote parmi les anciens, Volf, Bonnet et tant d'autres parmi les modernes, m'accuseraient d'un grand oubli, ou d'une grande injustice. Mais aucun auteur n'a jamais assez bien senti la nécessité de distinguer des choses essentiellement différentes, ce qui dans l'âme est actif et ce qui n'est pas actif, les actes et les produits de ces actes. Souvent même, vous le savez, les *sensations* dont la cause est hors de nous, ont été rangées parmi les *opérations* dont nous portons le principe en nous-mêmes.

Les facultés n'ayant donc jamais été séparées, ou des idées, ou des sensations, on ne pouvait pas imaginer de faire à part un traité des facultés : on ne pouvait donc pas s'aviser de lui donner un nom.

Ce nom est-il nécessaire? et serons-nous obligés de créer un mot nouveau?

Dans la langue que nous parlons, ou du moins que nous devons parler; dans une langue qui est en même temps française et philosophique; dans une langue qui, sous le premier de ces rapports, a atteint, franchi peut-être les bornes de la perfection, et qui, sous le second, se trouve surchargée de beaucoup trop de mots, on doit être extrêmement sobre d'innovations. Elles ne pourraient trouver leur excuse que dans une indispensable nécessité.

Innovons dans les idées, si nous pouvons, pourvu qu'elles soient justes et utiles. Les mots ne nous manqueront pas : ils sont là, qui nous attendent; ils viendront même à nous. Une langue assez riche pour avoir suffi au génie *innovateur* de Descartes, de Pascal et de Malebranche, doit nous faire éprouver l'embarras du luxe, plutôt que celui de la disette.

Innover, en même temps, dans les idées et dans le langage, c'est appeler deux fois la critique. Sacrifions-lui le mot; peut-être elle nous laissera la chose.

Nous pouvons donc nous en tenir à la division ordinaire d'un cours de philosophie. Rien ne nous empêche de réunir, sous le titre de *Métaphysique*, la première et la seconde partie du cours dont nous venons de tracer le plan. Alors, la métaphysique comprendra *les facultés de l'âme considérées en elles-mêmes, et l'entendement considéré dans ses effets;* ou, en d'autres termes, elle comprendra *l'origine et la génération, soit des facultés, soit des idées*. Mais il faut bien se souvenir que, si l'on néglige l'étude des facultés de l'âme, on n'ignorera pas seulement la théorie de ces facultés, on ignorera encore la vraie théorie des idées : car, on ne peut bien connaître les effets quand leurs causes sont inconnues; et, dès lors, que sera la métaphysique?

Celui qui posséderait la métaphysique, la logique et la morale, saurait tout ce qu'enseigne la philosophie.

L'objet que je me suis proposé n'embrasse pas cette science entière. J'ai voulu, principalement, arrêter votre attention sur les facultés auxquelles nous devons toutes nos idées; déterminer la natûre de ces idées, montrer leur origine, assigner leurs causes, les distribuer en différentes classes, et expliquer ainsi *la manière dont se forme l'intelligence de l'homme.* Tel est le but des leçons que vous avez entendues dans la première partie, et de celles qui vont suivre dans la seconde.

J'ai voulu aussi, afin de vous aider à lire avec un esprit de critique les ouvrages des métaphysiciens, vous faire part des réflexions dont je n'ai pu me défendre quand j'ai remarqué leurs obscurités, leurs incertitudes, leurs contradictions, leurs interminables disputes; et, sans empiéter sur ce qui appartient spécialement à la logique, unir à ce travail des recherches sur la méthode.

L'étude de l'entendement humain a suffi pour occuper la vie de plusieurs philosophes célèbres. Il n'ont pas tout dit, ni toujours ce qu'il fallait dire. Il reste donc quelque chose à faire après eux.

Vous avez paru accueillir les observations

que je vous ai communiquées sur la nature des facultés auxquelles nous devons toutes nos connaissances. Je vais parler des connaissances elles-mêmes, ou des *idées*, et j'oserai encore vous présenter des vues qui me sont propres. L'obligation de se livrer, en métaphysique, à des recherches nouvelles, durera tout le temps que dureront les divisions des métaphysiciens.

DEUXIÈME LEÇON.

De la nature des idées.

Les êtres qu'une volonté toute-puissante fit sortir du néant, forment comme deux mondes opposés dans un seul univers; le monde des corps, et le monde des esprits.

L'un s'ignore, l'autre se connaît; l'un est soumis à des lois qui lui sont imposées, et qu'il ne peut transgresser; l'autre s'impose à lui-même des lois; il se régit par des volontés libres.

La terre que nous habitons, les astres qui nous éclairent, furent reçus dans le vaste sein d'une étendue que rien ne peut mesurer.

Les esprits, au contraire, ne sauraient accomplir leurs destinées dans aucun lieu, dans aucune étendue.

Cependant, rien n'est isolé : tout se lie par des rapports; tout se tient. L'œil des intelligences pénètre dans les profondeurs de l'espace : il admire les merveilles dont elles sont le théâtre; il s'élève jusqu'à celui qui ordonna qu'elles fussent.

Qu'eût été l'univers privé de tout témoin ? Tant de beautés, tant de magnificence devaient-elles être éternellement ignorées ? et, si toutes les créatures avaient été insensibles, à qui les cieux auraient-ils raconté la gloire de leur auteur ?

« Quand l'univers l'écraserait, l'homme, dit Pascal, serait encore plus noble que ce qui le tue, parce qu'il sait qu'il meurt; et l'avantage que l'univers a sur lui, l'univers n'en sait rien. »

La dignité du sentiment qui respire dans cette pensée, la manière sublime dont elle est rendue, auraient dû faire taire toutes les critiques. Comment a-t-on pu dire que la raison était blessée de ce rapprochement, entre une telle infinie grandeur et une telle infinie petitesse ?

La raison dit impérieusement que celui qui meurt, mais qui sait qu'il meurt, appartient à un ordre plus élevé que l'être qui existe sans connaître son existence; l'un fût-il un atome, l'autre un monde tout entier; l'un dût-il ne vivre qu'un instant, l'autre durer toujours. La raison dit, qu'après la vertu, le savoir est la source et la mesure de toute noblesse, et que le plus intelligent des êtres en est aussi le plus noble.

C'est donc parce qu'il pense, qu'il connaît,

et qu'il se connaît, que l'homme tient le premier rang. Par son corps, il était sans doute une des œuvres les plus admirables de la Divinité : par son intelligence, il en est devenu l'image.

Quelle étude pourrait nous intéresser à l'égal de celle qui a pour objet une telle prééminence ?

Vous apporterez, je n'en doute pas, une attention soutenue au développement de la théorie des *idées* ; car, c'est par les idées que nous connaissons l'univers, que nous nous connaissons nous-mêmes, et que nous nous élevons à la connaissance de Dieu.

On a écrit sur les *idées* des pages qui ont été plus admirées que comprises. La raison, pour admirer, a besoin de comprendre ; et, lorsqu'elle se porte sur les idées, elle veut savoir d'abord ce que c'est qu'une idée.

Qu'est-ce que l'*idée*, quelle est sa nature, que signifie le mot *idée*, que doit-il signifier, que lui ferons-nous signifier ? Telles sont les premières questions qui se présentent, ou plutôt, telle est la première question qui se présente.

Si elle est mal résolue, toutes celles qui suivront seront mal résolues aussi. Nous serons trompés sur les *causes* des idées, sur leur *ori-*

gine, sur la *manière dont elles se forment*. Dès lors, l'acquisition ne pourra qu'en être difficile; et il deviendra comme impossible de les rectifier, lorsqu'elles auront été mal faites. Sachons donc avant tout ce que c'est qu'une idée.

Vous sentirez mieux la nécessité de cette recherche, si je vous fais remarquer dans combien de routes on peut s'engager ou se perdre, quand les premiers pas sont mal éclairés.

Renversons l'ordre véritable; et, avant de nous être satisfaits sur ce qui concerne la nature de l'idée, demandons-nous, ou plutôt demandons aux philosophes, comment il se fait que nous ayons des idées, ce que c'est qu'avoir des idées. Vous verrez ici l'imagination à son aise; et je ne dirai pas tout ce qu'elle a inventé.

Avoir des idées, c'est, ou les tenir de l'essence même de notre esprit; ou les avoir toutes reçues au premier moment de la vie; ou n'en avoir reçu d'abord qu'une partie pour acquérir les autres plus tard; ou les devoir au temps, à l'expérience, à une suite d'impressions indépendantes de la volonté; ou, enfin, c'est les avoir produites nous-mêmes, et jouir d'un bien dont nous sommes en quelque sorte les créateurs.

Quel choix ferons-nous parmi tant d'opinions? Les idées sont-elles innées et essentielles à l'âme? sont-elles innées sans être essentielles? Peut-on dire qu'elles sont, en partie innées, et en partie acquises? Consentirons-nous à les regarder comme l'effet d'une action qui nous est étrangère? Oserons-nous avancer qu'elles sont notre propre ouvrage? et, à la différence des sensations qui n'exigent, de la part de l'âme, qu'une simple capacité d'être passivement affectée, l'apparition des idées annoncerait-elle qu'il est en nous une puissance sans laquelle elles n'auraient pu se manifester?

Vous ne vous attendez pas à trouver les philosophes unanimes, dans les réponses qu'ils font à ces questions. Les nombreux systèmes qu'ils ont imaginés pour rendre raison des *facultés* de l'âme (t. 1, leç. 14), vous font pressentir que leur imagination n'aura pas été moins active lorsqu'ils auront voulu rendre raison des *idées;* et vous êtes préparés à voir Descartes, Mallebranche, Locke, Leibnitz, aussi peu d'accord entre eux, que le furent autrefois, Platon, Aristote, Épicure, que le sont les philosophes de nos jours.

Des disputes qui remontent jusqu'au berceau de la philosophie, et dont il faut que nous soyons encore aujourd'hui les témoins, sont un grand sujet de réflexions pour ceux qui aiment la paix et la vérité.

DEUXIÈME LEÇON

Ne verra-t-on jamais la fin de ces luttes opiniâtres, dans lesquelles chacun des combattans est également assuré de la défaite des autres et de son propre triomphe? Ces convictions imperturbables et opposées dureront-elles toujours? Aurons-nous toujours des évidences qui renversent des évidences? des vérités et des erreurs, qui demain seront des erreurs et des vérités?

Si les facultés de l'esprit changeaient avec les individus, ou avec les siècles; si les rapports de ces facultés aux choses étaient continuellement variables, on conçoit que les opinions devraient elles-mêmes être toujours changeantes et toujours variées. Mais les lois qui régissent l'univers sont constantes, immuables. Celles qui, dès l'origine, ont coordonné le physique et le moral, sont les mêmes dans tous les temps et dans tous les lieux.

Puisqu'on ne trouve, ni dans la nature de l'esprit, ni dans la nature des choses, les germes de ces divisions qui prennent tant de place dans l'histoire de la philosophie, où donc peuvent-ils être cachés?

Sont-ils dans les préjugés de l'enfance? dans ceux de l'école? Sont-ils dans les illusions des sens? dans les caprices de l'imagination?

Là, sont beaucoup d'erreurs, sans doute, mais

non pas l'erreur qui, surtout, produit les dissentimens.

Supposez qu'on mette sous nos yeux un même nombre d'objets, ou un même objet, ou un même point de vue de cet objet : n'est-il pas bien sûr, qu'après avoir attentivement regardé, nous verrons tous une même chose, et que nous serons d'accord sur ce que nous aurons vu ?

N'est-il pas sûr également que nous ne pourrions jamais nous accorder, si, à chacun de nous, on n'avait pas présenté, ou le même nombre d'objets, ou le même objet, ou le même point de vue d'un même objet ?

Vous me prévenez, messieurs ; et déjà vous vous êtes dit, que la principale cause des dissidences doit se trouver dans la multiplicité des objets, alors qu'on croit ne raisonner que sur un seul ; ou, dans l'unité d'objet, alors qu'on croit raisonner sur plusieurs.

Vous en serez tout-à-fait convaincus, par une simple observation qui vous indiquera la source intarissable de ces méprises.

Des objets différens peuvent n'avoir qu'un seul et même nom. Un seul et même objet peut avoir plusieurs noms différens : or, nous sommes portés à ne voir qu'un objet là où nous ne voyons qu'un nom, et à multiplier les objets là où nous voyons plusieurs noms.

Voilà le piége que des langues, ou mal faites, ou qu'on n'a pas étudiées avec assez de soin, tendent sans cesse aux philosophes. Ils croient parler des mêmes choses quand ils ont prononcé les mêmes mots, ou de choses différentes quand leur langage est différent. Ils oublient qu'un seul mot a quelquefois plusieurs acceptions; et que d'autre fois, au contraire, plusieurs mots n'en ont qu'une seule; ou que, du moins, ils en ont une commune.

Croiriez-vous que, pour exprimer cette seule chose, que nous appellerons *idée*, ils aient à leur disposition plus de vingt noms différens? *Idée* d'abord; *représentation, image, imagination, forme, espèce, perception, apperception, concept, conception, appréhension, impression, sensation, sentiment, conscience, intuition, souvenir, pensée, notion, connaissance*, etc. Je vous fais grâce du mot barbare *cognition*, et de quelques autres encore.

Que devait-il arriver de tant d'expressions diverses, pour rendre une seule et même chose? Il n'était pas difficile de prévoir que, plus d'une fois, on serait attiré par les ressemblances, quand il faudrait marquer les différences; ou par les différences, quand il faudrait se tenir aux ressemblances; que, du mélange de plusieurs acceptions, tantôt communes, tantôt disparates, résulteraient une étrange confusion et l'impossibilité de s'entendre ; qu'alors, surtout, les disputes redoubleraient, et qu'on disputerait encore, long-temps après avoir perdu de vue l'objet de la dispute.

Les idées sont innées, dit l'un. Il a raison ; car, d'après son dictionnaire, l'idée est la même chose que la pensée, et la pensée la même chose que la faculté de penser.

Les idées sont acquises, dit un autre. Il a raison aussi ; car il confond les idées avec les sensations.

Mais, en quoi ils ont tort l'un et l'autre, c'est de disputer quand ils sont du même avis. Qui pourrait nier, en effet, que la faculté de penser ne soit innée, et que les sensations ne soient acquises ? Ils ont tort encore de donner le même nom à deux choses aussi différentes, aussi opposées, que la sensation et la faculté de penser ; et, s'ils prétendent s'arroger le droit d'appeler les choses du nom qu'il leur plaît, et de parler au gré de leur caprice, réservons-nous de ne pas les écouter, et de faire ainsi justice d'un langage qui se prête à tout, et qui sert le mensonge bien mieux que la vérité.

A-t-on besoin de prouver que les idées ont pour objet nécessaire des êtres étendus ? on soutient qu'elles sont toutes des *images* ;

Qu'elles appartiennent à la matière? on les voit dans les *impressions du cerveau;*

Qu'on peut avoir des idées sans être averti de leur présence? on les sépare du *sentiment;*

Qu'elles sont aperçues du moment qu'elles sont dans l'esprit? on les identifie avec la *conscience;*

Qu'elles sont des modes et des accidens passagers? on en fait des *manières d'être de l'âme;*

Qu'elles sont éternelles, immuables? on les place *au sein de la Divinité;*

Qu'elles commencent le développement de l'intelligence? on les regarde comme les *matériaux des premiers jugemens;*

Qu'elles sont le degré le plus élevé de nos connaissances? on assure qu'elles sont les *dernières conclusions de la raison.*

Ainsi donc, on ne peut douter que les philosophes, en prononçant le mot *idée*, n'aient dans l'esprit des choses tout-à-fait différentes; et néanmoins, comme s'ils perdaient tout à coup la mémoire, et parce que leurs oreilles ont été frappées d'un même son, ils croient avoir parlé d'une même chose. Il faut bien qu'ils s'abusent d'une aussi étrange manière, puisqu'ils disputent, puisqu'ils ne doutent pas qu'ils ne soient réellement divisés.

Et l'on s'étonnerait de voir la philosophie,

une telle philosophie, une telle manière de philosopher, méprisée par tout ce qu'il y a d'hommes sensés et raisonnables!

Cependant, il était impossible de ne pas s'apercevoir enfin, qu'à force de multiplier les acceptions, la langue allait disparaître pour faire place à un jargon tout-à-fait inintelligible. Alors, on s'est jeté dans l'extrémité opposée ; et au lieu de ne voir, comme auparavant, qu'une seule chose dans plusieurs mots divers, on s'est imaginé que ces mots, parce qu'ils étaient divers, devaient exprimer, chacun, une *chose différente*, une *réalité distincte*, une *essence spéciale*, une *nature particulière* : et, pour faire preuve d'une grande sagacité; pour se donner, pour obtenir même, une grande réputation de profondeur, on s'est appliqué à dégager, les unes des autres, ces essences qu'on se reprochait d'avoir mal à propos confondues ; on a voulu lire dans l'intérieur de ces natures, saisir ces réalités impalpables.

On a donc cherché le caractère propre et spécifique, de la *perception interne*, de la *perception externe*, de l'*apperception interne*, de l'*apperception immédiate*, de la *représentation*, de l'*intuition*, de la *sensation*, etc.; et vous pouvez croire qu'on ne nous a pas laissé manquer de caractères propres et spécifiques.

En sommes-nous plus savans, et mieux instruits ? Pouvons-nous l'être ?

Pour nous éclairer sur le véritable état de notre esprit, nous nous aiderons d'un exemple pris dans la physique.

Tout le monde connaît la belle découverte des chimistes modernes sur la nature de l'air de l'atmosphère. Il est prouvé que cet air résulte de la combinaison de deux airs; l'un, éminemment propre à la respiration; l'autre, au contraire, non respirable.

Qu'on dise à des docteurs chinois, qui n'auraient aucune connaissance de la chimie de l'Europe, qu'il existe dans l'atmosphère un *air déphlogistiqué*, un *air empiréal*, un *air éminemment respirable*, un *air vital*, un *air de feu*, un *air* ou *gaz oxigène* : qu'on est en état de donner une démonstration irrécusable de ce qu'on avance, mais qu'on veut leur laisser le plaisir de deviner.

Ou les docteurs chinois sont faits autrement que les nôtres, ou voici, à peu près, comment ils devineront. Le plus grand nombre croira d'abord qu'il s'agit de six substances, qui seront définies, comme de raison, de six manières différentes. Si quelqu'un s'avisait de dire que l'air respirable pourrait bien être le même que le gaz oxigène, ce sera à coup sûr un homme à paradoxes. Mais qui oserait penser que l'air vital est un air de feu? Ne serait-on pas consumé à la première aspiration? Quant à celui qui, ne se laissant pas imposer par la multitude des noms, ne verrait qu'un fluide dans tant de fluides, il n'aurait pas une voix pour lui.

Voyons s'il ne serait pas possible de les lui faire donner toutes.

On demande à un ignorant quelle est la chose, ou quelles sont les choses désignées par les expressions, *air déphlogistiqué, air empiréal, air éminemment respirable, air vital, air de feu, air oxigène*. Cet ignorant ne pourrait-il pas répondre :

Comme ce n'est pas moi qui ai imaginé ces expressions, j'ignorerai, tant qu'on ne me l'aura pas appris, si elles se rapportent à une seule chose ou à plusieurs. Je n'ai même aucune idée de la chose, ou des choses auxquelles elles peuvent se rapporter. Mais, puisque ces expressions font partie de la langue, il faut bien que quelqu'un les ait employées le premier. Si l'inventeur existe, c'est lui que je dois consulter; s'il ne vit plus, et qu'il ait écrit, son livre me répondra pour lui. Je m'adresse d'abord au docteur Priestley. Qu'entendez-vous par cet air que vous appelez *air déphlogistiqué*? J'ai voulu désigner la partie la plus pure de l'atmosphère, ou l'air pur. Une expérience que je vais faire sous vos yeux, vous en prouvera l'existence ; et vous ne verrez pas sans étonnement quelques-unes de ses propriétés. Je dis à Schéele : Qu'est-ce que votre *air empiréal?* C'est l'air pur dont j'ai voulu parler. J'interroge Lavoisier sur la nature de cet air qu'il nous dit être *éminemment respirable.* C'est le même, répond-il, que l'air déphlogistiqué de Priestley, et l'air empiréal de Schéele. Je demande enfin aux successeurs de ces hommes célèbres, ce que c'est que l'*air vital,* l'*air de feu,* l'*air oxigène?* Tous répondent : C'est la partie la plus pure de l'air ordinaire.

Voilà notre ignorant parfaitement instruit de ce qu'il voulait savoir. Il a pris le chemin le plus court pour arriver à son but, ou plutôt, il a pris le seul qui pouvait l'y conduire, car il n'y en a pas deux.

Proposons-lui maintenant une question toute pareille, mais que ce soit sur des matières d'un ordre différent. Faisons-le passer de la chimie à la métaphysique, et demandons-lui quelle est la chose, ou quelles sont les choses désignées par les mots, *perception* et *apperception; internes, externes, immédiates; représentation, intuition,* etc.

Il n'y a pas de doute qu'il ne s'empresse de revenir au moyen que le simple bon sens vient de lui suggérer, et qui lui a si bien réussi; mais qu'il ne s'attende pas à le voir réussir de même.

Où sont les premiers qui ont établi la signification de ces mots? Que signifient aujourd'hui ces mots dans les discours des philosophes? Expriment-ils tous une même chose, ou des choses différentes? Quelle est cette chose, quelles sont ces choses?

Aucune réponse précise ne pouvant sortir, ou du moins ne sortant jamais, de ces questions, notre ignorant est forcé de rester dans son ignorance. S'il est sage, il la préférera à un vain désir de connaître des mots, dont la valeur n'a d'autre fondement que des conventions arbitraires; conventions, que leurs auteurs n'ont souvent faites qu'avec eux-mêmes, et auxquelles encore il est rare qu'ils soient fidèles, se montrant aussi peu d'accord dans leurs propres opinions, qu'ils sont opposés à celles des autres.

Pourquoi la première des deux questions que nous venons de faire a-t-elle été résolue par une seule réponse sans réplique? et pourquoi la seconde a-t-elle vingt solutions que l'on attaque toutes?

Comparez le procédé des chimistes avec celui des métaphysiciens. Votre surprise ne durera pas long-temps.

Les chimistes, par l'observation la plus assidue des phénomènes, par des expériences mille fois répétées, ont enfin obtenu un air particulier qu'ils ont séparé de la masse de l'atmosphère. Ils ont eu l'industrie de s'en rendre les maîtres, au point qu'ils ont pu l'enfermer dans des vases, le peser, le consolider, lui rendre sa première forme, etc.

Après avoir ainsi constaté l'existence de cet air; après s'être assurés de ses principales propriétés, ils lui ont donné un nom, et le même nom, *oxigène*, dès l'instant qu'ils se sont communiqué leur découverte qui était la même.

Ce n'est point avec cette sagesse qu'on se conduit ordinairement en métaphysique. Ici, les noms sont donnés d'avance; et, comme on ne nous a pas fait observer auparavant les phénomènes de l'intelligence auxquels ils se rapportent, il se trouve que ces noms ne nomment rien; que ce sont des mots qui n'ont pas de sens arrêté, et dont on peut abuser, dont on abuse, pour soutenir les opinions les plus ridicules, les systèmes les plus extravagans, et quelquefois les erreurs les plus monstrueuses.

Les chimistes vont, des choses aux mots. Les métaphysiciens veulent aller, des mots aux choses. Ils veulent aller aux choses, par les mots.

Tant que les premiers conserveront leur méthode, ils feront des progrès. Tant que les seconds ne voudront pas changer la leur, ils seront stationnaires ou rétrogrades.

Je l'avais déjà dit ; je le répète, et je le répéterai encore : j'ai surtout besoin de me le répéter à moi-même, parce que je me surprends tous les jours en faute. Les mots vont si vite qu'ils nous entraînent. La réflexion est si lente qu'elle arrive toujours trop tard; elle sait bien nous dire, quelquefois du moins, que nous nous sommes égarés : nous serions trop heureux si elle nous avertissait au moment où nous allons prendre une fausse direction.

Quel service ne serait pas rendu à la science, si l'on pouvait corriger les vices de la plupart des mots qui reviennent, à chaque moment, dans les ouvrages des métaphysiciens ! Celui qui réussirait dans une telle entreprise, aurait la gloire de mettre fin à des disputes qui ne permettent que trop de suspecter les lumières ou la bonne foi des savans ; et comme, après une observation bien exacte des faits, il aurait dû nécessairement se laisser diriger par l'analogie, il aurait encore la gloire de faciliter l'étude des sciences, et d'épargner ainsi à la philosophie les reproches d'obscurité que s'attirent les philosophes.

DEUXIEME LEÇON

On suppose que la langue des sciences philosophiques est faite ; et combien on se trompe ! Les mauvais métaphysiciens passent leur vie à la gâter, à la rendre inintelligible. Les bons esprits, qui voudraient remédier à ce désordre et réparer ces dommages, ne tardent pas à sentir que c'est tenter l'impossible. Ils se voient obligés de renoncer à un travail ingrat, pour se faire une langue qui leur soit propre; et cela arrivera, jusqu'à ce qu'il se rencontre un homme qui possède à la fois un esprit d'observation si parfait, une manière de présenter ses idées si claire, si précise, une méthode de raisonnement si juste, si naturelle, qu'il rallie toutes les opinions, et qu'il réunisse tous les suffrages. Alors, la langue sera faite, et tout le monde l'adoptera.

Quand paraîtra ce génie ? On l'attend depuis bien long-temps. Faisons des vœux pour qu'on ne l'attende pas toujours.

Nous sommes donc obligés de faire notre langue pour pouvoir raisonner sur les idées, comme nous avons été obligés de la faire pour raisonner sur les facultés de l'âme. Sans cette précaution, nous n'aurions pas la certitude d'être compris, parce que nous ne serions pas certains de nous comprendre nous-mêmes.

Faire sa langue, c'est aller, des idées ou des

choses bien connues aux mots. Aller au contraire des mots aux choses, c'est supposer la langue toute faite.

Aller des mots aux choses, c'est définir; et vous ne voulez pas que je commence un traité des idées par une définition de l'idée. Ce serait vouloir vous faire souvenir de ce que je me propose de vous apprendre.

J'aurais besoin de rappeler ici quelques-unes des considérations que je vous ai présentées dans les leçons antérieures (t. 1, leç. 11, 12, 13); mais je cède à la crainte de paraître me répéter trop souvent.

Je ne poserai donc pas la question de quatre manières, comme je l'ai fait dans une circonstance semblable (t. 1, leç. 11.)

Qu'est-ce que l'idée?
Qu'entend-on par le mot *idée*?
Que doit-on entendre?
Qu'entendrons-nous?

Vous savez que nous ne devons pas répondre maintenant à la première de ces questions; que la seconde, je l'ai déjà dit, est susceptible de vingt solutions différentes; que nous n'avons pas le droit de prononcer sur la troisième; mais vous ne doutez pas qu'il ne nous soit permis de nous expliquer, en toute liberté, sur la quatrième.

DEUXIÈME LEÇON

C'est donc à cette dernière que nous allons essayer de répondre. Si notre réponse était goûtée, elle pourrait servir pour la première question : elle pourrait aussi servir pour la troisième ; et même peut-être, à la longue, pour la seconde.

Lorsqu'un enfant, après avoir examiné à plusieurs reprises la forme des lettres de l'alphabet, est parvenu à graver nettement leur image dans son cerveau, et à les bien distinguer les unes des autres, nous disons qu'il les connaît, qu'il en a *idée*.

Auparavant, il *voyait* sans doute tous ces caractères, puisqu'ils frappaient son organe ; mais il n'en *discernait* aucun. C'est en arrêtant ses regards, d'abord sur une lettre, puis sur une autre : c'est en les arrêtant plus particulièrement, et plus long-temps, sur celles qui, par leur ressemblance, tendent à se confondre, qu'il surmonte enfin une difficulté, que nous saurions mieux apprécier, si les longues habitudes de notre esprit ne nous empêchaient de nous reporter à un âge où nous n'avions encore contracté aucune habitude.

Celui qui veut apprendre la musique aura une *idée* des différens signes qu'elle emploie, lorsqu'il ne confondra pas les blanches, les rondes et les noires; lorsque, familiarisé avec les diverses configurations et les diverses positions des clefs, il ne prendra pas une tonique pour une seconde, pour une tierce, ou pour toute autre intonation.

Le botaniste a *idée* des plantes d'un pays, si, d'une première vue, il peut en indiquer le caractère distinctif.

Le métaphysicien aura une *idée* des différentes opérations de l'entendement, lorsqu'il saura les séparer des opérations de la volonté, et de tout ce qui n'appartient pas à l'activité de l'âme; lorsque, par une analyse, d'abord lente afin qu'elle soit plus sûre, mais bientôt facile et rapide, il aura appris à saisir la nuance souvent fugitive qui les différencie.

J'aurai moi-même une *idée* de l'idée, si je puis vous la faire remarquer au milieu de tous les phénomènes de l'intelligence qu'on a confondus avec elle, et si je vous la montre par son caractère propre.

Celui-là eut une *idée* heureuse, qui, dans le mouvement des corps célestes, aperçut la combinaison de deux mouvemens. Cette idée fut le germe de la théorie des forces centrales.

Celui-là eut une *idée* bien plus heureuse, qui, dans un pouvoir absolu, que tout faisait juger indivisible, sut démêler le pouvoir législatif et le pouvoir exécutif. Cette idée est le fondement de l'ordre social.

Il est une *idée* qui s'élève au-dessus de toutes les idées, et qui élève l'humanité au-dessus d'elle-même. Quoiqu'un instinct universel la suggère immédiatement, il fallait une raison plus qu'ordinaire pour la dégager de tout ce qui pouvait l'altérer ou l'obscurcir. Des sages dirent : *Tout se fait dans la nature par des agens qui meuvent, et qui sont mus à leur tour : il faut donc qu'il existe un premier moteur immobile.* Alors, la puissance et l'intelligence furent ôtées à la matière, pour être rendues à celui qui dispose de la matière.

Les philosophes de la Grèce cherchaient le premier principe des choses dans tous les élémens, dans l'eau, dans l'air, dans le feu; ils le cherchaient dans les nombres, dans l'harmonie. La raison d'Anaxagore et celle de Socrate, démontrèrent qu'il devait avoir une existence, indépendante de tout ce qui entre dans la composition du monde. Tant qu'on avait identifié le premier principe avec la nature, on n'avait, de Dieu, qu'un sentiment confus; ce sentiment devint une *idée*, du moment qu'on les eut séparés.

Ne nous lassons pas de multiplier les exemples. Galilée vit, le premier, que le mouvement d'un corps qui tombe, diffère de celui d'un corps qui avance d'un mouvement uniforme; et qu'il suit d'autres lois. La physique fut enrichie d'une nouvelle *idée*.

Descartes distingua, mieux qu'on ne l'avait fait avant lui, la pensée, de l'étendue; il eut une *idée* plus juste de ces deux attributs.

Newton démêla sept rayons dans un seul rayon. Depuis cette découverte, nous avons des *idées* beaucoup plus exactes sur la nature de la lumière.

Il y a donc autant d'*idées* dans l'esprit d'un homme, qu'il peut distinguer de qualités, de rapports, de points de vue dans les êtres. Celui qui confond tout, est sans idées; il ne sait rien : celui qui démêle jusqu'aux plus petites nuances a un grand nombre d'idées; il sait beaucoup ; ce qui ne veut pas dire, toujours, qu'il soit le mieux instruit ; car, il y a des idées futiles, stériles, méprisables, abjectes; comme il y en a de grandes, de fécondes, de nobles, de sublimes.

Démêler, discerner, distinguer, apercevoir, connaître, acquérir et avoir des idées, sont autant d'expressions qui, au fond, désignent une seule et même chose.

Et, comme il est évident, d'un côté, qu'on ne pourrait rien démêler, rien discerner, rien connaître, si l'on ne sentait pas ; et, d'un autre côté, que ce n'est que parce que nous sentons que nous sommes avertis de notre propre existence, de celle des objets extérieurs, de leurs qualités et de leurs rapports, soit entre eux, soit avec nous ; il s'ensuit que c'est dans le sentiment même que nous devons chercher l'*idée;* il s'ensuit que l'*idée* n'est autre chose qu'*un sentiment démêlé d'avec d'autres sentimens, un sentiment distingué de tout autre sentiment, un sentiment distinct.*

L'âme n'eût été qu'un être *sentant*. Elle a remarqué ce qu'elle sentait. Elle est devenue un être *intelligent*.

D'abord, elle se distingue de tout ce qui n'est pas elle. Bientôt, dans ses manières d'être, elle aperçoit des ressemblances, et des différences ; elle ne tardera pas à démêler d'autres rapports. Sujette à un changement continuel, pourrait-elle ignorer long-temps la succession ? Unie à un corps, pourrait-elle ne pas connaître l'étendue ? Modifiée, tour à tour, par les affections de plaisir et de douleur qu'elle ne peut pas maîtriser à son gré, ne sera-t-elle pas avertie qu'il y a des causes et des effets ? n'en sera-t-elle pas avertie par cela seul qu'elle est active ?.... Tenons-nous pour le moment à ces indications : qu'il nous suffise aujourd'hui d'avoir essayé de faire connaître la nature de l'idée ; d'avoir dit en quoi consiste l'idée ; ou, si on l'aime mieux, d'avoir déterminé le sens du mot, *idée*.

Un être qui sentirait sans faire aucun retour sur lui-même, et sans jamais se rendre compte de ce qu'il sent, ne serait pas destiné à jouir de la lumière de la raison. Il ignorerait tout, jusqu'à sa propre existence. Mais, si les sentimens viennent à se démêler, s'ils se dégagent les uns des autres; si l'être sentant, qui, avant tout, est un être actif, peut se décomposer, en quelque sorte, lui-même; alors, on verra l'intelligence commencer, croître, se fortifier et s'étendre chaque jour davantage. Des idées informes, et mal démêlées par une première décomposition, vont se décomposer encore, et faire naître de nouvelles idées, qui, par de nouvelles décompositions, feront naître à leur tour les merveilles des sciences et des arts, et ouvriront un nouvel univers.

TROISIÈME LEÇON.

Des origines et des causes de nos idées.

Il ne suffit pas d'avoir assisté, si l'on peut ainsi le dire, à la *naissance de l'idée*, d'avoir reconnu ce qu'elle est dans sa nature, et d'en avoir déterminé le caractère propre. Il faut que la détermination de ce caractère, fournisse la réponse aux principales questions qu'on fait sur les idées. Il faut que, d'abord, elle nous montre leur *origine*, ou leurs diverses *origines*, et la *cause*, ou les *causes* qui les produisent.

Ici, plus que partout ailleurs, les dissentimens se manifestent avec force, et même avec une sorte de violence. Nulle part, on n'abonde avec autant de plénitude dans son opinion : nulle part les opinions différentes, ou jugées différentes de celles qu'on professe soi-même, ne sont repoussées avec autant de mépris et d'indignation. On ne voit dans ses adversaires que des partisans du matérialisme et de la fatalité, ou des enthousiastes aveugles qui s'égarent au milieu des rêves d'une imagination délirante. Telles sont, en effet, les paroles dures et injurieuses que s'adressent les deux partis.

Des dispositions aussi ennemies feraient place à des sentimens plus modérés, si l'on pouvait, et si l'on voulait s'entendre. Mais l'inexactitude, souvent même l'opposition des langues qu'on s'obstine à parler, forment un obstacle qui empêche tout rapprochement. Le mal paraît donc sans remède; et il le sera, tant qu'on ne se pénétrera pas de la nécessité de mettre une grande harmonie entre les mots et les choses, entre ce qu'on dit, et ce qu'on veut ou ce qu'on doit dire.

Puisque les philosophes ne s'entendent, ni entre eux, faute d'une langue commune, ni le plus souvent avec eux-mêmes, faute d'une langue bien faite, comment pourrions-nous les entendre ? Comment, parmi tant d'idées confuses, tant de notions incohérentes, que cependant on ose appeler du nom de *système*, et que nous ne comprenons pas, que personne ne comprend, pas même leurs auteurs; comment pourrions-nous faire un choix avoué par la raison ?

Lorsqu'un langage se compose de mots dont la plupart n'ont que des significations indécises, l'esprit ne peut être qu'indécis dans ses jugemens; et alors, ne sachant où se prendre, il se prend à tout ce qu'il rencontre. Erreur ou vérité, c'est l'aveugle hasard qui en décide.

Pour assurer nos recherches au milieu de tant d'incertitudes; pour nous faire jour à travers les ténèbres qui enveloppent la question des idées, nous nous appliquerons d'abord à éclairer une question qui se présente avant tout. Si nous pouvons faire tomber quelques rayons de lumière sur le *sentiment*, ils se réfléchiront bientôt sur les *idées*.

Quels scandales n'ont pas occasionnés les mots *sentir* et *sensation*! et quelle défaveur n'a-t-on pas voulu jeter sur les écrivains qui paraissaient, ou qui paraissent encore en faire un usage trop fréquent! Mais, si quelques esprits téméraires se sont attiré de justes reproches, en donnant à ces mots une extension à laquelle ils se refusent, ou en les transportant dans un ordre qui n'est pas leur ordre naturel, dans l'ordre physique, les philosophes les plus sages penseront toujours, que c'est dans ce que ces mots expriment qu'il faut chercher les vrais principes de la science. Ces principes pourraient-ils, en effet, se trouver ailleurs que dans ce que nous sentons? et, conçoit-on un être tout à la fois privé de sentiment, et doué d'intelligence?

Si ceux qui appuient leurs doctrines sur le *sentiment*, qu'il ne fallait pas toujours confondre avec la *sensation*, que, par conséquent, il ne fallait pas toujours appeler du nom de *sensation*, s'étaient mieux étudiés avant de faire la langue, on aurait vu la vérité passer comme d'elle-même, de la nature dans leurs expressions, et de leurs expressions dans tous les esprits. L'histoire de la philosophie serait l'histoire de ses progrès, non celle des sectes et de leurs vains systèmes.

Observons, avec plus de soin qu'on ne l'a fait jusqu'à ce moment, ce qui se passe au dedans de nous-mêmes, dans les différentes circonstances où nous disons que nous *sentons;* peut-être reconnaîtrons-nous, qu'il y a des manières de sentir qui n'ont presque rien de commun avec d'autres manières de sentir. Aussitôt, une grande lumière dissipera de grandes ténèbres : nous verrons que, pour avoir négligé des distinctions nécessaires, on a raisonné avant de s'être fait des idées; et, ramenant à deux opinions fondamentales et opposées une infinité d'opinions, il nous sera facile de comprendre que, d'un côté, les explications ne pouvaient jamais être satisfaisantes, et que, de l'autre, elles devaient nécessairement être fausses.

Les observations que je vais indiquer, chacun pourra les vérifier sur soi-même. Si elles sont d'accord avec ce que vous avez éprouvé, avec ce que vous éprouvez tous les jours, nous les noterons; et, nous aurons autant de notes ou de mots, que nous aurons fait d'observations. Alors, il nous sera permis de faire entrer ces mots dans nos discours, sans craindre que la clarté nous abandonne un seul instant; car, nous aurons la certitude de dire quelque chose de bien connu, toutes les fois que nous les prononcerons; et, par conséquent, la certitude de nous entendre, lorsque nous les emploîrons pour nous-mêmes; et, celle encore d'être entendus, lorsque nous nous en servirons avec ceux qui auront fait, ou qui voudront faire les mêmes observations que nous.

En examinant attentivement les diverses affections comprises sous le mot *sentir*, on ne tardera pas à s'apercevoir, que plusieurs de ces affections diffèrent à un tel point les unes des autres, qu'on dirait qu'elles sont d'une nature contraire.

En les examinant plus attentivement encore, on parviendra à les compter; et l'on s'assurera qu'elles sont au nombre de quatre.

Observons d'abord la première, la seule que, d'ordinaire, admettent les philosophes :

1°. Lorsqu'un objet agit sur nos sens, le mouvement reçu se communique au cerveau; et, aussitôt, à la suite de ce mouvement du cerveau, l'âme sent, elle éprouve un sentiment. L'âme sent par la *vue*, par l'*ouïe*, par l'*odorat*, par le *goût* et par le *toucher*, toutes les fois que l'action des objets remue ces organes.

Or, cette première manière de sentir doit être considérée sous deux points de vue. Les cinq subdivisions que nous venons d'y remarquer ont, chacune, un caractère qui leur appartient en propre ; et toutes ont de commun, qu'en même temps qu'elles avertissent l'âme de leur présence, elles l'avertissent aussi de son existence.

Sous le premier point de vue, elles semblent n'avoir entre elles aucun rapport. Aucune analogie, en effet, ne conduira jamais, d'un son à une odeur, ni d'une odeur à une couleur; et rien ne serait plus chimérique, que de vouloir se représenter des odeurs sonores ou des sons odoriférans, des couleurs savoureuses ou des saveurs colorées. L'expérience, d'ailleurs, apprend assez, que celui qui manque d'un sens n'a jamais éprouvé les manières de sentir analogues à ce sens. Aussi, les a-t-on désignées par cinq noms particuliers, *son, saveur, odeur, couleur, toucher*.

Mais comme, d'un autre côté, ces cinq espèces de modifications sont toutes senties par l'âme, et que l'âme, lorsqu'elle les éprouve, ne peut pas ne pas se sentir elle-même (t. 1, p. 216), si nous prenons ces modifications par ce qu'elles ont ainsi de commun, savoir, d'affecter l'âme, et de lui donner le sentiment de sa propre existence, alors, un seul nom devra nous suffire ; car, on ne multiplie les signes que pour marquer les différences ; et, afin d'exprimer que dans toutes les modifications qui nous viennent par cinq sens différens, et dans chacune de ces modifications, l'âme reconnaît toujours une même chose, le *soi*, le *moi*, nous dirons qu'elle a *conscience* d'elle-même. Par la conscience, l'âme sait, ou sent qu'elle est, et comment elle est. *Mens est suî conscia*, comme dit le latin, plus heureusement que le français.

Ce sentiment du *moi* se trouve nécessairement dans toutes les affections de l'âme, dans toutes ses manières de sentir ; et, nous n'aurions pas fait ici l'observation expresse qu'il est inséparable de la première de ces manières de sentir, si les philosophes ne semblaient l'avoir trop souvent oublié. Vous en verrez un exemple remarquable dans une des leçons suivantes (leçon 6).

Les cinq espèces de modifications, ou les cinq espèces de sentimens dont nous venons de parler, n'ayant lieu qu'à la suite de quelque impression faite sur les *sens*, nous les appellerons *sentimens-sensations*, ou, plus brièvement, *sensations* (1).

---

(1) La signification de ce mot s'étend, jusqu'aux affections qui proviennent des mouvemens opérés dans les par-

Ainsi, tout sentiment de l'âme produit par l'action des objets extérieurs sur quelque partie de notre corps, voilà la *sensation* : c'est la première manière de sentir que nous remarquons; et, c'est de cette manière de sentir que nous allons voir naître les premières idées.

Placé au milieu de la nature, et environné d'objets qui le frappent dans tout son être, l'homme reçoit à chaque instant, par son corps, une infinité d'*impressions*, et, par son âme, une infinité de *sensations*.

Que résultera-t-il de ces avertissemens continuels, qui invitent l'homme, qui semblent même vouloir le forcer, à prendre connaissance de tant d'affections diverses, et des causes qui les produisent? que résultera-t-il de cette première manière de sentir?

Rien, si l'âme de l'homme est passive; tous les trésors de l'intelligence, si elle est active.

Semblable aux corps inanimés, dont la première loi est de persévérer à jamais dans leur état actuel, à moins qu'une force étrangère ne vienne le changer, une âme purement passive conserverait invariables, et pendant toute la durée de son existence, les modifications qu'elle

---

ties intérieures du corps, sans l'intervention des objets extérieurs; telles que la faim, la soif, etc.

aurait une fois reçues. Et, puisqu'il est vrai que le moment présent, celui qui fuit, et celui qui va suivre, nous trouvent toujours différens de nous-mêmes, il faut qu'il existe une force, dont l'énergie surmonte l'inertie des sensations. Mais, au lieu que la force qui fait passer les corps, du mouvement au repos, ou du repos au mouvement, leur vient du dehors; celle qui donne la vie aux sensations, qui les agite, qui les réprime, vient de l'âme elle-même, et fait partie de son essence.

Que serait une âme, réduite à la simple capacité d'être passivement affectée? Accablée d'une foule d'impressions qui s'accumuleraient sans cesse, pour se perdre sans cesse dans un sentiment confus où rien ne serait démêlé; heureuse, sans *connaître* son bonheur; malheureuse, sans pouvoir changer son état, sans pouvoir même en former le désir; sa condition la placerait au-dessous de tout ce qui a reçu le don de la vie, au-dessous de l'être qui l'a reçue au moindre degré.

Telle n'est pas l'âme qu'un souffle divin inspira dans l'homme. Appelée à connaître l'univers et l'auteur de l'univers, à jouir de la nature et d'elle-même, elle a tous les moyens d'entrer en possession de si grands biens, toutes les facultés nécessaires pour remplir sa destinée.

Nous les connaissons ces moyens; nous avons fait une étude de ces facultés; nous en avons exposé le système (t. 1, leç. 4) : et, après les puissantes considérations que nous avons présentées tant de fois, et sous tant de formes; après les preuves multipliées que nous avons demandées à l'expérience, ou que nous avons fait sortir du raisonnement; après des démonstrations que les attaques ont toujours fortifiées, et dont rien n'a pu obscurcir l'évidence, nous avons sans doute le droit de le prononcer : l'âme n'est pas bornée à une simple capacité de sentir : elle est douée d'une activité originelle, inhérente à sa nature : elle est un principe d'action, une force innée; et, en faisant un nouvel emprunt à la langue latine, *mens est vis suî motrix*, l'âme est une force qui se meut, c'est-à-dire, qui se modifie elle-même.

L'âme ne peut donc pas sentir, et demeurer oisive; car le sentiment, par la manière agréable ou pénible dont il l'affecte, provoque nécessairement son action. Elle ne peut pas recevoir indifféremment des modifications qui font son bien ou son mal; elle est intéressée à les étudier pour les connaître, pour se soustraire aux unes, pour se livrer aux autres; et, afin de le dire avec plus d'énergie : l'activité de l'âme pénètre dans la passivité de l'âme, pour porter le mouvement au sein du repos, l'ordre au sein de la confusion, la lumière au sein des ténèbres.

Or, l'activité se concentrant d'abord toute entière dans l'attention, il ne se peut pas qu'elle ne concentre en même temps la sensibilité. Alors, du milieu des sensations, dont l'assemblage désordonné présentait l'image du chaos, s'élève une sensation unique qui domine sur toutes les autres. L'âme la remarque : elle l'étudie : elle apprend à la connaître, et à la reconnaître. Ce n'est plus une simple sensation qui l'affecte ; c'est une idée qui l'éclaire. Un second acte d'attention va faire naître une seconde idée; un troisième, une autre encore; et l'intelligence, ou plutôt cette portion de l'intelligence qui tient aux sensations, ira toujours croissant, tant que la source des sensations ne sera pas tarie, tant que les forces de l'esprit ne seront pas épuisées.

Ajoutons quelques développemens : disons comment, dans le principe, l'âme exerce son activité.

L'attention, pour produire tous ses effets, a besoin aujourd'hui d'un profond recueillement, du silence des sens, et souvent même de l'absence des objets dont elle s'occupe. Mais, dans les commencemens de la vie où aucun souvenir n'existe, l'attention ne peut agir que sur des sensations actuelles, et, par la direction des organes, sur les objets auxquels nous les devons.

Parmi les objets dont l'enfant reçoit des sensations, parmi les couleurs qu'il voit, il y en a qui appellent, en quelque sorte, le regard, qui l'attirent. Il y en a aussi, sur lesquelles ses yeux se trouvent dirigés fortuitement. L'enfant se sent regardant, avant d'avoir eu l'intention de regarder. Il ne tardera pas à sentir qu'il peut regarder volontairement: il sentira aussi la différence du regard à la simple vue; car, l'enfant qui veut voir sa mère, ne la voit pas si elle est absente; il ne la voit pas dans les ténèbres : au lieu que, lorsqu'elle est devant ses yeux, il la regarde, s'il veut la regarder. L'enfant dispose de lui-même, pour regarder ; il ne dispose pas de l'objet, pour voir. Sans doute, il ne fait pas explicitement, entre regarder et voir, ces distinctions qui ont échappé à tant de philosophes; mais il est impossible qu'il ne sente pas confusément qu'il n'a que la simple capacité de voir, et qu'il a le pouvoir de regarder, puisque l'expérience ne cesse de le lui dire.

Dès que l'enfant se sent un tel pouvoir, il donne, où il peut donner, son attention à tous les objets qui sont à sa portée. Il donne son attention par les yeux; et les couleurs se séparent, non-seulement des sensations qui lui viennent par les autres sens; elles se séparent entre elles.

Il donne son attention par l'oreille; et il apprend à distinguer un bruit d'un autre bruit, à démêler plusieurs sons, dans un son qui d'abord paraissait unique. Il donne son attention par le toucher; et il se fait des idées des formes, des figures, du poli, du raboteux, du froid, du chaud, etc.

C'est ainsi, qu'après avoir d'abord appliqué les organes à son insu, et sans les diriger lui-même, il les dirige et les applique volontairement sur toutes les qualités des corps. C'est ainsi, qu'il parvient à éprouver des sensations distinctes, et qu'il acquiert des *idées sensibles*.

Les idées sensibles ont leur origine *dans le sentiment-sensation, et leur* cause *dans l'attention* (1) *qui s'exerce par le moyen des organes.*

2°. Mais les idées sensibles ne sont pas nos seules idées. La sensation n'est pas l'unique source d'où dérive l'intelligence.

---

(1) Quelquefois la comparaison et le raisonnement sont nécessaires pour obtenir une idée sensible, comme, par exemple, si l'on voulait se former l'idée de la figure qui, sous un contour donné, renferme la plus grande surface. Mais il s'agit ici des idées sensibles qui sont communes à tout le genre humain. Et d'ailleurs, il ne faut point oublier qu'il est rare que toutes les facultés n'agissent pas à la fois (t. 1, p. 362). Celle qui domine, donne son nom à l'acte presque toujours multiple de l'esprit.

En vertu de la seule manière de sentir produite par l'action des objets extérieurs, pourrions-nous connaître autre chose que ces objets et leurs diverses qualités? D'où nous viendrait l'idée des facultés de l'âme? D'où nous viendraient les idées de ressemblance, d'analogie, de cause et d'effet? Aurions-nous les idées du bien et du mal moral?

Puisque les sensations sont insuffisantes pour rendre raison de l'intelligence, telle que nous la possédons, il faut que notre âme soit susceptible de quelque manière de sentir, différente de celle qui lui vient de la seule impression des objets extérieurs; de quelque manière de sentir, autre que celles d'où naissent les idées sensibles: il faut que nous éprouvions des sentimens autres que les sentimens-sensations.

Et d'abord, l'âme ne pouvant passer des pures sensations aux idées sensibles qu'autant qu'elle agit sur les sensations, elle doit nécessairement avoir le sentiment de son action ; car, l'âme ne peut pas agir et ne pas sentir qu'elle agit : or, cette nouvelle manière de sentir semble n'avoir rien de commun avec les sensations. Qui pourrait confondre ce que l'âme éprouve par l'exercice de ses facultés, avec ce qu'elle éprouve par l'impression des objets sur les organes du corps? le plaisir de la pensée, avec celui que donne la satisfaction d'un besoin physique? le ravissement d'Archimède qui résout un problème, avec la grossière volupté d'Apicius, lorsqu'il dévore une hure de sanglier?

Le sentiment que l'âme éprouve par l'action de ses facultés, n'est pas toujours le même. Il subit toutes les vicissitudes des facultés; fort et vif, dans les momens de leur exaltation; languissant et faible, lorsqu'elles tombent dans le repos, ou dans un calme voisin du repos, car il est à présumer qu'il n'y a jamais cessation absolue d'action dans notre âme : elle veille, elle agit, jusque dans le sommeil du corps; elle agit tant qu'elle désire; et la vie n'est-elle pas un désir continuel?

Nous ne sommes donc jamais privés du sentiment de l'action des facultés de l'âme; ou, du moins, il doit être très-rare que ce sentiment nous abandonne, et qu'il s'éteigne tout-à-fait.

Mais il ne suffit pas d'avoir le sentiment des facultés pour les connaître, pour les distinguer les unes des autres, pour en avoir idée.

Comme le sentiment, produit par l'action des objets extérieurs, n'aurait pu se changer en idée sensible, si l'âme l'avait éprouvé d'une manière toute passive, et si son activité ne se fût mise promptement en exercice; de même le sentiment, qui naît de l'action des facultés, ne pourra jamais devenir l'idée de ces facultés, si l'activité de l'âme ne se porte sur ce sentiment, pour l'observer, pour l'étudier; si l'âme, après s'être laissée entraîner au dehors par l'attrait des causes de ses sensations, ne rentre en elle-même pour s'interroger sur ce qu'elle éprouve, sur ce qu'elle fait, sur toutes les manières dont elle est affectée, sur toutes les manières dont elle agit.

Nous ne sommes pas dans une position aussi favorable, pour acquérir les idées des facultés de l'âme, que pour acquérir les idées sensibles. D'un côté, l'attention aidée par les organes agit sans effort; de l'autre, il faut nous faire violence, lutter contre un penchant qui nous porte vers les objets extérieurs; et, sans secours, par l'ordre seul de la volonté, appliquer l'attention au sentiment de l'attention, et l'âme à l'âme.

Aussi, tous les hommes ont-ils les mêmes idées sensibles. Pour tous, le ciel est parsemé d'étoiles, la terre est couverte d'arbres, d'animaux, et d'une multitude innombrable d'objets; tandis qu'un très-petit nombre de philosophes ont cherché à connaître leur esprit, à se faire des idées de ses facultés, à se rendre compte de ses opérations. Et encore, combien leurs recherches ne laissent-elles pas à désirer! (t. 1, leç. 14.)

Les idées des facultés de l'âme ont leur origine *dans le sentiment de l'action de ces facultés, et leur* cause *dans l'attention qui s'exerce indépendamment des organes.*

3°. Si les idées sensibles que nous acquérons successivement, et une à une, par la direction successive de nos organes sur les différentes qualités des corps, disparaissaient à l'instant même que cette direction cesse, ou qu'elle change; si, pareillement, les idées que nous nous faisons des facultés de l'âme s'anéantissaient au moment qu'elles viennent de naître, il est évident que nous n'aurions jamais plusieurs idées à la fois; que nous serions toujours, et nécessairement, réduits à une idée unique; que nous nous trouverions dans l'impuissance de connaître l'objet le moins composé.

Les choses ne se passent pas ainsi dans notre esprit. Ce qu'une fois il a acquis, il ne le perd pas aussitôt : ses richesses ne se dissipent pas à mesure qu'elles se forment; et la jouissance, loin de les user, les rend plus propres à de nouvelles jouissances.

Il est vrai que le plus grand nombre d'idées ne semblent naître que pour mourir. Le regard est quelquefois si superficiel, qu'à peine il effleure les objets. Souvent l'attention glisse avec tant de rapidité sur les sentimens, qu'on dirait qu'elle n'est pas avertie de leur présence. Des impressions aussi faibles ne peuvent rien laisser après elles. Mais, si l'organe se tient long-temps fixé sur un seul point; si l'attention, par la vivacité même de l'impression, ou par l'ordre de la volonté, s'arrête sur un seul sentiment, alors, ce qu'on a éprouvé ne s'évanouit pas aussitôt. L'expérience nous apprend qu'il en reste des traces durables. Les idées que donne une attention légère et distraite, sont comme des images réfléchies par le miroir qui disparaissent avec l'objet; celles, au contraire, que donne une forte, une longue attention, sont des caractères gravés sur le marbre, dont l'empreinte résiste au temps.

Puisque nous sommes doués de mémoire, nous ne pouvons pas être bornés à l'idée que l'attention fait sortir du sentiment actuel. Nous avons, tout à la fois, et l'idée nouvelle qui survient, et un nombre d'idées proportionné à la capacité de la mémoire.

Ce nombre paraît d'abord indéfini, quand on s'occupe d'un objet vaste devenu familier; mais, si l'on veut ne tenir compte que des idées bien distinctement perçues, on le trouvera prodigieusement restreint. Au reste, chacun peut consulter son expérience; et je ne prétends pas déterminer une quantité qui varie suivant la différence des esprits. Ce qu'il y a d'incontestable, c'est qu'il n'est aucun homme dont l'intelligence n'embrasse simultanément plusieurs idées, plus ou moins distinctes, plus ou moins confuses.

Or, lorsque nous avons plusieurs idées à la fois, il se produit en nous une manière de sentir particulière. Nous sentons, entre ces idées, des ressemblances, des différences, des rapports. Nous appellerons cette manière de sentir, qui nous est commune à tous, *sentiment de rapport*, ou, *sentiment-rapport*.

Et l'on voit que ces sentimens-rapports, résultant du rapprochement des idées, doivent être infiniment plus nombreux que les sentimens-sensations, ou que les sentimens qui naissent de l'action des facultés. La plus légère connaissance de la théorie des combinaisons suffit pour en convaincre.

Il régnera donc une extrême confusion parmi cette multitude de rapports dont nous avons le sentiment, si l'âme, pour les démêler, ne se conduit à peu près comme elle s'est conduite pour démêler ce qu'elle avait d'abord senti, c'est-à-dire, si elle n'applique son activité à sa troisième manière de sentir, comme elle l'a appliquée à la première et à la seconde : mais, au lieu que, pour changer en idées les sentimens-sensations, et les sentimens qui proviennent de l'action de ses facultés, il lui a suffi de la simple attention, elle aura, de plus, besoin d'une attention double, ou de la comparaison, pour changer les sentimens de rapport en idées de rapport.

Les idées de rapport ont leur origine *dans les sentimens de rapport. Elles ont leur* cause *dans l'attention et la comparaison.*

4°. Il est une quatrième manière de sentir, qui paraît différer des trois que nous venons de remarquer, plus encore que celles-ci ne diffèrent entre elles.

Un homme d'honneur (je parle dans l'opinion, ou dans les préjugés, de l'Europe), un homme d'honneur se sent frappé. Jusque-là, c'est une sensation qu'il reçoit, et une idée sensible qui en résulte : mais, s'il vient à s'apercevoir qu'on a eu l'intention de l'insulter en le frappant, quel changement soudain! Le sang bouillonne dans les veines : la vie n'a plus de prix; il faut la sacrifier pour venger le plus ignominieux des outrages.

Lorsque nous apercevons, ou seulement lorsque nous supposons, une intention dans l'agent extérieur, aussitôt, au sentiment-sensation qu'il produit en nous, se joint un nouveau sentiment qui semble n'avoir rien de commun avec le sentiment-sensation. Aussi, prend-il un autre nom. On l'appelle *sentiment-moral ;* et on l'appelle ainsi, parce que ce sentiment est produit en nous, par un agent *moral*, c'est-à-dire, par un être qui agit sur nous, ou sur nos semblables, qui nous fait du bien ou du mal, à nous, ou à nos semblables, avec intention et avec une volonté libre. Nous sommes fondés, en effet, à juger qu'il y a de la *moralité* dans un acte, lorsqu'il est fait avec une volonté libre. Car, où il y a *liberté*, il y a *imputabilité ;* il y a *mérite*, ou *démérite*. Il y a donc *moralité* (1).

Dès ce moment, naissent au fond du cœur de l'homme, les sentimens du juste, de l'injuste, de l'honnête, les sentimens de générosité, de délicatesse, etc.

Les hommes vivant en société, et agissant continuellement les uns sur les autres, il est peu de circonstances dans la vie où ils n'éprouvent quelque sentiment moral : et il n'est pas toujours facile de démêler ces sentimens, de s'en

---

(1) Il nous suffit ici de marquer la condition primitive de toute moralité, *l'intention dans un agent libre.* L'intention de nous conformer aux lois qui découlent de notre nature, à celles que nous impose l'ordre social, et à la volonté du Créateur, achève la moralité de nos actions.

faire des idées. Si quelquefois, il suffit d'un seul acte d'attention, plus souvent on a besoin de comparaisons, de raisonnemens, et même de raisonnemens très-multipliés, très-étendus, quoique très-rapides. En général, il faut de longues observations, une grande expérience, une grande finesse d'esprit, pour connaître le cœur humain. Ce n'est pas trop du génie de La Bruyère ou de Molière pour en sonder les replis, pour en pénétrer les profondeurs.

Les idées morales ont leur origine *dans le sentiment-moral*, *et leur* cause *dans l'action de toutes les facultés de l'entendement.*

L'âme a donc quatre manières de sentir: elle tient de la nature quatre espèces de sentimens différens, *sentiment-sensation*, *sentiment de l'action de ses facultés*, *sentiment-rapport*, *sentiment-moral*; d'où, son activité fait sortir quatre espèces d'idées, *idées sensibles*, *idées de ses facultés*, *idées de rapport*, *idées morales*.

Toutes ces idées sont intellectuelles; c'est-à-dire, qu'elles concourent toutes à former notre intelligence. Cependant, les philosophes semblent avoir réservé plus particulièrement le nom d'*idées intellectuelles*, aux idées des facultés de l'âme, et aux idées de rapport. Rien ne nous empêche d'adopter ce langage; et nous dirons, en gagnant en précision, ou plutôt en concision, que toutes nos idées, considérées sous le point de vue de leur formation, sont, ou *sensibles*, ou *intellectuelles*, ou *morales*.

Rapprochons, en finissant, des vérités qui sortent des observations les plus simples, et que la philosophie s'étonne peut-être d'entendre aujourd'hui pour la première fois.

Les *idées sensibles* ont leur *origine* dans le sentiment-sensation, et leur *cause* dans l'attention.

Les *idées des facultés de l'âme* ont leur *origine* dans le sentiment de l'action de ces facultés, et leur *cause* aussi dans l'attention.

Les *idées de rapport* ont leur *origine* dans le sentiment de rapport, et leur *cause* dans l'attention et la comparaison.

Les *idées morales* ont leur *origine* dans le sentiment-moral, et leur *cause*, ou dans l'attention, ou dans la comparaison, ou dans le raisonnement, ou dans l'action réunie de ces facultés.

Il faut donc se rendre à cette conclusion : qu'*il existe quatre origines, et trois causes de nos idées*.

Et nous ne devrons jamais l'oublier, lorsque, pour mettre plus de rapidité dans nos discours, nous dirons que *toutes les idées ont leur origine dans le sentiment, et leur cause dans l'action des facultés de l'entendement*.

QUATRIÈME LEÇON.

Les diverses origines de nos idées ne peuvent pas être ramenées à une seule origine. Réflexions sur la formation des sciences.

Montesquieu a écrit un Traité sur le goût. Voulant se rendre raison des idées du beau, et du plaisir qu'excitent en nous les ouvrages d'esprit et les productions des beaux-arts, il ne va pas, avec Platon, en chercher les modèles dans un monde d'essences absolues et immuables. Ces explications, si admirées des anciens, lui paraissent *insoutenables, et fondées sur une philosophie fausse.* Il sent; et son génie, qui toujours le porte vers les origines des choses, l'assure que *les sources du noble, du grand, du sublime, du naïf, du délicat, du gracieux,* sont, non pas dans *les plaisirs de l'âme qui résultent de son union avec le corps;* mais dans les *plaisirs qui sont propres à l'âme; dans ceux qui lui viennent des idées de sa grandeur et de ses perfections;* dans le *plaisir de comparer; dans celui d'embrasser tout d'une vue générale.*

QUATRIÈME LEÇON

Qu'on est heureux, messieurs, de trouver quelque rapport entre ses pensées et les pensées de Montesquieu ! *Le plaisir de comparer*, n'est-ce pas le sentiment qui naît de l'exercice d'une faculté de l'âme ? *Le plaisir d'embrasser tout d'une vue générale*, ne se confond-il pas avec le sentiment des rapports ? et, croyez-vous que ce soit faire violence à la langue, que de voir le sentiment-moral dans *le plaisir* que donne à l'âme l'*idée de sa grandeur et de ses perfections* ?

Les diverses manières dont peut être affectée la sensibilité humaine, n'avaient donc pas échappé au regard pénétrant de Montesquieu. Relisez l'*Essai sur le goût*. Si, à la première lecture, vous n'aviez pas remarqué d'abord quelque chose de conforme à ce que je vous enseigne; à la seconde, j'en suis sûr, vous découvrirez, quoique cachée par la différence des expressions, une analogie suffisante pour donner à notre théorie l'appui d'un grand nom.

Je voudrais pouvoir appeler à mon secours quelque autre grande autorité; mais je n'en trouve point parmi les philosophes. La question de l'*origine des idées* ayant été, dans tous les temps, ramenée à cette alternative : *sont-elles innées*, ou *viennent-elles des sens ?* l'esprit ne savait se porter que sur la seule manière de sentir, produite par le mouvement des organes. On dirait que, frappés uniquement et exclusivement de l'opposition des principes dont ils faisaient dériver les connaissances, les partisans de Platon et de Descartes, ceux d'Aristote et de Locke, ont à peine songé à examiner ces principes en eux-mêmes : et peut-être pourrait-on, sans trop de témérité, se hasarder à croire qu'ils n'ont jamais parfaitement su, ni ce que c'est que *les idées innées*, puisque chacun les a interprétées à sa manière (leç. 9), ni ce que c'est que *sentir*, puisque, sous ce mot, ils n'ont vu que de simples *sensations*.

Il est vrai qu'on a parlé quelquefois d'un *sens moral;* et il était difficile, en effet, de ne pas apercevoir combien il y a loin, des affections que nous font éprouver les objets purement matériels, aux affections qui naissent de l'image de la vertu opprimée, ou du crime triomphant.

Mais ce sens moral, ou plutôt ce *sentiment moral*, ajouté au *sentiment-sensation*, ne suffisait pas pour faire connaître tous les phénomènes de l'intelligence. Les phénomènes qui tiennent au sentiment de l'action des facultés de l'âme, ceux qui dérivent du sentiment des rapports, devaient nécessairement se refuser à toute explication satisfaisante, puisqu'on n'avait pas remarqué les deux manières de sentir, qui seules pouvaient en rendre raison.

La plupart des philosophes, en traitant de l'origine des idées, ont donc commis la même faute capitale qu'en traitant des facultés auxquelles nous devons les idées. Comme ils s'étaient contentés de la notion vague d'*entendement*, sans se rendre compte des diverses manières dont il agit (t. 1, leç. 14), de même ils se sont contentés de la notion plus vague encore de *sensibilité*, sans se rendre compte des diverses manières dont nous sentons. N'étant jamais remontés, ni à l'origine des puissances de l'esprit, ni aux véritables principes des connaissances, ils en ont ignoré les élémens; et leur science s'est trouvée chimérique et fausse.

La nature, en nous donnant quatre espèces de sentimens, a mis en nous quatre sources de connaissances. Nous pouvons discerner les qualités des corps; nous nous sommes fait une idée des facultés de l'âme; nous savons en quoi consiste la moralité de nos actions; nous connaissons enfin des rapports de toute espèce. Toutes ces connaissances laissent beaucoup à désirer, sans doute; elles peuvent recevoir, elles pourront sans cesse recevoir de nouveaux développemens; mais elles sont, elles seront toujours appuyées sur autant de *sentimens* dont elles dérivent. Celui qui n'a pas remarqué ces sentimens divers, manque des idées premières et fondamentales de la philosophie. Il n'aura dans son esprit que des opinions arbitraires, des vérités mal assurées, ou des erreurs dont il lui sera comme impossible de se délivrer.

On m'a fait une objection qu'il n'était pas difficile de prévoir. Les quatre sources de connaissances ne remontent-elles pas à une source unique? Les quatre manières de sentir ne sont-elles pas, dans le principe, une seule manière de sentir? Le sentiment-sensation ne se transforme-t-il pas successivement en sentiment de l'action des facultés, en sentiment de rapport, en sentiment moral? De quelque manière qu'on sente, en un mot, n'est-ce pas toujours une même nature de sentiment? et alors, pourquoi attacher tant d'importance à quelques points de vue différens d'une même chose?

Pourquoi? D'abord, notre doctrine est à l'abri de toutes les attaques dirigées contre la philosophie d'Aristote, de Gassendi, de Locke et de Condillac; et, par conséquent, cette foule d'argumens si célèbres parmi les anciens platoniciens, ensuite oubliés par les scolastiques, plus tard reproduits par les disciples de Descartes pour être renversés par Locke, et que, depuis quelques années enfin, on renouvelle, non avec plus de force, mais avec plus de confiance que jamais, ne sauraient nous atteindre. Ceci est déjà de quelqu'importance.

Mais cette considération ne suffit pas. Il ne suffit pas qu'il nous soit utile et commode de distinguer quatre espèces de sentimens. Il faut que cette distinction soit fondée sur la nature.

Le mot *nature* a un si grand nombre d'acceptions : il se prête avec une si trompeuse facilité à tout ce qu'on veut lui faire signifier : on en a tant usé et abusé, qu'on ne sait plus ce qu'il veut dire, et qu'on est toujours exposé à lui faire exprimer des choses différentes, ou même opposées, si l'on ne surveille avec une grande attention les emplois multipliés qu'on en fait.

Malgré tant de variabilité, je répondrai, en fixant par l'étymologie la signification du mot *nature*, que nos quatre manières de sentir ont chacune leur nature propre, et qu'elles diffèrent essentiellement les unes des autres ; que le sentiment-sensation, quoique le *premier* (leç. 3), n'est pas le *principe*; qu'à la vérité, les autres sentimens ne viennent *qu'après lui*, mais qu'ils ne viennent pas *de lui*.

Nature, nous en avons déjà fait la remarque, tire son origine d'un mot de la langue latine, qui veut dire *naître*. Il faut donc, pour connaître la nature de nos différentes manières de sentir, les épier, s'il est permis de le dire, au moment de leur naissance. Or, le sentiment-sensation *naît* d'un mouvement produit dans les organes par les objets extérieurs. Le sentiment de l'action des facultés *naît* de cette action même. Le sentiment de rapport *naît* de la présence simultanée des idées. Le sentiment moral *naît* de l'impression que fait sur nous un agent auquel nous attribuons une volonté (leçon 3). Chaque espèce de sentiment *naît* donc à part : chacun a sa *nature* propre.

Sans doute que, dans notre constitution actuelle, le sentiment-sensation doit s'être montré d'abord, pour que les autres sentimens se montrent à leur tour. Il y a, entre les quatre manières de sentir, un ordre successif qui commence par la sensation. Mais, un ordre de succession ne suffit pas pour établir l'unité de nature entre des choses qui se succèdent. Il est nécessaire que cet ordre soit, en même temps, et de succession, et de génération : et, puisqu'il est prouvé que les divers sentimens ne s'engendrent pas les uns les autres, il est prouvé qu'il y a entre eux une différence de *nature*.

Mais, j'entends qu'on me dit : si les quatre manières de sentir n'ont pas la même nature, pourquoi les appelez-vous du nom commun de *sentiment ?*

Un nom commun donné à plusieurs choses, est loin de prouver l'identité de leur nature. A ce compte, toutes les choses qui existent seraient de même nature, puisque tout ce qui existe porte le nom commun d'*être*. Dieu, l'âme, le corps, sont appelés du nom commun de *substance*. Est-ce à dire que la substance divine soit la même que celle de l'âme ou celle du corps, et que l'âme et le corps soient une seule et même substance? Les dénominations communes expriment ce qu'il y a de commun dans les choses; et la nature des choses ne consiste pas dans ce qu'elles ont de commun : au contraire; c'est ce qu'il y a de particulier, de spécial à une chose, qui en détermine proprement la nature.

Permettez-moi un rapprochement auquel me conduit la réflexion qui précède : j'ai besoin que vous me le pardonniez, vous qui avez fait l'objection; car je vais vous comparer à Spinosa.

Vous dites : Le nom commun *sentiment*, donné à ce que nous prétendons être des manières diverses de sentir, suppose une idée commune, une chose commune, et prouve, par conséquent, contre notre intention, qu'il y a unité de nature entre toutes les manières de sentir. Il n'y a donc, à la rigueur, qu'une seule manière de sentir : il n'y a qu'un sentiment.

Spinosa avait dit : le nom commun *substance*, donné à ce qu'on prétend être des substances diverses, suppose une idée commune, une chose commune, et prouve, par conséquent, qu'il y a unité de nature entre toutes les substances. Il n'y a donc, à la rigueur, qu'une seule substance dans l'univers.

On sent bien toute l'absurdité d'un pareil raisonnement; mais on ne sait pas la faire ressortir. Essayons de la mettre en évidence.

Lorsque nous considérons les êtres comme susceptibles de modifications, comme doués de propriétés, comme possédant des attributs, comme servant de support ou de soutien à des qualités, alors, nous leur donnons le nom de *support*, de *soutien*, de *sujet*, de *substance* ; et, comme il n'y a aucun être qui ne soit doué de quelque qualité, et qui ne puisse être considéré sous cet unique point de vue qu'il est doué de qualités; il s'ensuit qu'il n'en est aucun qui ne puisse donner lieu à l'idée de substance, et à la même idée de substance, car il n'y en a pas deux. Il y a donc identité, entre tous les points de vue d'où résulte le point de vue commun qui forme l'idée de substance, qui est l'idée de la substance ; mais il n'y a pas identité, entre les points de vue qui ne sont pas communs, et qui appartiennent exclusivement à chaque être.

Le raisonnement de Spinosa est curieux : il veut qu'une idée commune, anéantisse la pluralité des êtres qui nous donnent cette idée, qu'elle les réduise à un seul être, qu'elle prouve leur unité. Il est évident, qu'elle ne prouve que l'unité du point de vue sous lequel on les considère. Spinosa confond un point de vue commun à tous les êtres, avec la réalité des êtres ; oubliant, que la réalité d'un être comprend des qualités communes, et les qualités qui lui sont propres. Si un point de vue commun à plusieurs êtres prouve l'unité de leur nature, prouve leur unité, il n'y a donc qu'*un animal* dans l'univers, il n'y a qu'*un homme*, qu'*une montagne*, qu'*un arbre*, par la même raison qu'il n'y aurait qu'*une substance*.

Se peut-il qu'un système qui a fait tant de bruit, qui a occupé tant de têtes et tant de plumes, un système, qui a exercé toute la dialectique de Bayle, et que le génie de Fénélon n'a pas dédaigné de réfuter, ne soit autre chose qu'une misérable confusion d'idées, qu'une abstraction prise pour une réalité ?

Il n'est pas autre chose : et, non-seulement la substance de Spinosa est une *pure* abstraction, je veux dire, une idée abstraite à laquelle ne correspond rien de réel ; c'est, après l'idée de l'*être*, l'idée abstraite la plus générale de toutes, et par conséquent la plus éloignée de la réalité. (Leç. 12.)

Tenons donc pour certain que, sous le seul mot *sentiment*, nous avons le droit de reconnaître quatre manières de sentir, différentes de nature.

En ne consultant que l'expérience, et sans remonter aux sources d'où dérive le *sens moral*, quelques philosophes, comme nous l'avons dit, n'ont pas balancé à prononcer qu'on ne pouvait l'assimiler au *sentiment-sensation*. Jusque-là, nous devons les approuver. Mais, n'ont-ils pas eux-mêmes détruit leur ouvrage, et ramené le sens moral aux sensations dont ils voulaient le séparer, lorsqu'ils l'ont attribué à un sens, ou organe particulier, auquel ils ont donné le nom de *sixième sens ?*

Un *sens moral*, s'il existait, ne ferait pas suite aux sens de la vue, du goût, de l'odorat, etc., dans lesquels il n'entre rien de moral : il devrait donc être classé à part. Le nom de *sixième sens* ne pourrait lui convenir, qu'autant qu'il entrerait de la moralité dans les autres sens, ou qu'il cesserait lui-même d'être un sens moral.

Que si, par le sens moral, vous entendez parler uniquement du *sentiment moral*, et nullement d'un organe particulier; alors, vous deviez ne voir dans l'âme que deux manières de sentir, le *sentiment-sensation* et le *sentiment moral*. Il n'y a donc pas de *sixième sens*, de quelque manière qu'on veuille l'entendre.

On ne saurait se montrer trop sévère contre ces énoncés inexacts, qui ne disent pas nettement ce qu'on veut dire, qui souvent disent le contraire. Si l'écrivain qui s'en sert le premier, peut quelquefois le faire impunément pour lui, parce que d'avance il a dans son esprit l'idée qu'il veut y attacher, il n'en est pas de même du lecteur, qui est obligé d'aller aux idées par les mots : une expression fausse ne peut que le tromper; parce qu'en le conduisant à ce qu'on lui dit, elle l'éloigne de ce qu'on veut lui dire.

Peut-être ne sera-t-il pas inutile, à l'occasion de l'erreur et de la faute qui viennent d'être relevées, de faire une remarque sur l'artifice qui préside à la formation des sciences. Des réflexions sur les règles de la méthode, présentées en même temps que l'exemple de leur oubli, seront mieux appréciées, et laisseront un souvenir plus durable.

Par les cinq organes des sens, nous sommes susceptibles de cinq manières de sentir : voilà ce qu'on dit, et ce qu'on a le droit de dire. Mais, en s'exprimant de la sorte, il ne faut pas perdre de vue que chacune de ces cinq manières de sentir comprend une multitude de manières particulières de sentir. Par l'organe de la vue, l'âme est affectée d'autant de manières différentes, par le rouge, l'orangé, le jaune, le vert, le bleu, l'indigo, le violet ; et comme ces sept couleurs primitives peuvent se combiner entre elles, deux à deux, trois à trois, etc., et agir avec plus ou moins de vivacité, soit seules, soit réunies, il en résulte un nombre de sensations qui, ajoutées à celles qui nous viennent par les autres sens, surpassent tout ce qu'on pourrait imaginer.

Pareillement, lorsque l'âme agit, et qu'en agissant elle a le sentiment de son action, il ne faut pas croire qu'elle sente toujours uniformément. Les sentimens qu'elle éprouve par l'attention, la comparaison, le raisonnement ; par le désir, la préférence, la liberté : ceux qu'elle éprouve par l'action combinée de ces facultés élémentaires ; ceux même qu'elle éprouve par l'action de chaque faculté isolée, lorsque cette faculté se porte sur des objets différens, comme l'attention qu'on donnerait successivement à une saveur, et à un théorème de géométrie ; toutes ces manières de sentir, diversifiées à l'infini, ont chacune un caractère propre et distinctif.

Que l'on raisonne de même sur les sentimens moraux et sur les sentimens de rapport, on trouvera que leur nombre égale ou excède celui des sentimens-sensations, et des sentimens qui naissent de l'action des facultés de l'âme; et l'admiration s'épuisera devant une si étonnante variété.

L'âme, par la sensibilité seule, est donc susceptible d'une foule prodigieuse de modifications; et celui qui, pour se connaître, croirait devoir faire une étude particulière de chacune de ces modifications, serait aussi peu sensé que celui qui, pour apprendre la botanique, voudrait mettre dans son esprit la forme et la couleur de chacune des feuilles d'arbres qui se trouvent dans une vaste forêt.

Non que, pour avoir une intelligence parfaite de la nature, il ne fallût en saisir, d'une vue, toutes les propriétés et chaque propriété, tous les phénomènes et chaque phénomène, jusque dans leurs moindres accidens; connaître ce que tous les êtres sont en eux-mêmes, et dans leurs innombrables rapports; embrasser l'immensité des espaces, et atteindre jusqu'à l'infiniment petit. Cette science n'est pas celle de l'homme, c'est la science de Dieu : lui seul voit les choses telles qu'elles sont, parce qu'il les voit telles qu'il les a faites.

Mais nous, dont l'intelligence est si bornée, renonçons au vain espoir de connaître ce qui n'a pas de bornes : et cependant, glorifions-nous de ce que nous a inspiré le sentiment même de notre faiblesse, pour lui faire produire les effets de la force.

Nous voulions savoir ce qui se passe en nous, dans toutes les circonstances où nous sentons ; et nous n'avons pas tardé à nous apercevoir, combien était chimérique un tel projet. L'impossibilité du succès, loin d'éteindre notre curiosité, n'a fait que l'enflammer : ne pouvant saisir les choses, une à une, nous les avons liées pour en former des faisceaux.

Les couleurs, les sons, les saveurs, les odeurs, les qualités tactiles, leurs variétés, leurs nuances; cette multitude d'affections diverses, a été considérée sous un point de vue commun à toutes, celui d'être transmises à l'âme par l'intermédiaire des sens : à l'instant, autour du mot *sensation*, qui a été choisi pour exprimer ce point de vue, se sont réunis des sentimens qui semblaient ne pouvoir se réunir, le froid, le chaud, le plaisir, la douleur, etc.

Nous avons de même écarté toutes les différences de nos autres manières de sentir ; et, en les considérant, les unes sous le point de vue unique qu'elles sont produites par l'action des facultés de l'âme, les autres sous le point de vue qu'elles naissent de la présence simultanée des idées, les autres enfin sous le point de vue que leur cause est douée d'intelligence et de volonté, ce procédé, si simple, si naturel, nous a suffi pour atteindre par la pensée tous les phénomènes de la sensibilité, pour les bien démêler, et pour en raisonner. Dans le sentiment-sensation, le sentiment de l'action de l'âme, le sentiment moral, et dans le sentiment des rapports, nous avons eu quatre idées élémentaires, quatre expressions élémentaires. Il n'en a pas fallu davantage pour établir notre théorie.

Les idées élémentaires dont se composent les sciences, ne représentent donc pas, vous le voyez, des êtres individuels et complets, des réalités existantes à part : elles ne représentent que des choses qui existent dans d'autres choses, que des êtres incomplets, et des portions d'individus, si l'on peut le dire. Ce ne sont pas des idées *totales*, produites par la réunion de toutes les qualités d'un seul objet individuel, qu'elles représentent dans son intégrité ; ce sont des idées *partielles*, qui, nous venant d'un grand nombre d'individus, et se trouvant communes à tous, en expriment des points de vue communs : mais, quoique partielles, ces idées sont prises dans la nature, de même que les idées totales. Si elles n'avaient pas leur modèle dans les êtres individuels, elles ne s'appliqueraient à rien; et les sciences ne seraient que de longues suites de tableaux fantastiques.

Deux conditions sont donc également indispensables pour la création des sciences. Notre faiblesse nous impose la nécessité de nous détacher par la pensée, des individus, pour n'en conserver que quelques points de vue; et il faut que ces points de vue représentent des qualités existantes dans les individus. Sans la première de ces conditions, les sciences n'existeraient pas pour l'homme; sans la seconde, il ne pourrait créer que des chimères.

Les individus, les réalités, les faits, le sentiment et les divers sentimens, l'expérience, en un mot; voilà, non pas les sciences, mais les fondemens des sciences, les bases qui leur servent d'appui. Par un travail assidu, avez-vous assuré ces fondemens, consolidé ces bases; il est temps de vous élever : tout est prêt pour le raisonnement, pour les méthodes, pour la philosophie.

La philosophie suppose l'expérience; elle est fondée sur l'expérience : il ne faut jamais l'oublier; mais, en même temps, il faut bien se garder de la confondre avec l'expérience. Il y a une physique expérimentale, un médecine expérimentale; il y a, si l'on veut, une psychologie expérimentale : il n'y a pas de philosophie expérimentale, de raisonnement expérimental. C'est fausser la langue, que d'associer des choses aussi disparates : le raisonnement part de l'observation ; il n'est pas l'observation.

Malgré tout ce que je viens de dire, et tout ce que j'ai dit à la dernière séance, j'ai bien peur qu'on ne conserve encore quelques doutes, ou même qu'on ne se refuse à reconnaître, entre nos divers sentimens, une différence aussi grande que celle que nous avons cherché à établir. Mais non, messieurs; et j'ai tort de manifester des craintes, quand j'ai le désir secret de rencontrer des oppositions. Résistez donc tant que vous pourrez : prenez l'offensive, si vous croyez qu'elle puisse vous donner de l'avantage : soyez victorieux ; je ne devrai pas me plaindre, car vous me redresserez en me renversant. Je ne fais pas un jeu de mots ; et je dois m'expliquer.

La perfection d'un système consiste dans l'homogénéité de ses parties : il faut, qu'en descendant du principe à tout ce qui en dérive, on retrouve toujours ce principe, modifié sans doute, mais non pas dénaturé ; car, dès ce moment, on serait placé dans un autre ordre de choses : la loi de continuité serait violée ; et le système aurait perdu son unité.

Le système des facultés de l'âme est un, et homogène (t. 1, leç. 4 et 14) : le principe de ce système se retrouve partout. Dans toutes et dans chacune des facultés dérivées, la faculté génératrice se montre d'une manière sensible. On voit l'attention, dans la comparaison, dans le raisonnement : on la voit, dans le désir, dans la préférence, dans la liberté. L'esprit avance d'un mouvement facile et continu : il ne sent, ni lacune, ni résistance.

Or, pourquoi le même ordre qui se montre dans les développemens successifs de l'*activité* de l'âme, ne se montrerait-il pas dans les développemens successifs de la *sensibilité*?

Pour vérifier cette conjecture, il a fallu étudier l'âme dans ses divers *sentimens*, comme nous l'avions étudiée dans ses *actes* divers.

Après m'être assuré par une observation constante sur moi-même, que l'âme n'était pas bornée à une seule manière de sentir, à un seul moyen de bonheur : après avoir reconnu, par une expérience que chaque jour a confirmée de plus en plus, qu'elle pouvait être affectée de quatre manières différentes, éprouver quatre espèces de sentimens distincts, ma première pensée a été de chercher à connaître l'ordre que je supposais devoir exister, entre ces sentimens, entre ces affections. J'ai cru un moment, mais je n'ai pu le croire qu'un moment, qu'il avait suffi à l'auteur des choses, d'ordonner que l'âme, en vertu de son union avec le corps, fût sensible aux impressions des objets extérieurs, pour que cette manière de sentir se transformât, comme d'elle-même, en toutes les autres; que le sentiment des facultés, celui des rapports, le sentiment moral même, devaient avoir leur principe dans la sensation; que la nature, enfin, avait systématisé toutes les manières de sentir, avec la même régularité que toutes les manières d'agir.

Vous connaissez les raisons qui m'ont fait abandonner une idée aussi séduisante par sa simplicité. Un premier soupçon, quoique bien naturel, n'a pu tenir devant les puissantes raisons qui m'ont fait voir combien il était peu fondé. Il n'y a pas fusion d'un sentiment dans un sentiment. Ce n'est, ni par des affaiblissemens successifs, ni par une énergie croissante que l'âme passe des uns aux autres. Ce qu'elle était dans la sensation, elle ne l'est plus dans le sentiment moral. Le changement qui s'est opéré en elle, n'est pas une simple transformation; c'est une nouvelle existence.

Voilà ce que j'ai essayé d'établir. On m'a opposé des argumens, qui se sont trouvés sans force. J'en attends de nouveaux; je les sollicite. Si vous prouvez que je me suis mépris en mettant, entre les divers sentimens, plus de distance que n'y en a mis la nature : si des observations mieux dirigées que les miennes, vous ont montré que ces sentimens sont rapprochés et unis par un lien caché qui a échappé à mes recherches ; alors, entre les divers phénomènes de la sensibilité, il ne règnera pas seulement un ordre de succession; ce sera un rapport plus intime, une dérivation immédiate, une vraie génération. Je m'empresserai de rectifier mes idées sur les vôtres, pour changer une simple exposition en système régulier. Ma perte sera un gain réel; et ma défaite d'un moment deviendra, pour la vérité, un triomphe durable.

Mais laissons des suppositions qui ne peuvent se réaliser; et ne nous obstinons pas à vouloir mettre dans nos idées, ce que la nature n'a pas mis dans ses ouvrages.

L'instinct du génie, je le sais (je voulais dire je le crois), l'instinct du génie le porte toujours vers la plus grande simplicité; mais cet instinct, pour être sûr, a besoin d'être éclairé par les lumières que donne la réflexion.

Quoi de plus simple, après avoir reconnu dans l'âme quatre manières de sentir, que de vouloir les ramener à une seule, afin de n'avoir qu'une même *origine* pour toutes les idées? D'un autre côté, après avoir été forcés d'admettre trois *causes* de nos idées, l'attention, la comparaison, le raisonnement; et, après avoir remarqué que les idées produites par ces trois causes sont, ou sensibles, ou intellectuelles, ou morales, quoi de plus simple, que d'attribuer exclusivement à l'attention les idées sensibles, à la comparaison les idées intellectuelles, au raisonnement les idées morales?

Mais ces deux choses, si simples, sont des erreurs. Il n'est pas vrai que les idées aient toutes une même origine; ni que toutes les idées intellectuelles exigent une comparaison : il n'est pas vrai, non plus, qu'il soit nécessaire de raisonner pour avoir les premières idées morales.

L'auteur de la nature, en douant l'homme d'une volonté libre, l'a si visiblement destiné à être un agent moral : nous avons un tel besoin de morale, que les idées du juste et de l'injuste doivent remonter au commencement de notre existence, et précéder le raisonnement. Pour ajouter au peu que j'ai dit, je m'appuierai sur une observation que je prends dans Rousseau.

«Je n'oublierai jamais, d'avoir vu un jour un de ces incommodes pleureurs, ainsi frappé par sa nourrice. Il se tut sur-le-champ : je le croyais intimidé; je me trompais. Le malheureux suffoquait de colère; il avait perdu la respiration; je le vis devenir violet. Un moment après, vinrent les cris aigus. Tous les signes du ressentiment, de la fureur, du désespoir de cet âge, étaient dans ses accens. Quand j'aurais douté que le sentiment du juste et de l'injuste fût *inné* dans le cœur de l'homme, cet exemple seul m'aurait convaincu. Je suis sûr qu'un tison ardent tombé par hasard sur la main de cet enfant, lui eût été moins sensible que ce coup, assez léger, mais donné dans l'intention manifeste de l'offenser. » (*Émile*, livre 1er.)

Il n'y a personne qui n'ait pu faire la même observation que Rousseau, et qui n'adopte la conséquence qu'il en tire. Je me permettrai cependant une remarque sur l'expression *sentiment inné*. A la rigueur, le sentiment du juste n'est pas inné. Il y a dans l'âme quelque chose qui le devance, ne fût-ce que d'un moment. J'ai marqué l'époque, bien voisine de la naissance, sans doute, où ce sentiment se manifeste. Il faut que l'enfant puisse prêter une volonté à l'agent extérieur; mais, rien ne lui est plus naturel; rien n'est plus prompt, puisque à peine il existe, qu'il se sent lui-même doué de volonté.

Terminons cette séance par une réflexion, qui nous fera sentir combien nous avons reçu de moyens d'être heureux.

Plaisirs des sens, plaisirs de l'esprit, plaisirs du cœur : voilà, si nous savions en user, les biens que la nature a répandus avec profusion sur le chemin de la vie.

Et qu'on se garde de mettre en balance ceux qui viennent du corps, et ceux qui naissent du fond de l'âme.

Rapides et fugitifs, les plaisirs des sens ne laissent après eux que du vide; et tous les hommes s'en dégoûtent avec l'âge.

Les plaisirs de l'esprit ont un attrait toujours nouveau : l'âme est toujours jeune pour les goûter; et le temps, loin de les affaiblir, leur donne chaque jour plus de vivacité. Pythagore offre aux dieux une hécatombe, pour les remercier d'un *théorème* qui porte encore son nom. Keppler ne changerait pas ses *règles* contre la couronne des plus grands monarques. Est-il de jouissance au-dessus de telles jouissances ?

Oui, messieurs, il en est de plus grandes. Quels que soient les ravissemens que fait éprouver la découverte de la vérité, il se peut que Newton, rassasié d'années et de gloire, Newton, qui avait décomposé la lumière et trouvé la loi de la pesanteur, se soit dit, en jetant un regard en arrière, *vanitas ;* tandis que, le souvenir d'une bonne action suffit pour embellir les derniers jours de la plus extrême vieillesse, et nous accompagne jusque dans la tombe.

Combien s'abusent ceux qui placent la suprême félicité dans les sensations! ils peuvent connaître le plaisir : ils n'ont pas idée du bonheur.

CINQUIÈME LEÇON.

ÉCLAIRCISSEMENS SUR LA NATURE DES IDÉES.

Des idées, dans leur rapport aux images, aux souvenirs, et aux jugemens.

Les conclusions auxquelles viennent de nous conduire les trois leçons précédentes, quoique appuyées sur des faits qu'on ne peut révoquer en doute, demandent à être appuyées encore. Je le sentais avant qu'on me l'eût témoigné par diverses questions, et par diverses objections qu'on m'a adressées. Je vais tâcher d'éclairer d'un nouveau jour, les objets que j'ai mis sous vos yeux. D'une plus grande clarté, résultera, je l'espère, une conviction plus grande. Rappelons, d'abord, ce que nous avons voulu établir.

L'âme agit sur les sensations; elle a des idées sensibles : elle agit sur les sentimens qui lui viennent de l'exercice de ses facultés, et sur les sentimens de rapport; elle a des idées intellectuelles : elle agit sur les sentimens moraux ; elle a des idées morales.

Abandonnée à elle-même, la sensibilité ne deviendra jamais l'intelligence. La moindre idée sensible excède les bornes d'une nature toute passive : des facultés qu'on n'a pas, des rapports qu'on n'a jamais sentis, ne sauraient être connus; et les idées morales ne peuvent se trouver où manquent toute idée sensible, et toute idée intellectuelle. (Leç. 3 et 4.)

C'est donc l'activité qui fait éclore les germes que la nature a déposés dans le sentiment; c'est l'activité qui, s'appliquant tour à tour aux différentes manières de sentir, forme l'intelligence : elle la fait naître; elle la développe; elle lui donne toute sa perfection.

Telle est la doctrine, aussi simple que sûre, dont il ne nous sera plus permis de nous écarter. Nous l'avions déjà annoncée, lorsque, dans un langage peu exact, il est vrai, nous n'avions pas craint de mettre en avant que, dans l'esprit humain, *tout se réduit aux sensations, au travail sur les sensations*, etc. (t. 1, p. 106.) Nous savons aujourd'hui, que les sensations ne sont pas le seul principe de connaissance; que les sentimens éprouvés à la suite de l'impression des objets, ne sont pas la source unique de nos idées. Nous nous sommes assurés qu'il est d'autres manières de sentir, d'autres sentimens qui sont principes de connaissance, sources d'idées. C'est donc le *sentiment*, et non la *sensation*, qu'il semble que nous aurions dû nommer alors;

mais, en nous exprimant avec plus de vérité, nous nous serions exposés à n'être pas compris; et, en commençant, nous étions obligés de parler moins bien pour paraître plus clairs.

Comment se fait-il que des choses qui se présentent si naturellement, aient échappé à tous les philosophes, et que depuis des siècles on dispute sans rien éclaircir, sans qu'il soit possible de prévoir un terme aux disputes? Un tel phénomène mérite qu'on l'explique.

On le concevra, si, remontant à la source des malentendus et des divisions, on observe que la question de *l'origine des idées* fut d'abord mal posée par les anciens philosophes, et que, depuis, on s'est toujours obstiné à vouloir en donner la solution sans songer à la poser autrement. On l'avait ramenée en effet, et on la ramène encore de nos jours, à une disjonctive, dont les deux membres sont également faux. Les uns disent : *Toutes les idées viennent des sens; toutes ont une origine unique et commune, la sensation.* Les autres disent : *aucune idée ne vient des sens; plusieurs du moins ne sauraient en venir; un grand nombre, toutes peut-être sont innées.*

Les premiers prouvent fort bien que les idées ne sont pas innées, mais fort mal qu'elles viennent toutes des sens. Les seconds prouvent fort bien aussi, ou plutôt ils ont raison de penser, qu'il y a des idées qui ne viennent pas des sens; mais ils prouvent fort mal, en même temps, qu'elles sont innées.

Cependant, on s'en tient toujours à ce dilemme: *ou les idées viennent des sens, ou elles sont innées; il n'y a pas de milieu.*

Il y a un milieu; il y en a plus d'un: il y a trois milieux entre ces deux propositions; car, entre *les sens, unique origine des idées,* et *les idées innées,* il y a trois manières de sentir, qui sont autant d'origines spéciales d'idées (leç. 3.)

Les partisans des deux doctrines ne pouvaient donc, ni résoudre la question de l'origine des idées, ni se rapprocher entre eux. Les uns et les autres voyaient avec une entière évidence, qu'il y avait erreur dans l'opinion de leurs adversaires : ils s'abusaient, en concluant de cette erreur que leur opinion propre était la vérité.

Ce qui aurait suffi pour empêcher de bien poser la question de l'origine des idées, c'est que, le plus souvent, on confondait trois choses distinctes; la *nature* des idées, leur *origine*, et leur *cause*. On croyait avoir constaté la cause d'une idée, quand on avait découvert son origine; ou, s'être assuré de son origine, quand on avait reconnu sa cause; ou enfin, qu'il suffisait de la nature et de la cause d'une idée, sans qu'il fût necessaire de remonter à son origine.

Locke, lui-même, regarde la *réflexion* comme une *source* d'idées; et Condillac, qui le blâme, ne voit dans cette faculté qu'*un canal par lequel les idées dérivent des sens*. La réflexion n'est pas une source d'idées, une origine d'idées; elle n'est pas, non plus, un canal de dérivation : la réflexion est une *cause* d'idées.

On était plus excusable, ce semble, de confondre la *nature* des idées avec leur *origine*; car, si l'on ne voit pas toujours l'origine dans la nature, on voit toujours la nature dans l'origine.

Vous savez que tous les points de la circonférence d'un cercle sont à égale distance du centre : vous connaissez la nature du cercle; vous pourriez cependant ignorer son origine; car, vous pourriez ne vous être pas aperçu de la manière dont il se forme. Mais, quand on connaît l'origine du cercle; quand on s'est avisé que, pour le décrire, il suffit de faire tourner un compas ouvert, sur une de ses branches; alors dans cette formation, ou dans cette origine, on voit l'égalité de toutes les distances au centre.

Il est vrai que le cercle est une figure si simple, qu'il paraît difficile de ne pas en découvrir l'origine à l'instant même qu'on le voit. Mais, qu'il s'agisse d'une ellipse, d'une hyperbole, d'une cycloïde ; on ne tardera pas à s'apercevoir, que l'origine de ces courbes peut rester cachée, long-temps après qu'on nous en a fait connaître la nature.

La nature d'une idée est connue quand on connaît son origine, mais non pas réciproquement : il fallait donc distinguer ces deux choses.

Il le fallait si bien, que rien n'importe à un plus haut degré. Si vous cherchez, en effet, la raison de la différence qui sépare, du commun des philosophes, le philosophe qui nous éclaire par son génie, vous trouverez, qu'elle consiste principalement dans la manière dont ils considèrent les objets. L'un éprouve le besoin impérieux de savoir le *comment* des choses : tant qu'il ne les a pas vues se former sous les yeux de son esprit, il croit les ignorer : aux autres, il suffit des choses comme elles se présentent, ou telles qu'on les leur montre ; ils ne vont, ni en deçà, ni en delà ; et cette curiosité des *comment*, cette recherche des origines, qui tourmentent le premier, ils ne les conçoivent pas.

Aussi, quelles sont leurs connaissances ?

quelle est leur philosophie ? Comment connaissent-ils les choses, la *nature* des choses ? Je dis qu'ils ne la connaissent même pas, cette nature; ou, pour qu'on ne me reproche pas de me contredire, je dis qu'ils la connaissent mal, et qu'on ne peut en avoir une vraie connaissance que par son origine.

L'enfant n'ignore pas ce que c'est que le pain qu'il voit, et qu'il mange tous les jours : direz-vous qu'il en connait la nature, comme celui qui a vu semer le grain, qui l'a vu recueillir, qui l'a vu moudre, qui a été témoin de tout ce qu'il faut de travail et de peine pour en faire le plus précieux des alimens ?

Et nous, hommes faits, la plupart des choses que nous croyons connaître, les connaissons-nous ? Ne sommes-nous pas comme l'enfant qui jouit des productions de la nature et des arts, sans s'inquiéter de la sagesse divine, ou de l'industrie humaine qui leur a donné l'existence ? Trop heureux de n'être qu'ignorans, et de ne pas imiter la folle présomption de ces philosophes qui, au lieu de chercher la raison des choses dans leurs origines, ou dans leurs sources, c'est-à-dire, où elles sont, se flattent de les deviner par une sorte d'inspiration, qu'ils appellent *force de génie*, et qu'il faudrait appeler *déréglement d'esprit*, absence de bon sens !

Ceci tient à tout. Nous touchons à la question de l'analyse et de la synthèse ; à celle des définitions qui montrent *la génération des idées*, et des définitions qui se font par *le genre et la différence*. Ces questions une fois résolues, nous saurions enfin, si, et quand, il faut dans nos études aller du particulier au général, ou du général au particulier ; du composé au simple, ou du simple au composé ; des idées aux mots, ou des mots aux idées : nous saurions s'il est permis de balancer, entre une méthode qui nous conduit toujours par le chemin le plus facile et le plus court, et une méthode qui nous force de nous traîner à travers des sentiers longs, raboteux, hérissés d'épines, et qui, après tant de fatigues, n'aboutit ordinairement qu'à nous égarer.

Je ne dois pas m'engager aujourd'hui dans ces recherches : qu'il me suffise d'avoir remarqué, combien il importe de ne pas toujours confondre la nature d'une idée avec son origine, et de vous avoir fait comprendre, ou du moins entrevoir, que, pour bien connaître les choses, il faut prendre l'habitude d'aller à leur nature par leur origine.

Les idées sans origine connue, sont comme ces mots qui ne tiennent plus à leur racine, et dont les étymologies perdues ont fait disparaître la valeur avec les titres. De telles idées et de tels mots, rendent tout arbitraire, les expressions et les pensées. Cependant, la parole a ses analogies qu'il faut respecter ; le raisonnement, ses lois auxquelles il faut se soumettre ; car la vérité ne dépend pas de nos fantaisies.

Les philosophes ayant donc confondu la *nature* des choses, leur *origine*, leur *cause*, et n'ayant vu dans la sensibilité que les seules sensations, la question de l'origine des idées devait nécessairement être mal posée, et exprimée en termes d'une signification toujours incertaine. En cet état, les efforts du génie étaient impuissans pour la résoudre.

Mais, la solution que nous avons donnée nous-mêmes, est-elle à l'abri de la critique? résistera-t-elle à toutes les attaques? Les amis de Descartes et de Mallebranche, ceux de Locke et de Condillac, ne se réuniront-ils pas pour renverser une doctrine qui veut renverser les leurs? Ceux qui, ne s'étant faits les disciples d'aucun philosophe, ne reconnaissent d'autre maître que la raison, seront-ils avec nous?

Voyons ce qu'on pourrait mettre à la place de ce que je vous ai enseigné, sur la nature, les origines, et les causes de nos idées ; et d'abord, écoutons les objections relatives à leur nature,

Objections. — Vous dites que nous n'avons des idées, qu'autant que nous distinguons les objets les uns des autres, soit que ces objets existent en nous, soit qu'ils existent hors de nous ; en sorte que, selon vous, ce qui proprement constitue une idée, c'est un rapport de distinction ; et, comme tout rapport de distinction suppose quelque sentiment qui l'a précédé, puisqu'on ne distinguerait rien si on n'avait rien senti, vous en concluez que l'idée, et le sentiment distingué, sont une seule et même chose.

Or voici ce que nous opposons à cette doctrine :

1°. *Idée* veut dire la même chose qu'*image*. Aussi, les premiers philosophes pensaient-ils qu'on ne peut concevoir les choses qu'autant qu'on se les représente par des images ; et il ne faut pas croire que cette signification primitive du mot *idée* soit changée. Dans presque tous les traités de philosophie, et particulièrement dans ceux qui sont à l'usage des écoles, on enseigne que l'idée est l'image, la simple représentation d'un objet ; *idea est objecti imago vel representatio in mente*. Pourquoi ne pas se tenir à une définition, adoptée par le plus grand nombre des philosophes anciens et modernes ?

Nous sommes portés à croire avec eux que, du moment où les images disparaissent, tout disparaît, et qu'il ne reste rien dans l'esprit.

2°. Mais, si c'était une erreur de confondre ainsi les idées avec les images, ce n'en serait pas une, peut-être, de les confondre avec les *souvenirs*. Lorsque les objets agissent sur nos sens, nous disons qu'ils nous font éprouver des sensations, que nous les *sentons*; nous ne disons pas que nous en avons *idée*. On approche une fleur de votre odorat, vous dites : *Je la sens*; mais, si l'on vous parle d'une odeur que vous ayez sentie il y a quelque temps, vous direz : J'en ai *l'idée* ou le *souvenir*. Il paraît donc que, s'il fallait renoncer à l'opinion commune qui place les idées dans les images, on ne serait pas très-éloigné de la vérité, en les plaçant dans les souvenirs.

3°. Vous prétendez que l'idée que nous nous faisons d'un objet, consiste à le distinguer, à le discerner parmi d'autres objets. A ce compte, il faudrait dire souvent, qu'on a en même temps idée, et qu'on n'a pas idée d'une même chose. Je distingue immanquablement un écu d'un louis, mais il est rare que je distingue un écu d'un écu. Je distingue donc, et ne distingue pas; j'ai une idée, et n'ai pas une idée. Et d'ailleurs, comme nous distinguons un objet des autres objets par plus ou moins de qualités, il faudra dire, d'après vous, que les idées sont plus ou moins idées : un tel langage est au moins bien extraordinaire.

4°. A ces trois objections qu'on m'a faites, je veux en ajouter une quatrième, que peut-être on ne me ferait pas.

En plaçant l'idée dans la distinction des objets, et par conséquent dans un rapport de distinction, prenez garde, pourrait-on nous dire, que vous la confondez avec le jugement. Or, où en sommes-nous si l'on confond *l'idée* avec le *jugement* ? et que faudra-t-il entendre à l'avenir, quand nous lirons dans les ouvrages des philosophes, qu'afin de ne pas nous égarer dans nos jugemens, il faut commencer par nous faire des idées exactes ? N'est-il pas évident que, sans des idées antérieures au jugement, toutes nos connaissances ne pourraient être que fausses ou hasardées, ou plutôt qu'il n'y aurait pas de connaissances ?

Réponse. Ces difficultés méritent certainement d'être prises en considération ; je vais tâcher d'y répondre, autant qu'il sera en moi.

1°. Il est vrai, qu'à ne consulter que l'étymologie, *idée* et *image* sont une même chose : il est vrai aussi, que la plupart des philosophes ne se contentent pas de voir entre ces deux mots une identité matérielle et verbale : ils pensent qu'il y a encore identité entre les choses exprimées par ces mots; en sorte que, si toute image venait à s'effacer, l'esprit serait à l'instant vide de toute idée, privé de toute connaissance.

Cette opinion, qui confond les idées que nous nous formons des choses avec leurs images, est un reste de la philosophie d'Épicure; car, les fantômes, les spectres, les simulacres voltigeans, les espèces *expresses* et *impresses* avec lesquelles Épicure veut rendre raison de la manière dont nous connaissons les objets, ne sont que des images (t. 1, p. 155).

Or, des philosophes sont-ils excusables de n'avoir remarqué dans leur intelligence que de simples représentations de l'étendue? Notre savoir est-il donc borné aux objets extérieurs? et tous les objets extérieurs sont-ils nécessairement étendus ?

Les objets de nos connaissances sont en nous, ou hors de nous : en nous, ce sont, ou les modifications de l'âme, ou ses facultés; ou les rapports, soit des modifications entre elles, soit des facultés entre elles; ou les rapports des modifications et des facultés. Hors de nous, ce sont, ou les objets du monde physique et moral, ou les qualités de ces deux mondes; ou les rapports auxquels peuvent donner lieu ces objets et ces qualités.

Les modifications de l'âme, les sensations qu'elle reçoit, les divers sentimens qu'elle éprouve ; de même que ses opérations, ses facultés : toutes ses manières d'être passives et actives, en un mot, sont plus ou moins simples, plus ou moins composées ; mais elles ne sont ni ne peuvent être étendues et figurées. Le raisonnement est plus composé que la comparaison ; le nombre mille est plus composé que le nombre cent. Est-ce à dire que l'acte de l'esprit qui raisonne, ait de plus longues dimensions que l'acte de l'esprit qui compare ? que le nombre mille ait plus de surface que le nombre cent ? Tout ce qui a de l'étendue est composé sans doute ; mais tout ce qui est composé n'est pas étendu.

Les idées de ce qui se fait et de ce que nous faisons en nous, ne représentent donc rien d'étendu : elles ne sont pas des images.

Les *idées-images* n'ont rapport qu'à ce qui existe hors de nous ; et encore, l'existence hors de nous ne suffit pas ; car, indépendamment de l'intelligence des autres hommes, les corps eux-mêmes, dans le plus grand nombre de leurs qualités, ne sauraient se manifester par des images. L'idée-image, l'idée-représentation, n'a lieu, qu'autant que les objets de nos sensations sont étendus : telle est l'idée de la surface et du volume des corps. L'idée d'un son ne fut jamais une image; l'idée d'une odeur ne fut jamais une image. On apprécie une tierce, une quinte : on ne se la représente pas; et, si le langage philosophique permet de dire qu'on se *représente* un ton, une odeur; que même on se *représente* une opération de l'entendement ou de la volonté, ce ne peut être que par extension; comme le langage poétique a permis à Horace de donner à l'écho le nom *d'image*, *imago jocosa*.

Ces réflexions recevront d'autres développemens, et prendront un nouveau degré d'évidence, quand nous expliquerons la manière dont nous nous formons l'idée des corps; mais, c'en est assez pour vous faire sentir combien est faux le préjugé qui, peuplant d'images l'esprit humain, et n'y voyant pas autre chose, semble réduire toutes ses facultés à la seule imagination.

2°. On conviendra, je pense, que la première objection n'a qu'une vaine apparence de force; et on l'abandonnera pour insister sur la seconde, qui, au lieu de placer les idées dans des images, les place dans des souvenirs.

Mais, on ne s'avise pas qu'il y a des souvenirs confus, comme il y a des sentimens confus; et même, qu'il règne ordinairement plus de confusion dans le souvenir de ce que nous avons senti autrefois, que dans ce que nous sentons actuellement. Si donc, il ne suffit pas de sentir pour avoir des idées, à plus forte raison ne suffit-il pas de se souvenir.

Ce qui trompe, c'est que le mot *idée* a plusieurs acceptions. On le fait synonyme de *pensée*, d'*image*, de *souvenir*, et de bien d'autres mots encore. On dira également que Pascal se fait remarquer par la sublimité des *idées*, ou par la sublimité des *pensées*. Personne ne blâmera votre langage, quand vous direz qu'il est très-difficile de se faire, ou une *idée*, ou une *image* du système du monde, d'après les anciens astronomes; et que rien n'est plus facile que de s'en faire, ou une *idée*, ou une *image*, d'après Copernic. Les critiques les plus minutieux vous permettront de dire, à votre choix, que vous vous *souvenez*, ou que vous *avez idée*, d'un jeu qui amusa votre enfance.

Mais, toutes ces substitutions ne prouvent qu'une chose; c'est que le mot *idée*, outre le sens qui lui est propre, en reçoit d'autres par extension.

Il n'y a, dites-vous, aucune différence entre l'idée et le souvenir. Songez donc que le souvenir est une *idée rappelée*.

3°. De ce qu'on distingue au premier coup d'œil un écu d'un louis, et qu'on ne le distingue pas d'un autre écu; et, en général, de ce qu'on distingue avec la plus grande facilité un objet de tous les objets qui en sont très-différens, tandis qu'on est exposé à le confondre avec ceux qui lui ressemblent, vous voulez que je sois obligé de dire qu'on a en même temps idée, et qu'on n'a pas idée d'une même chose; et cela vous paraît contradictoire.

Je me contredirais, sans doute, si, en comparant un écu avec des louis, je disais que j'en ai idée, et que je n'en ai pas idée; ou si, en le comparant avec d'autres écus, je disais que je n'en ai pas idée, et que j'en ai idée. Mais, il n'y a nulle contradiction à dire, que j'en ai idée quand je le compare avec des louis, et que je n'en ai pas idée, quand je le compare avec des écus. Car, je ne dis autre chose, sinon qu'il est facile de reconnaître un écu dans un tas de louis, et difficile de le remarquer dans un tas d'écus.

Vous ajoutez que les choses, se distinguant les unes des autres par plus ou moins de qualités, je suis forcé d'admettre des idées qui sont plus ou moins idées.

Je me garderai bien de m'exprimer de la sorte. Un enfant ne connaît, de l'or, que la couleur jaune, tandis que le chimiste voit dans ce métal une vingtaine de propriétés. Je ne dirai pas que l'idée du chimiste est plus idée, vingt fois plus idée, que celle de l'enfant. L'eau de la mer n'est pas plus eau que celle d'un fleuve; elle est plus pesante. Un chêne n'est pas plus arbre qu'un poirier; il est plus élevé. Une grande maison n'est pas plus maison qu'une petite; elle est plus commode, ou moins commode, etc.

La troisième objection n'est donc rien. Venons à la dernière : celle-ci, je le crois, n'attaque pas seulement des mots; elle va au fond des choses; elle tend à prouver que, d'après notre détermination de la nature de l'idée, il n'y a plus d'idées, à proprement parler, puisqu'elles se confondent avec les jugemens. Présentons de nouveau cette objection, afin qu'on puisse la mieux apprécier.

4°. Distinguer, démêler, discerner, sont autant d'expressions dont nous nous servons, pour désigner l'état où nous sommes quand nous avons une idée; en sorte que, nous acquérons une idée nouvelle toutes les fois que nous remarquons ce que nous n'avions pas remarqué. Or, distinguer un objet parmi d'autres objets, c'est apercevoir une ou plusieurs différences, un ou plusieurs rapports. L'idée consiste donc, dans une *perception de rapport;* mais le jugement, nous l'avons enseigné nous-mêmes, est une *perception de rapport*. L'idée et le jugement sont donc une seule chose; et alors le jugement, c'est-à-dire, la perception de rapport entre *deux idées*, sera la perception de rapport entre *deux jugemens*. Cette définition, expliquant le même par le même, *idem per idem*, n'explique rien en effet; elle ne nous apprend rien.

Que répondre ? Accorderons-nous que les idées sont des jugemens ? faudra-t-il le nier ?

Si les idées sont des jugemens, nous tombons, ce semble, dans une manière de parler tout-à-fait insignifiante. Car, en disant que le jugement suppose des idées, qu'il porte sur des idées, nous disons qu'il suppose des jugemens, qu'il porte sur des jugemens. Si les idées ne sont pas des jugemens, elles ne consistent donc pas dans des rapports, elles ne sont pas des rapports de distinction; et notre théorie est renversée. Que répondre, encore une fois ?

Nous répondrons, et nous prouverons, que les idées sont de vrais jugemens; mais des jugemens d'une espèce particulière.

Dans le jugement, tel que le conçoivent les philosophes, on a toujours deux termes qui sont l'un et l'autre déterminés, un sujet et un attribut; et le jugement consiste, disent-ils, à percevoir, ou à affirmer, le rapport entre ces deux termes.

Dans le jugement constitutif de l'idée, on n'a qu'un terme qui soit déterminé; l'autre reste indéterminé.

D'un côté, un seul terme est en regard d'un seul terme; de l'autre, un seul terme est en regard d'un nombre indéfini de termes.

Voyons si je saurai m'expliquer.

J'ai besoin, pour exposer ma pensée, d'entrer dans quelques considérations sur la nature du jugement.

L'enfant au berceau, a le sentiment de sa faiblesse. Le lion, au milieu du désert, a le sentiment de sa force. Les pleurs habituels de l'enfant, l'assurance avec laquelle le lion fond sur sa proie, le disent d'une manière qui n'est pas équivoque. De part et d'autre, il y a donc *sentiment de rapport* : car la faiblesse et la force sont des choses relatives.

L'enfant ne dit pas encore, mais il dira bientôt en lui-même, ou tout haut, *je suis faible*. Le lion ne dira jamais en lui-même, *je suis fort*.

Par l'usage de la parole, et par les progrès rapides de sa raison, l'homme parvient de bonne heure à se représenter, à part, et successivement, deux choses qui existent toujours ensemble, et réunies; savoir, les êtres et les qualités qui les modifient, quoique les êtres ne soient jamais sans quelques qualités, et que les qualités ne puissent pas exister sans les êtres. Il pense à une feuille d'arbre, sans penser à sa couleur, ou à la couleur, sans penser à la feuille, quoique ces deux choses ne soient jamais séparées en réalité, et même quoiqu'on ne puisse voir la feuille sans sa couleur, ni la couleur sans la feuille.

Or, d'où nous viendrait le pouvoir de séparer ainsi dans notre esprit, d'une manière durable, deux choses que la nature a unies, et que nous ne pouvons voir qu'unies, si nous n'avions, pour opérer cette séparation, deux signes distincts, dont l'un pût fixer la pensée sur la feuille, et l'autre sur sa couleur?

Il est vrai que la nature nous montre elle-même des feuilles vertes, jaunes ou rouges. Il est vrai aussi, qu'en observant une même feuille d'arbre à plusieurs reprises, et en des temps différens, on la voit passer successivement d'une couleur à d'autres couleurs; et cela suffit pour qu'on puisse remarquer, dans plusieurs feuilles qu'on voit en même temps, quelque chose de commun et quelque chose de divers; et dans une même feuille, quelque chose qui change et quelque chose qui ne change pas, ou qui est plus long-temps à changer; c'est-à-dire, pour qu'on puisse remarquer dans l'une et l'autre de ces deux circonstances, un sujet et des qualités.

Mais il est à croire, que cette remarque ne laissera que des traces légères, bientôt effacées par les impressions du moment qui montrent toujours la feuille unie à sa couleur.

Il paraît donc que, sans le secours de deux signes qui sont toujours à notre disposition, dont l'un indique exclusivement le sujet, et l'autre exclusivement la qualité, nous n'aurions pas deux idées distinctes, de la feuille et de sa couleur, puisque ces deux idées à peine formées s'évanouiraient aussitôt.

Prenons un exemple plus rapproché de nous. Il est incontestable que, changeans comme nous le sommes, passant continuellement d'un état à un état différent, nous sommes avertis sans cesse qu'il y a en nous quelque chose de constant, et quelque chose de variable. Cependant, lorsque nous voudrons saisir séparément ces deux sortes d'existence, peut-être ferions-nous d'inutiles efforts si nous étions privés du secours de tout signe, parce que ce qu'il y a en nous de variable se trouve toujours dans ce qu'il y a de constant; de même que la couleur se trouve confondue, et comme identifiée, avec la feuille.

Que l'homme parle. A l'instant, ce qui semblait impossible va devenir aussi facile que simple. Car, avec un mot unique, et toujours le même, il pourra désigner ce qui ne change pas; et, avec un nombre plus ou moins grand de mots, il exprimera les accidens qui varient. S'il a dit *je* ou *moi*, pour représenter le premier point de vue, il dira, *grand*, *petit*, *sain*, *malade*, etc., pour représenter les autres.

L'animal est dans l'impuissance de considérer ainsi les qualités séparées de leurs sujets, ou les sujets séparés de leurs qualités. La nature n'ayant pas fait cette séparation elle-même, et montrant, au contraire, la modification toujours engagée dans la substance, ou la substance toujours revêtue de quelque modification; la faculté de voir, isolées l'une de l'autre, deux choses qui sont unies par un lien indissoluble, ne peut résulter que d'un artifice, par lequel l'esprit, au lieu de se porter sur les choses elles-mêmes qui sont toujours et tout à la fois substance et modification, se porte sur les signes de ces choses, signes qui sont distincts et séparés, de telle manière que l'un, comme nous venons de l'observer, indique exclusivement la substance, et l'autre exclusivement la modification.

Je veux m'étayer encore d'un exemple. Mettez sous vos yeux un morceau de cire d'une forme circulaire : vous sentez à l'instant qu'on ne peut voir la cire sans le cercle, ni le cercle sans la cire : mais, s'il vous est impossible de voir la cire sans le cercle, ou le cercle sans la cire, rien n'est plus facile que de vous occuper du mot *cire* sans songer au mot *cercle*, et réciproquement.

Au moyen de ces deux mots, vous pouvez donc séparer, dans votre esprit, l'idée de la cire de celle du cercle, quoique la cire et le cercle co-existent hors de vous.

De même l'enfant, au moyen des deux mots, *moi* et *faible*, aura deux idées distinctes et séparées, du *moi* et de sa modification, quoique le *moi* et sa modification co-existent au dedans de lui.

L'enfant n'a pas besoin de mots pour sentir le *moi* modifié ; mais il en a besoin pour sentir distincts, et surtout pour conserver distincts l'un de l'autre, le *moi* et sa modification. Les sentimens qu'il en avait avant l'usage des mots, se trouvaient mêlés et confondus en un seul sentiment : les mots les ont séparés, ou du moins ils ont fixé leur séparation; et l'enfant a pu les remarquer chacun à part, les bien distinguer, s'en faire des idées.

Dès ce moment, le rapport n'a pas été seulement *senti*, il a été *perçu* : le *sentiment* de faiblesse est devenu *connaissance* de la faiblesse; le *sentiment de rapport* s'est changé en *perception de rapport*.

Dans la *perception* de rapport, les deux termes qui donnent lieu au rapport sont deux idées distinctes et séparées. Dans le simple *sentiment* de rapport, les deux termes sont deux sentimens qui se confondent.

Nous commençons par *sentir* des rapports : l'attention aidée par les mots, ou plus généralement par des signes, nous les fait *percevoir*.

Mais il ne nous suffit pas de percevoir ou d'apercevoir des rapports : il ne nous suffit pas de nous tenir comme en contemplation devant les objets, d'apercevoir la blancheur avec la neige, la chaleur avec le feu, la dureté avec le marbre; au risque de nous tromper, nous prononçons que les choses sont, en réalité, telles que nous les apercevons, et nous disons : la neige *est* blanche, le feu *est* chaud, le marbre *est* dur ; c'est-à-dire, qu'après avoir *senti* des rapports, et après les avoir *perçus*, nous les *affirmons*.

Or, il y a jugement toutes les fois qu'il y a un rapport saisi par l'esprit, de quelque manière que l'esprit le saisisse : il y a donc trois espèces de jugement, ou, si on l'aime mieux, trois degrés dans le jugement.

On juge par *sentiment*; on juge par *idées*; on juge par *affirmation*. L'affirmation, est le *prononcé* du jugement par idées ; le jugement par idées, est l'*analyse* du jugement senti.

Les mots, les signes, sont indispensables, vous le voyez, pour le jugement-affirmation : ils ont servi à analyser le jugement qui se fait par sentiment, et à le convertir en jugement qui se fait par idées ; mais pour juger par sentiment, il ne faut ni mots, ni signes, ni aucune espèce de langage.

Les animaux peuvent donc sentir les rapports qui naissent de leurs sensations ; mais s'ils peuvent sentir quelques rapports, ils ne peuvent ni les percevoir, ni les affirmer. Le lion *sent* qu'il est fort ; il ne *sait* pas qu'il est fort ; et surtout, il ne dira jamais en lui-même, *je suis fort*.

L'homme *sent* une multitude infiniment variée de rapports ; il les *perçoit*, il les *affirme*. Malheureusement, il en *perçoit* moins qu'il ne peut en *sentir* : voilà pourquoi il est ignorant ; et, malheureusement encore, il en *affirme* plus qu'il n'en *perçoit* : voilà pourquoi il est sujet à à l'erreur.

Le plus grand nombre de rapports restent cachés dans la sensibilité pour n'en sortir jamais. Jamais ils ne passeront, tous, dans l'intelligence. Quelle sagacité pourra découvrir tout ce que recèle la plus féconde de nos manières de sentir? Où est la constance qui ne se lassera pas de vouloir épuiser ce qui est inépuisable? Nul homme ne tentera donc, à lui seul, un travail qu'ont dû se partager les hommes de génie de tous les temps et de tous les lieux. Les uns étudient les rapports qui tiennent aux sentimens-sensations; d'autres, ceux qui naissent du sentiment des facultés de l'esprit ; d'autres, ceux qui sont produits par les sentimens moraux; tous étudient les rapports multipliés à l'infini qui sortent de ces premiers rapports ; et cette étude, commencée dès l'origine de la philosophie, durera aussi long-temps que la curiosité de l'homme, aussi long-temps qu'il pourra ajouter à ses connaissances, c'est-à-dire, toujours.

Si les hommes ne prononçaient que sur des rapports distinctement perçus ; s'ils n'affirmaient que ce qu'ils savent, leur intelligence serait, en quelque manière, inaccessible à l'erreur; car l'erreur n'est, ni dans le sentiment, ni dans la perception : ce qu'on sent, on le sent : ce qu'on voit, on le voit; mais ce qu'on affirme, peut ne pas être.

N'attendons pas une telle réserve, une telle sagesse, de la part des hommes. Tant que l'amour de la vérité ne sera pas le premier de leurs intérêts; tant qu'ils ne sauront pas réprimer un vain désir de paraître; tant que les passions règneront sur la terre, on décidera sans connaissance, on prononcera au hasard : l'orgueil, surtout, aime les affirmations tranchantes; s'il balançait un moment, on pourrait le soupçonner d'ignorer quelque chose.

Sentir des rapports, les percevoir, les affirmer, sont donc trois manières de juger qui se développent successivement. On peut sentir des rapports, sans les percevoir : on peut les percevoir, sans les affirmer; mais on ne peut affirmer de vrais rapports, sans les avoir perçus, ni les percevoir, sans les avoir sentis.

Puisque la distinction des trois sortes de jugemens est fondée sur la nature, il s'ensuit que le mot *jugement* sert tour à tour à exprimer trois choses réelles, qu'il a trois acceptions réelles.

Mais, les philosophes ayant presque toujours confondu le *sentiment* de rapport avec la *perception* de rapport, il est arrivé que le simple sentiment de rapport, considéré indépendamment de la perception qu'on peut en avoir, n'a pas reçu le nom de *jugement*. Nous nous conformerons à cet usage; et, dans nos discours, l'acception du mot *jugement* n'ira pas ordinairement plus loin que les affirmations et les perceptions de rapport.

Ainsi, quoique le *sentiment de rapport* soit un vrai jugement, nous ne lui en donnerons pas le nom ; nous ne lui donnerons pas de nom particulier ; nous lui laisserons le nom de *sentiment de rapport*.

Ainsi, et pour en venir enfin à la réponse qu'on attend de moi, quoique *l'idée* soit un vrai jugement, puisqu'elle consiste dans un rapport de distinction, nous ne lui donnerons pas le nom de *jugement*; nous lui laisserons le nom d'*idée*.

L'*idée*, nous en avons prévenu, est un jugement d'une espèce particulière, un jugement à part. Dans les trois sortes de jugemens dont nous venons de parler, on a deux termes dont le rapport est, ou senti, ou perçu, ou affirmé; deux termes qui se confondent dans le sentiment, qui se séparent dans la perception, pour se réunir, mais sans se confondre, dans l'affirmation. L'enfant à la mamelle, n'éprouve d'abord qu'un sentiment résultant de la douceur du lait; bientôt, il acquerra les deux idées de lait et de douceur ; enfin, il les unira sans les confondre, en disant : *Le lait est doux.*

L'*idée* que nous nous faisons d'un objet ne consiste pas, dans le sentiment, ou dans la perception, ou dans la réunion d'un sujet et de sa qualité : elle ne consiste pas, dans le résultat de la comparaison d'un sujet et d'une qualité, ou de plusieurs qualités considérées comme une seule. Le nombre des termes qui entrent dans le second membre du rapport constitutif de l'*idée*, n'est pas déterminé. Il peut n'y en avoir qu'un seul ; il peut y en avoir mille ; car, l'objet dont on cherche à se faire une idée, peut être en présence de tous les objets de la nature ; et l'idée sera d'autant plus exacte, plus complète, qu'elle sera le résultat d'un plus grand nombre de rapports partiels. Vous avez l'idée d'un agneau que vous voyez dans la prairie ; vous le distinguez d'un chevreau, et à plus forte raison d'un cheval, d'un arbre, etc. ; mais le berger est en état de le distinguer de tous les autres agneaux, ce que vous ne sauriez faire. L'idée qu'il a, est donc plus sûre que la vôtre. Vous n'avez idée de l'agneau qu'autant que vous le comparez à des objets très-différens. Le berger en a idée, en le comparant à ceux qui lui ressemblent le plus, à ceux qui, pour vous, lui ressemblent entièrement.

Nos idées s'approchent donc ou s'éloignent de la perfection, à mesure que les objets qu'elles nous font connaître se distinguent d'un plus grand ou d'un plus petit nombre d'objets; et cette proposition est évidente : car, elle signifie que nos idées sont d'autant plus parfaites, qu'elles nous montrent un plus grand nombre de qualités dans les êtres. N'est-ce pas, en effet, par leurs qualités que les êtres se distinguent? et, le mot *qualité* lui-même, que signifie-t-il, sinon *ce qui distingue, ce qui nous sert à distinguer*?

Nous avons appris à ne pas confondre les facultés de l'entendement avec les sensations; nous en avons acquis une première idée. Nous les avons séparées des facultés de la volonté; l'idée a reçu un nouveau degré de lumière (t. 1, leç. 4).

Nous avons distingué la liberté morale, de la simple volonté ou de la préférence; nous l'avons distinguée, de l'activité, de la spontanéité; nous l'avons distinguée, de la liberté naturelle, de la liberté politique. Nous nous sommes fait, de la liberté morale, une idée plus exacte que celle que nous en avions (t. 1, leç. 7).

Nous ne nous étions pas avisés qu'on peut définir les choses de deux manières, ou par le genre et la différence, ou en montrant leur origine. Nous n'avions pas considéré les définitions en elles-mêmes, et dans leur rapport à nos connaissances acquises. Ces distinctions, que nous avons faites, ont porté un jour nouveau dans nos esprits. Nous avons eu, sur les définitions, des idées plus vraies, plus utiles (t. 1 , leç. 11 , 12 , 13).

Nous étions étonnés des difficultés, sans cesse renaissantes, qui se rencontraient dans la solution du problème de l'origine de nos connaissances. Nous nous obstinions à vouloir les faire sortir toutes de la sensation, sans nous demander ce que c'était que *sentir*. Nous nous sommes fait cette question ; et bientôt nous avons reconnu que, loin de nous borner aux seules sensations, la nature avait placé en nous quatre sentimens, comme autant de sources de lumière pour éclairer l'intelligence (leç. 3 et 4).

L'*idée*, tout nous l'assure, consiste donc dans la distinction que nous faisons, ou que nous sommes en état de faire, de tout ce qui s'offre à notre esprit, substances, modes, réalités, abstractions, points de vue, choses et mots, pour tout dire. Elle est un rapport de distinction, un jugement, mais un jugement d'une espèce particulière, un jugement préalable à tout autre jugement, un jugement que supposent tous les autres jugemens.

Avant de juger que *Paul est médecin*, il faut que j'aie l'idée de Paul, et l'idée de médecin; c'est-à-dire, qu'il faut que je distingue, ou que je puisse distinguer Paul, de tout ce qui n'est pas lui; il faut aussi que je sache distinguer la profession de médecin, de toutes les autres professions. J'ai en effet l'idée de Paul, du moment que je puis le reconnaître parmi tous les hommes. Je me suis fait une idée de la profession de médecin, lorsque je suis en état de la distinguer de toutes les autres professions, et particulièrement de celles qui s'en rapprochent le plus, comme la chirurgie, la pharmacie.

Le rapport de distinction entre Paul et tous les autres hommes, entre la profession de médecin et toutes les autres professions, est donc un préalable nécessaire pour porter le jugement, que *Paul est médecin*. Or, on a donné le nom d'*idée*, et refusé celui de *jugement*, à ce rapport préalable, à ce rapport antérieur à tous les rapports qui se trouvent entre un sujet et un attribut; soit que ces derniers rapports, n'étant que sentis, n'aient pas reçu de nom; soit qu'étant perçus et affirmés, ils aient reçu le nom de *jugement*.

Voilà ma réponse, ou mes réponses, aux objections qui m'ont été proposées. Si vous les adoptez, vous resterez convaincus sans doute, qu'il y a des *idées-images*, des *idées-souvenirs*, et que toutes sont des *rapports* ou des *jugemens*. Mais vous ne direz plus que toute idée est image, ni que l'idée et le souvenir sont une même chose; et, en vous rappelant toujours que l'idée est un jugement, vous lui laisserez toujours son nom d'*idée*.

Je sens que cette leçon commence à se prolonger au delà des bornes que nous nous prescrivons ordinairement : il est temps de la terminer. J'ai regret, en finissant, de n'avoir pas mieux développé quelques-unes des choses qu'elle renferme; mais votre méditation achèvera un travail imparfait.

Vous vous direz que, si l'homme met quelque prix à son intelligence, il doit, tous les jours, rendre grâces à l'auteur de la nature de lui avoir donné la faculté de parler, puisque c'est par la parole qu'il affirme la vérité et qu'il nie l'erreur. L'être qui ne parle pas, sera mû par l'instinct du sentiment, mais non éclairé par la lumière de la raison ; ou, combien sera faible cette lumière, à moins qu'il ne supplée la parole par un langage d'action, perfectionné lui-même par la parole !

Vous admirerez que la langue des Grecs n'ait plus cherché à nommer la *raison*, quand une fois elle eut nommé la *parole*.

Vous applaudirez aussi à la langue des Romains, qui ne distingua jamais le *raisonnement*, du *discours*.

Ce bon sens, empreint dans les langues des anciens peuples, vous avertira de la nécessité de diriger vos réflexions vers les signes de la pensée, afin de connaître la pensée elle-même.

Alors, vous ne serez plus étonnés de l'influence que la philosophie accorde au langage, sur le développement des facultés de l'esprit, et sur le développement de ses connaissances.

Et vous vous pénétrerez enfin de cette vérité, que l'*art de penser* ne dépend pas seulement de l'*art de parler*, mais qu'*il se réduit à l'art de parler;* dans le même sens que l'art de mesurer les angles *se réduit*, en géométrie, à l'art de mesurer les arcs de cercle; et qu'en astronomie, l'art de trouver la latitude des lieux, *se réduit* à l'art de trouver les différentes hauteurs du pôle.

Après avoir long-temps arrêté votre pensée sur cette admirable propriété, qui fait, de la parole, un instrument nécessaire à l'attention pour changer les sentimens en idées, en faisant succéder, à des rapports qui n'étaient que sentis, des rapports qu'on perçoit et qu'on affirme, vous ne pourrez vous empêcher de remarquer :

Que cette différence, entre les simples sentimens de rapport et les perceptions de rapport, est la mesure de la différence entre les esprits :

Que tous les hommes, sans être doués du même degré de sensibilité, ou de la même espèce de sensibilité, ont néanmoins, dans leur sentiment, une source intarissable de connaissances ; mais que les uns, possesseurs indolens d'un bien qu'ils négligent, laissent leur intelligence dans un état de pauvreté et de dénûment, tandis que les autres, plus actifs et plus industrieux, l'enrichissent tous les jours de nouvelles acquisitions :

Qu'à la vérité, lorsqu'il s'agit de ces rapports qui sont puisés au fond de la nature humaine, des rapports qui intéressent vivement la morale et la justice, de ceux qui nous révèlent notre dignité ou notre grandeur, l'égalité s'établit aussitôt entre les âmes ; toutes sont émues également ; toutes s'élèvent à la fois : le sentiment tient lieu de connaissance ; il se suffit à lui-même ; et le savant oublie ce qu'il savait, pour sentir avec les ignorans.

Mais ces circonstances sont rares : le sublime ne se montre que de loin à loin dans les productions des hommes ; et, si les ouvrages de la nature, si l'ordre de l'univers en offrent des modèles qui subsistent toujours, l'habitude nous empêche de les admirer ; souvent même, elle nous empêche de les sentir.

C'est donc, dans les rapports de l'ordre commun, dans les choses ordinaires de la vie, c'està-dire, dans presque tout ce que les hommes pensent, ou disent, ou font journellement, que se marque cette différence entre les esprits qui cultivent le sentiment, et ceux qui le conservent brut, s'il est permis de le dire. Ceux-ci, toujours esclaves d'une aveugle routine, semblent craindre de surpasser l'instinct des animaux : les premiers, par l'exercice continuel de leurs facultés, s'élèvent sans cesse au-dessus d'eux-mêmes.

Le sentiment de rapport, qui précède toujours la perception de rapport, mais qui ne se change pas toujours en perception, vous fera soupçonner qu'il est peu d'idées dont tous les hommes ne portent le germe dans leur sentiment ; et vous serez moins surpris, en lisant l'histoire de la philosophie, de voir Socrate enseigner, que toutes les connaissances acquises dans le cours de la vie sont des réminiscences. Comme, ce qu'il apprenait lui-même, il l'avait déjà senti, il croyait ne rien apprendre de nouveau.

Si, en effet, tous les rapports que nous apercevons ont déjà été sentis ; si toutes nos connaissances ont été précédées par le sentiment, il sera vrai que toutes les idées que nous nous sommes faites par nos leçons antérieures, nous les avions auparavant dans le sentiment.

Il sera vrai que la notion que je viens de vous donner de l'*idée* elle-même, tout le monde l'a dans le sentiment.

Qui pourrait n'avoir pas senti que, pour acquérir une connaissance nouvelle, il faut remarquer ce qu'on n'avait pas remarqué, distinguer ce qu'on voyait confusément ?

Voulez-vous un grand exemple, voulez-vous une grande preuve, que, dans tous les temps, on a *senti* que les idées consistent dans des rapports de distinction ? Jetez, un moment, les yeux sur les ouvrages des scolastiques, de ces philosophes qui, pendant cinq ou six siècles, n'ont connu et enseigné d'autre doctrine que celle d'Aristote, auquel ils attribuaient une sorte d'infaillibilité. Comme, tout ce qu'on jugeait utile de savoir se trouvait dans Aristote, on n'avait pas besoin de penser par soi-même ; et l'on se gardait bien de faire la moindre observation, la moindre expérience : il suffisait que le maître eût parlé. On eût fait un acte de rébellion en consultant la nature. Cependant, le besoin d'idées se faisait toujours sentir, car la curiosité ne nous abandonne jamais: aussi, qu'arrivait-il ? C'est que, ne pouvant rien démêler, rien distinguer dans la nature qui n'existait plus pour eux, les scolastiques se mirent à faire, sur les mots, des distinctions sans fin. Il n'y a pas une de leurs pages qui ne soit remplie de divisions, de distinctions et de sous-distinctions : on *sentait* donc qu'on ne peut s'instruire, qu'en saisissant des rapports de distinction ; on le sentait, mais on le comprenait mal.

Encore un mot, et j'ai fini.

Nous avons distingué, dans cette leçon, trois sortes de jugemens où l'on ne supposait qu'une manière de juger : nous avons acquis trois *idées*.

Nous avons séparé les images et les souvenirs, des idées avec lesquelles on les confondait : ce sont deux *idées* que nous n'avions pas.

On ne voyait rien, entre les idées originaires des sens et les idées innées : nous avons remarqué trois manières de sentir, intermédiaires entre ces deux extrêmes; et nous avons eu trois *idées* de plus.

Nous avons noté trois autres *idées* encore, et trois idées bien distinctes, correspondantes aux trois mots, *nature*, *origine*, *cause*.

C'est ainsi que, toujours comptant, pesant, mesurant, nous avançons peu à peu, attentifs à ne laisser derrière nous que des comptes aisés à vérifier : il n'y a pas d'autre philosophie, d'autre manière de chercher la vérité ; il n'y a pas d'autre manière de connaître les choses ; car, pour emprunter à Pascal des paroles qu'il a lui-même empruntées d'une autorité plus élevée, *Dieu a tout disposé avec poids, nombre, et mesure.*

SIXIÈME LEÇON.

ÉCLAIRCISSEMENS SUR L'ORIGINE DES IDÉES.

Fausse doctrine de l'école de Descartes, et de celle de Locke.

Après les éclaircissemens que je vous ai donnés sur la *nature* des idées, je vous dois d'autres éclaircissemens sur leur origine, et sur leur cause; ou plutôt, sur leurs *diverses origines*, et sur leurs *diverses causes*.

Vous le savez : on a voulu rendre raison de l'intelligence de l'homme, avec les seules modifications que l'âme reçoit à l'occasion du mouvement des organes. On a dit, que les plus étonnantes merveilles du génie s'opéraient par les seules sensations : on a été jusqu'à se persuader, qu'un seul élément sensitif suffisait à toutes les variétés, à toutes les richesses de la pensée.

Une philosophie qui donne ainsi tout aux sensations n'est guère moins éloignée de la vérité que celle qui leur refuse tout. Rien n'est plus démenti par l'observation, que cet élément unique de notre intelligence : car l'intelligence, telle que nous la possédons, ne peut avoir été formée que par la combinaison de quatre *élémens passifs* qui sont autant de matériaux de connaissances, et par l'énergie de trois *élémens actifs* qui sont comme les ouvriers qui mettent en œuvre ces matériaux.

Les quatre élémens passifs de nos connaissances, ce sont nos quatre manières de sentir : les trois élémens actifs, ce sont les trois facultés de l'entendement.

Otez un de ces élémens, actif, ou passif ; l'intelligence change aussitôt. Sans le sentiment de ses facultés, l'homme ignorera toujours que son âme est un principe d'action : privé du sentiment moral, il ne connaîtra ni la justice, ni la vertu : que le raisonnement vienne à lui manquer, il est confondu avec les animaux.

Quatre manières de sentir, et trois manières d'agir ; quatre origines, et trois causes d'idées : voilà donc les données de la nature ; telles sont les conditions, sans lesquelles ne pourrait jamais s'opérer le développement complet de notre intelligence.

Je me propose d'ajouter quelques réflexions à celles que je vous ai déjà communiquées, et de parler encore de ces origines, et de ces causes de nos idées ; aujourd'hui, des *origines* ; à la prochaine séance, des *causes*.

Je me verrai obligé de critiquer les doctrines, et le langage des philosophes. Je serai forcé de rejeter presque tout ce qui a été dit et pensé sur l'origine des idées, comme j'ai été forcé de rejeter presque tout ce qui a été dit et pensé sur l'origine des facultés de l'âme (t. 1, leç. 14).

Quelque peu d'envie, quelque répugnance même qu'on se sente pour le blâme et la censure, il faut bien, cependant, quand on a consenti à recevoir le titre, et qu'on s'est engagé à remplir les devoirs de professeur de *logique*, ne pas trop craindre de se montrer conséquent.

Or, la manière dont nous avons conçu et résolu le problème de l'origine de nos connaissances, étant opposée à Platon et à Aristote, à Descartes et à Locke, à Mallebranche et à Condillac, comment dire que la raison est pour nous, sans en tirer la conséquence, que ces philosophes ont confondu l'erreur avec la vérité ?

Nous dirons donc qu'ils se sont trompés, toutes les fois que nous serons en état d'en donner les preuves, et qu'il nous paraîtra utile de les donner.

Les quatre manières de sentir que nous avons remarquées, en observant ce qui se passe en nous, ne sont pas le privilège de quelques individus ; elles appartiennent à tous les hommes : le *sentiment-sensation*, le *sentiment des opérations de l'âme*, le *sentiment des rapports*, et le *sentiment moral*, sont l'apanage de l'espèce humaine toute entière.

Il est vrai que si tous les hommes, en vertu d'une nature qui leur est commune, peuvent sentir de même, il s'en faut bien qu'ils sentent en effet de même, et par conséquent qu'ils aient les mêmes idées, et le même nombre d'idées. Dans tous se trouvent, sans doute, quatre germes de connaissances, quatre sources d'idées; mais, dans tous, ces germes ne sont pas également féconds, ces sources ne sont pas également abondantes.

Quelles variétés, quelles différences ne présente pas *le sentiment des opérations de l'esprit*, si l'on compare le sauvage à l'homme civilisé; l'ignorant qui pense à peine, à un Corneille, à un Pascal; si l'on se compare soi-même à soi-même, dans des instans divers! Ces différences, entre les sentimens des opérations de l'esprit, ne sont pas moindres, pour le nombre, et pour les degrés, que celles qui se trouvent entre les opérations elles-mêmes; car, l'âme ne peut pas agir, qu'en même temps elle ne sente qu'elle agit, comme elle ne peut pas sentir qu'elle agit, qu'elle n'agisse en effet. Penser et ne pas sentir qu'on pense, ou sentir qu'on pense et ne pas penser, sont des choses contradictoires. Mais, remarquez bien que je ne dis pas que la pensée soit inséparable de son *idée;* je dis qu'elle est inséparable de son *sentiment*. On peut penser, sans *s'apercevoir* qu'on pense, mais non pas sans le *sentir*.

Or, la plupart des hommes ont une telle indolence à penser, qu'il faut, pour les y contraindre, les besoins les plus pressans de la vie. Combien, laissent leur âme plongée dans un sommeil léthargique, en comparaison du très-petit nombre dont l'activité renait sans cesse d'elle-même! Les premiers ignoreront toujours ce qu'ils peuvent; car, d'où leur viendrait l'idée de leurs facultés quand ils n'en ont pas le sentiment? Ceux au contraire qui, agissant continuellement, éprouvent continuellement le sentiment de leur action, trouveront sans peine, dans les variétés de ce sentiment qui ne les abandonne jamais, les idées de toutes leurs facultés, ou de toutes les manières d'agir dont leur âme est susceptible.

En n'ayant égard qu'à la seconde des origines que nous avons assignées aux idées; en ne considérant que le sentiment des opérations de l'âme, il est donc manifeste que tous les hommes ne sauraient avoir une intelligence égale.

L'intelligence doit présenter des variétés plus grandes encore, à raison des variétés du sentiment des rapports, et à raison des variétés du sentiment moral.

Le sentiment des rapports ne pouvant avoir lieu que par la présence simultanée des idées antérieurement acquises, qui ne voit d'abord qu'il doit être plus faible et plus borné chez les uns, plus vif et plus étendu chez les autres ?

Quant au sentiment moral, observez ce qui se passe dans le monde, à l'époque où nous vivons : rappelez dans votre mémoire ce que vous avez appris des hommes qui ont vécu dans les siècles passés; et demandez-vous, si le sentiment de la justice et de l'humanité, si les sentimens généreux, élevés, tendres, affectueux, si les sentimens de délicatesse et de pudeur, se trouvent au même degré dans toutes les âmes.

Le sentiment des opérations de l'esprit, le sentiment des rapports, et le sentiment moral, étant donc distribués à mesures inégales, il faut que la même inégalité se retrouve dans les idées intellectuelles, et dans les idées morales qui naissent de ces sentimens.

Mais quoi! nous remontons aux sources de l'intelligence ; nous parlons de l'inégalité des esprits ; et nous ne remarquons pas avant tout, les sens et les sensations ! Est-ce par oubli, ou volontairement ?

Ce n'est point par oubli. Comment pourrions-nous perdre un instant de vue, que les premières idées nous viennent des sensations, qui, elles-mêmes nous sont venues par les impressions faites sur les sens ?

Mais, nous nous abuserions étrangement si, dans l'effet de l'action des objets sur les sens, nous croyions voir quelque chose de plus que des sensations, et les idées sensibles qui se montrent à leur suite. Nous nous abuserions surtout si, dans les seules sensations, et les seules idées sensibles, nous nous flattions de découvrir tout ce que renferme notre nature sensible et intellectuelle. Car, ce qu'il y a de plus exquis dans la sensibilité ne se trouve pas certainement dans les sensations : ce qu'il y a de plus excellent dans l'intelligence, n'est pas dans les idées sensibles (leç. 3).

Si l'élévation et la perfection des esprits, étaient en raison des sensations éprouvées et des idées qui en dérivent, les premiers rangs ne seraient pas pour les Descartes, les Newton, et pour les hommes qui ont le plus vécu d'une vie intérieure : ce n'est pas à des solitaires que nous devrions les plus beaux modèles de la raison et du goût.

Les *sensations* sont le commencement de l'exercice de la *sensibilité*. Les *idées sensibles* sont le commencement de *l'intelligence*. Mais, ces *commencemens* ne sont pas *principes* de sentimens autres que les sensations, d'idées autres que les idées sensibles. Les sensations précèdent les autres manières de sentir ; elles ne les engendrent pas. Les idées sensibles sont antérieures aux idées intellectuelles et aux idées morales ; elles ne se transforment pas en idées intellectuelles et en idées morales. Ce qu'il y a de plus noble, de plus grand dans l'esprit, ne se trouve donc, ni dans les sensations, ni dans les idées sensibles. Ce n'est pas de là que viennent, à notre être toute sa dignité, à notre raison toute sa puissance.

Telle est la part des sensations, et des idées sensibles. Chercher à l'augmenter aux dépens des autres espèces de sentimens, et des autres espèces d'idées, ce serait perdre d'un côté sans rien gagner de l'autre : car, les sensations ne peuvent s'accroître que de ce qui leur est homogène : les idées sensibles ne peuvent s'identifier qu'avec des idées de même nature.

Disons donc qu'il existe, non pas une source, mais quatre sources d'idées ; non pas une origine, mais quatre origines de connaissances : disons que ces origines, ne sauraient se confondre dans une origine unique ; parce que les quatre manières de sentir, qui sont ces quatre origines, sont tellement distinctes, qu'il y a solution de continuité entre les unes et les autres (leç. 4).

Que peut-on objecter contre cette théorie ? Qu'elle se sépare des deux principales doctrines qui, jusqu'à ce moment, ont partagé les philosophes ?

Mais cela n'est point une objection : car, les deux doctrines dont on parle sont elles-mêmes divisées entre elles, les partisans de l'une faisant toutes les idées originaires des sens, et les partisans de l'autre ne concevant pas qu'on établisse le moindre rapport entre le plus grand nombre de nos idées et les sensations.

Dira-t-on que nous sommes dans la nécessité de combattre toutes les raisons, et de réfuter tous les argumens employés par les disciples, ou les successeurs de Platon et d'Aristote ?

L'obligation qu'on nous impose n'est pas aussi onéreuse qu'on pourrait le croire. A ce que ces philosophes ont d'opposé à notre doctrine, nous avons déjà répondu, en établissant cette doctrine : à ce qu'ils ont d'opposé entre eux, nous répondrons, à Aristote par Platon, et à Platon par Aristote ; ou plutôt, nous ne répondrons ni à l'un ni à l'autre, puisque leurs argumens ne s'adressent pas à nous. Les Platoniciens attaquent les Péripatéticiens; nous ne sommes pas Péripatéticiens. Les Péripatéticiens attaquent les Platoniciens; nous ne sommes pas Platoniciens. Aucune des innombrables difficultés que, depuis des siècles, se font réciproquement les philosophes qui ont traité de l'origine des idées, ne nous regarde. Nous ne disons pas : *Les idées viennent des sens*. Nous ne disons pas : *les idées sont innées*. Nous disons que ces deux opinions sont fausses, l'une et l'autre ; la première, pour n'être qu'en partie d'accord avec l'expérience ; la seconde, pour être tout-à-fait contraire à l'expérience.

Je pourrais me borner à ce peu de mots. Ils suffisent, pour nous donner le droit de négliger des raisonnemens qui ne nous intéressent en rien. Mais, le but principal de nos leçons étant, ainsi que nous l'avons déjà annoncé, de chercher à acquérir cet esprit de critique, qui, dans les ouvrages des philosophes, sépare à l'instant, et avec autant de sûreté que de promptitude, le vrai du faux, soit dans les idées, soit dans la manière de les exprimer ; nous examinerons quelques-uns de ces raisonnemens, qu'on donne et qu'on reçoit comme des preuves irrésistibles. Nous arrêterons un moment notre attention sur quelques-uns de ces énoncés, dont des yeux prévenus croient voir s'échapper la plus vive lumière.

Commençons par le passage, si connu et si souvent reproduit, de *la Logique de P.-R.* L'auteur de cette logique, ou plutôt Descartes dont il emprunte le raisonnement, veut prouver, contre Gassendi et contre Hobbes, que toutes les idées ne viennent pas des sens. Il cite à son appui l'idée de l'*être*, et celle de la *pensée*; et il prétend que l'âme forme ces idées par sa propre énergie, indépendamment du concours des organes. Voici le passage.

« Je demande par quel *sens* les idées de l'*être* et de la *pensée* sont entrées dans l'esprit. Sont-elles lumineuses ou colorées, pour être entrées par la vue? d'un son grave ou aigu, pour être entrées par l'ouïe? d'une bonne ou mauvaise odeur, pour être entrées par l'odorat? d'un bon ou d'un mauvais goût, pour être entrées par le goût? froides ou chaudes, dures ou molles, pour être entrées par l'attouchement? que, si l'on dit qu'elles ont été formées d'autres images sensibles, qu'on nous dise quelles sont ces autres images sensibles dont on prétend que les idées de l'*être* et de la *pensée* ont été formées, et comment elles ont été formées; ou par composition, ou par ampliation, ou par diminution, ou par proportion : que, si l'on ne peut rien répondre à tout cela qui ne soit déraisonnable, il faut avouer que les idées de l'*être* et de la *pensée* ne tirent, en aucune sorte, leur origine des sens; mais que notre âme a la faculté de les former de soi-même, quoiqu'il arrive souvent qu'elle est excitée à le faire par quelque chose qui frappe les sens; comme un peintre peut être porté à faire un tableau pour l'argent qu'on lui promet, sans qu'on puisse dire, pour cela, que le tableau a tiré son origine de l'argent. » (*Logique de* P.-R., p. 12 et 14.)

Ainsi donc, suivant Descartes et suivant P.-R., les idées de l'*être* et de la *pensée* ne viennent pas des sens. On fait l'énumération de tous les sens, l'un après l'autre : aucun ne fournit immédiatement ces idées. A l'opération des sens, on ajoute les opérations de l'esprit qui modifient l'image sensible : les idées de l'*être* et de la *pensée* ne se montrent pas encore. L'image sensible, soit qu'on la considère antérieurement à la modification qu'elle a reçue de l'esprit, soit qu'on la considère après cette modification, n'est et ne peut être qu'une image sensible. Et rien, ajoute-t-on, n'est plus déraisonnable que de croire qu'elle changera de nature, pour devenir l'idée de l'*être*, ou l'idée de la *pensée*. Ces deux idées étant essentiellement différentes des images sensibles, n'ont pas, comme les images sensibles, leur origine dans les sens. Il faut donc que l'âme les forme d'elle-même, qu'elle les tire de sa propre substance.

Voilà deux opinions également célèbres par le nombre et par l'autorité de ceux qui les professent. Elles ne peuvent pas en même temps être vraies l'une et l'autre, puisqu'elles sont opposées ; mais elles peuvent être erronées toutes deux. Vous allez juger si ce n'est pas entre elles que se trouve la vérité. Ma critique ne portera dans ce moment que sur l'origine de l'idée de la *pensée*. Ce que je me propose de dire sur l'origine de l'idée de l'*être*, sera mieux placé à l'article des idées générales ; car, l'idée de l'être est une idée générale, et même la plus générale de toutes.

Je ne balance pas un instant à prononcer, que l'opinion attaquée par Port-Royal ne peut se soutenir. L'idée de la *pensée* est l'idée de l'*action de l'âme*. Et comment veut-on que l'idée de l'action de l'âme vienne des *sens* ? On le concevrait, si l'âme était active dans la sensation. Mais combien de fois n'avons-nous pas dit, et prouvé le contraire ?

Omnis idea oritur à sensibus; toute idée a son origine dans les sens : tels sont les premiers mots de la *logique* de Gassendi. Il prouve, mais moins bien que Locke ne l'a fait depuis, et surtout moins bien que Condillac ne l'a fait après Locke, que les idées intellectuelles et les idées morales ne se développent qu'à la suite des idées sensibles qui sont les premières, et qui viennent incontestablement des sens, ou des sensations.

Mais, si l'on a fait voir d'une manière satisfaisante, et qui laisse aujourd'hui très-peu à désirer, dans quel ordre les principales idées d'où résulte l'intelligence se montrent successivement à l'esprit, on n'a jamais prouvé, et l'on ne prouvera jamais, qu'elles dérivent toutes d'une seule et même origine. On n'a jamais prouvé, et l'on ne prouvera jamais que l'idée d'une faculté de l'âme dérive de la sensation, qu'elle soit une modification de la sensation, une transformation de la sensation.

L'auteur de la *Logique de Port-Royal* est donc fondé à trouver déraisonnable, qu'on veuille faire sortir l'idée de la pensée de la même source que les idées sensibles. Mais l'opinion qu'il embrasse lui-même, est-elle plus raisonnable que celle qu'il repousse ?

« L'idée de la *pensée* ne tire pas son origine des sens ; elle n'en vient ni immédiatement, ni médiatement : donc l'âme a la faculté de la former de soi-même. »

Quelle conséquence ! Il aurait fallu, pour la

justifier, démontrer l'impossibilité de toute autre origine d'idées que les sens : il aurait fallu, que nous pussions bien comprendre ce qu'on disait, quand on prononçait ces mots : *l'âme a la faculté de former des idées de soi-même;* il aurait fallu, avant tout, nous dire clairement ce que c'est que *l'idée*, ce que c'est que la *pensée.* Aucune de ces conditions n'a été remplie.

1°. Demandez-vous à l'auteur ce que c'est que l'idée? Il vous répond : « Nous appelons du nom d'*idée* tout ce qui est dans notre esprit, lorsque nous pouvons dire avec vérité, que nous *concevons* une chose, de quelque manière que nous la concevions. » (*Log. de Port-Royal*, p. 7.)

Vous me dispensez de vous faire remarquer l'obscurité d'une définition, que vous comprenez à peine : et d'ailleurs, *concevoir* et *avoir idée*, étant une même chose, ne voit-on pas que la première de ces expressions ne saurait expliquer la seconde ?

2°. Lui demandez-vous ce que c'est que la *pensée* ? Il vous répond : « Il ne faut pas demander que nous expliquions le mot *pensée.* Ce terme est du nombre de ceux qui sont si bien entendus par tout le monde, qu'on les obscurcirait en voulant les expliquer. » (*Idem*, p. 12.)

Nous avons essayé de l'expliquer, ce terme, ou ce mot *pensée*, en déterminant l'idée de la chose qu'il exprime; et nous osons croire que nous n'avons obscurci, ni le mot, ni la chose.

L'idée de la pensée se compose de deux idées partielles, celle de l'entendement et celle de la volonté : chacune de ces deux idées partielles comprend à son tour trois idées ; l'idée de l'entendement, celles de l'attention, de la comparaison et du raisonnement; l'idée de la volonté, celles du désir, de la préférence et de la liberté; en sorte que, dans l'idée de la *pensée*, se trouvent réunies les idées des six facultés de l'âme; et, dans la valeur du mot *pensée*, les valeurs des six mots qui désignent les six facultés (t. 1, leç. 4).

Ces six facultés, dont la réunion constitue la pensée, ou la faculté de penser, nous sont connues, chacune en elles-mêmes : nous connaissons leurs rapports immédiats, ou leurs origines particulières : nous connaissons encore l'origine qui leur est commune à toutes, et de laquelle elles dérivent toutes.

L'idée que nous avons de la pensée, se trouve donc déterminée de la manière la plus exacte et la plus rigoureuse : aucune des idées qui sont dans l'esprit de l'homme, ne peut avoir un plus grand degré de clarté : l'horloger le plus habile ne connaît pas mieux le mécanisme d'une montre, que nous ne connaissons les élémens constitutifs de la pensée. Nous l'avions déjà dit (t. 1, p. 187-88); nous nous plaisons à le redire, pour appeler de nouveau la critique la plus sévère, et nous délivrer d'une illusion, si nous nous sommes laissés séduire par une fausse lumière.

3°. « L'idée de la pensée n'a pas son origine dans les sens; donc l'âme forme cette idée de soi-même. »

S'il était démontré, d'un côté, qu'il n'y a qu'une seule origine d'idées, les sens; et, de l'autre, que l'idée de la pensée ne vient pas des sens, il est clair que l'idée de la pensée se trouverait sans origine; et alors on serait bien forcé d'avancer, ou que cette idée est innée, ou que l'âme l'a produite d'une manière quelconque.

Mais nous savons aujourd'hui, nous savons avec certitude, que les sens ne sont pas la seule origine de nos idées : par conséquent, de ce que l'idée de la pensée n'a pas son origine dans les sens, on n'a pas le droit de conclure que l'âme la forme de soi-même; car, une idée qui n'a pas son origine dans les sens, ou plutôt dans les sensations, peut l'avoir dans une autre manière de sentir : la conclusion du raisonnement n'est donc pas nécessaire.

4°. Examinons cette conclusion en elle même, et isolée du principe dont on la déduit : l'*âme forme, de soi-même, l'idée de la pensée*. Je vous demande, non pas si vous saisissez la vérité ou la fausseté de cette proposition, mais si vous en comprenez le sens, si vous pouvez lui en prêter un.

L'âme fait-elle, de rien, l'idée de la pensée ? la forme-t-elle avec quelque matière préexistante, renfermée dans sa substance ?

Si elle la fait de rien, elle a donc la puissance de créer ; si elle la forme avec une matière préexistante, qu'on nous dise quelle est cette matière préexistante. Ce n'est pas la sensation, puisque c'est pour écarter les sensations qu'on attribue à l'âme un pouvoir indépendant : ce n'est pas quelqu'une des trois autres manières de sentir ; on n'en soupçonne pas l'existence.

Qu'est-ce donc ? quelque idée endormie peut-être, *ideæ quæ manent sopitæ* ; mais alors, il ne faudrait pas dire que l'âme forme ses idées ; il faudrait dire qu'elle les réveille ; et nous demanderions ce que c'est que des idées qui dorment, et comment on les réveille. Nous pourrions ajouter, que des idées qu'on réveille existent déjà, et que, par conséquent, on ne les forme pas.

Le raisonnement de l'auteur de la *Logique de Port-Royal*, bon contre ses adversaires, pèche donc en lui-même; et l'on ne saurait se défendre de le trouver également vicieux, et dans le fond, et dans la forme.

Après vous être assurés qu'on ne peut rendre raison de l'idée de la *pensée*, ni en suivant les philosophes qui enseignent que toutes les idées sont originaires des sens, ni d'après les philosophes de l'école opposée, vous ne me demanderez pas où se trouve la *raison* de cette idée. Vous le savez déjà. La réponse est aussi simple qu'évidente : *l'idée de la pensée a sa raison*, *ou son* origine, *dans le sentiment de la pensée*.

Comment a-t-on pu ne pas apercevoir une vérité, que l'analogie la plus naturelle semble mettre sous les yeux ?

D'où viennent les idées sensibles? elles viennent des sens, des sensations, des sentimens-sensations.

D'où viennent les idées des couleurs? elles viennent du sentiment des couleurs, de la sensation des couleurs.

Suivez cette analogie, et vous avez l'origine de toutes les idées.

D'où vient l'idée, des facultés de l'âme, de l'action de l'âme, de la pensée ? elle vient, du sentiment des facultés de l'âme, du sentiment de l'action de l'âme, du sentiment de la pensée.

D'où viennent les idées de rapport ? des sentimens de rapport.

D'où viennent les idées morales ? des sentimens moraux.

Tout confirme donc notre théorie ; et les preuves directes que nous en avons données, et les vices des autres doctrines, et la facilité avec laquelle nous expliquons des choses qui n'avaient jamais été expliquées.

Malgré ses défauts, l'argument de Port-Royal contre Gassendi et contre Hobbes, est le plus solide qu'on ait opposé aux partisans des idées originaires des sens. Aussi, l'a-t-on reproduit contre Locke et contre Condillac, mais toujours en lui faisant perdre de sa force, parce qu'on le présentait mal, et parce qu'on voulait le faire servir à appuyer des doctrines plus éloignées encore de la vérité, et plus contraires à l'expérience que la doctrine qu'on attaquait.

Quelquefois, à l'idée de la pensée, ou, ce qui est la même chose, aux idées intellectuelles des facultés de l'âme, on a substitué les idées morales ; et, comme Port-Royal demandait à

Gassendi de quelle couleur est la pensée, on a demandé à Locke et à Condillac de quelle couleur est la morale. On leur a reproché de vouloir faire de la morale avec des sons, des saveurs, etc. : on a été jusqu'à les accuser d'anéantir toute morale avec leur fausse philosophie.

Quand on fait de pareilles objections; quand on se permet des inculpations aussi graves, sans s'être bien assuré qu'elles sont fondées, on s'expose étrangement à manquer soi-même à la morale.

Les sensations, les cinq espèces de modifications que l'âme reçoit à la suite des impressions faites sur les organes, peuvent être considérées, chacune dans ce qu'elles ont de particulier, de caractéristique; et toutes, dans ce qu'elles ont de commun (leç. 4). Sous le premier point de vue, elles sont, couleur, son, saveur, odeur, chaleur, etc.; sous le second point de vue, elles affectent l'âme en bien et en mal; elles l'avertissent de son existence; l'âme prend connaissance de ses affections, et d'elle-même.

Or, ce n'est pas du premier point de vue, que des philosophes, tels que Locke, Condillac et leurs vrais disciples, ont pu vouloir faire naître les idées morales : c'est du second.

Avec des couleurs, on fera des tableaux ; avec des sons, on fera de la musique ; on ne fera pas de la morale.

Mais, dans le *sentiment* de plaisir et de douleur, dans la *conscience* du bien-être ou du mal-être qui nous viennent de nos semblables, (sentiment et conscience qu'on identifiait avec la sensation, qu'on appelait *sensation*), on a cru trouver les premières notions du juste et de l'injuste.

Voilà ce qu'on pouvait, et ce qu'il fallait attaquer, et non pas le rouge ou le bleu, le grave ou l'aigu, qui sont étrangers à la question, et qui n'y fussent jamais entrés, si elle avait été posée par une raison plus éclairée.

Je ne continuerai pas l'examen de ce qu'on a dit, pour résoudre le problème de l'origine de nos connaissances. Nous trouverions toujours, ou erreurs, ou inexactitudes : les uns, sous le vain prétexte d'une perfection chimérique, ont voulu soustraire la raison de l'homme à toute influence de la sensibilité ; les autres, n'ayant pas aperçu tous les modes de la sensibilité, et trompés par le mot *sensibilité* même, ont demandé aux sensations plus qu'elles ne pouvaient donner ; ils ont cru tenir d'elles ce qui leur venait de quelque autre manière de sentir ; et cette méprise les a trop souvent égarés : quant aux premiers, ils n'ont jamais été sur la bonne route.

Les philosophes ont donc mal raisonné, en traitant la question de l'origine des idées. Voyons si ceux qui se sont le moins éloignés de la vérité, ont mieux parlé qu'ils n'ont raisonné. Je serai sévère jusqu'à la minutie ; mais les vices du langage que je relèverai, ont fait, et font encore tant de mal, qu'on devra me trouver trop indulgent.

On dit : *les idées viennent des sens.* J'observe d'abord que cette proposition est fausse dans sa généralité. On attribue à toutes les idées ce qui pourrait convenir, tout au plus, aux idées sensibles : on suppose qu'il n'existe qu'une seule origine d'idées, quand il est démontré qu'il y en a plusieurs.

2°. En restreignant la proposition aux idées sensibles, et en supposant que, des sens, il pût venir quelque chose à l'âme, ce seraient de simples sensations, et non des idées sensibles : l'âme reçoit les sensations ; elle ne reçoit pas les idées sensibles ; elle les fait elle-même, en agissant sur les sensations.

3°. Les idées sensibles, alors même qu'on les confondrait avec les sensations, ne peuvent venir, ou être venues des *sens*, qu'autant qu'elles seraient, ou qu'elles auraient été dans les *sens*.

Comme cette absurdité qu'on dit, n'est pas ce qu'on veut dire (car nous parlons ici des philosophes qui refusent l'intelligence et le sentiment à la matière), il s'ensuit qu'on s'est mal exprimé.

Les idées viennent par les sens. 1°. Cette proposition pèche par sa trop grande généralité, comme la précédente; 2°. elle confond les idées, ou du moins les idées sensibles, avec les sensations; 3°. on donne à entendre que les idées sont primitivement dans les objets extérieurs, et que, pour arriver jusqu'à l'âme, elles passent à travers les sens : certainement ce n'est pas cela qu'on veut dire.

Mais, qui peut ainsi prendre ces propositions à la lettre? qui ne voit qu'on a voulu dire, seulement, que les idées ont leur origine dans la sensation, dans la modification que l'âme reçoit à l'occasion des mouvemens du corps?

Qui? lisez ce qui s'écrit : vous verrez, qu'on demande encore aujourd'hui à ceux qui font venir les idées *par les sens*, si elles sont blanches ou noires, rondes ou carrées, pour être entrées par la vue, ou par le toucher; vous verrez qu'on se porte, envers ceux qui font venir les idées *des sens*, comme envers ceux qui les font venir *par les sens*, jusqu'à les accuser de professer le matérialisme, et d'être les corrupteurs de la morale. Il est vrai, que c'est par une déplorable confusion d'idées qu'on fait ces ridicules questions, et qu'on se livre à de pareils excès. On confond d'abord, les idées sensibles avec les sensations; ensuite, les sensations avec les impressions faites sur les organes; aprèsquoi il n'est plus étonnant qu'on ne voie dans les idées qu'un simple mouvement de la matière, et dans l'homme qu'une machine soumise aux lois de la nécessité.

Un langage plus exact, une précision plus grande dans les énoncés, auraient prévenu ces imputations aussi absurdes qu'odieuses : mais continuons.

Les idées ont leur source dans la sensation, ou dans la réflexion. Ceci laisse beaucoup à désirer, sans doute; cependant, on aperçoit une grande amélioration : 1°. les sensations ont pris la place des sens; 2°. dans la *réflexion*, on voit, indiquée, une seconde source d'idées; et quoique la *réflexion* ne soit pas une source d'idées (leç. 5), on n'a pu l'ajouter aux sensations, sans avoir reconnu l'insuffisance d'une source unique.

Nihil est in intellectu quod priùs non fuerit in sensu. Rien n'est dans l'entendement qui n'ait été auparavant dans le sens. Il y a peu de sentences qui aient joui de l'infaillibilité d'un axiome, aussi long-temps que celle-là; peu, qui aient été reçues, avec un assentiment aussi universel...

Que dira-t-on, si, outre sa fausseté, elle renferme trois vices d'expression qui permettent de l'interpréter de trois manières différentes ?

Nihil, rien. Comment entendrons-nous ce mot ? Locke lui fait signifier *aucune de nos idées, aucune de nos connaissances*. Condillac entend par le même mot, *aucune de nos idées*, comme Locke, et de plus, *aucune des facultés de notre âme*. Quel est celui qui a mieux pénétré le véritable sens du prétendu axiome ?

In intellectu, dans l'entendement. Est-ce de l'âme qu'il s'agit ? est-ce d'une faculté de l'âme ? est-ce d'une faculté qu'on voudrait supposer appartenir, ou au corps ou à l'âme ? est-ce de la réunion de toutes les idées ? car, le mot *entendement* a reçu toutes ces significations.

In sensu, dans le sens. Veut-on parler des *sens* organes du corps, ou des *sensations* qui sont des modifications de l'âme ? C'est ce qu'on ne dit pas.

Ainsi, on nous laisse dans la perplexité sur ce que nous devons penser, sur ce que nous devons croire, sur ce que nous devons enseigner. Mais, que dis-je ? et où est le philosophe qui ne soit intimement convaincu que la maxime qu'on attribue à Aristote, et que personne ne comprend ni ne peut comprendre, ou du moins, que personne n'est assuré de comprendre, est, ou une vérité irréfragable, ou une erreur monstrueuse?

Tel est, trop souvent, le funeste pouvoir du langage. Son influence se porte jusqu'aux générations les plus reculées ; et, parce qu'un homme s'est mal exprimé à une certaine olympiade, il faut que nous soyons divisés au dix-neuvième siècle de l'ère chrétienne.

Il ne tiendrait qu'à nous cependant de prévenir le mal, ou de l'arrêter dans ses progrès. La parole n'est pas nécessairement trompeuse. Elle peut représenter fidèlement la pensée : c'est là sa destination ; on peut l'y ramener quand elle s'en écarte. Eh quoi! est-il donc si difficile de mettre de la clarté dans ses discours, quand on en a mis dans ses idées? et pourquoi ne serait-on pas entendu des autres, si l'on s'entend soi-même?

Nous croyons donc qu'on nous entendra, lorsque nous dirons : non pas, que *les idées viennent des sens*, ou *par les sens;* non pas, qu'*elles viennent des sensations* ; non pas, qu'*elles ont leur origine dans les sens, ou dans les sensations;* mais lorsque, rectifiant à la fois, des opinions fausses et des énoncés vicieux, nous dirons que :

Dans l'esprit de l'homme, il n'y a aucune idée qui n'ait son origine dans quelque sentiment ; que les idées sensibles ont leur origine dans le sentiment-sensation; les idées intellectuelles, dans le sentiment de l'action de l'âme, et dans le sentiment des rapports; les idées morales, dans le sentiment moral :

Ou, pour nous exprimer en moins de mots : *Toute idée a son origine dans le sentiment*; ou, pour le dire plus brièvement encore, *toute idée a été sentiment*.

On pourra contester la vérité de ces propositions; mais du moins on saura ce qu'on attaque.

J'ai reçu, en effet, des objections présentées avec une grande clarté. Je ne vous les communiquerai pas aujourd'hui. Je consacrerai une séance particulière, et très-prochaine, à l'examen des raisons qu'on oppose, non-seulement à notre théorie des idées, mais encore à la place que nous lui avons assignée dans la distribution de nos leçons.

Concluons cependant, que l'homme serait privé de toute intelligence, s'il était privé de toute sensibilité. Il n'aurait idée, ni de l'univers, ni de l'auteur de l'univers, ni de lui-même, ni des rapports qui naissent de ces idées. N'étant pas averti de son existence propre, comment pourrait-il soupçonner d'autres existences ?

Mais la nature ne l'a pas confondu avec les êtres insensibles : elle a voulu même, que sa place fût au-dessus et hors de tous les êtres sensibles. S'il leur ressemble un moment par les sensations, il en diffère bientôt par les autres manières de sentir ; et il s'en sépare, surtout, par le sentiment du juste et de l'honnête, qui sera éternellement étranger aux attributs de l'animal.

Le sentiment est donc la première condition de l'intelligence ; comme l'action de l'âme, dont nous allons parler dans la leçon suivante, en est la seconde.

Où manque, où finit le sentiment, là manquent, là finissent les idées.

Il n'y a rien, absolument rien, pour l'intelligence de l'homme, non pas même l'idée de Dieu, autant qu'il nous est donné d'en concevoir la nature, qui ne soit fondé sur le sentiment : il n'y a rien, en deçà ni au delà du sentiment ; il n'y a rien, hors du sentiment.

Je ne dis pas : hors du sentiment il n'y a rien pour la certitude ; je ne dis pas : il n'y a rien pour la croyance.

Je dis, que nos idées ne peuvent dépasser les bornes de notre sentiment.

Je dis, qu'une philosophie qui se vanterait d'avoir franchi ces bornes, se vanterait d'avoir franchi les bornes de notre nature, les bornes de notre raison ; et les bornes de l'âme humaine : ce serait une philosophie sans idées.

Et cependant, il s'est trouvé des esprits qui se sont abusés, jusqu'à penser qu'on n'atteint à la vraie science qu'en s'élançant ainsi ; et cette science, qu'ils ont cru posséder, ils l'ont nommée *sublime*, *transcendante*.

Oh ! combien Pascal pensait différemment ! « Il ne faut pas guinder l'esprit, dit-il : il ne faut pas donner à ces bonnes choses (aux connaissances) le nom de *grandes*, *hautes*, *élevées*, *sublimes*; cela perd tout. Je voudrais les nommer *basses*, *communes*, *familières* ; ces noms-là leur conviennent mieux : *Je hais les mots d'enflure.* »

SEPTIÈME LEÇON.

ÉCLAIRCISSEMENS SUR LES CAUSES DE NOS IDÉES.

Des rapports. Solution de quelques questions.

Sentir et *connaître*, nous l'avons assez dit, sont deux choses qu'on doit bien se garder de confondre. Pour sentir, il suffit à l'âme d'être passivement affectée ; au lieu que, pour connaître, il faut qu'elle agisse sur ce qu'elle sent, ou que son action se soit déjà appliquée à ce qu'elle a senti d'abord.

Entre le sentiment et la connaissance, se trouve donc interposée l'action de l'âme ; et cette action, toujours nécessaire, se fait remarquer surtout, lorsqu'elle a été provoquée par de vifs sentimens de plaisir ou de peine, ou lorsqu'elle a été commandée par un ordre plus absolu de l'âme elle-même.

Alors, les facultés de l'entendement se portent à l'envi sur toutes nos manières de sentir. L'attention les isole, pour les étudier à part, pour connoître ce qu'elles sont en elles-mêmes. La comparaison les rapproche; elle cherche à les apprécier, les unes par les autres. Le raisonnement profite de ce que lui ont appris l'attention et la comparaison : il pénètre plus avant ; il découvre ce que les deux premières facultés nous auraient toujours laissé ignorer.

Le sentiment, s'il était seul, aurait beau se répéter, se multiplier, cesser, recommencer, et remplir ainsi la vie la plus longue ; il ne laisserait après lui aucune trace de lumière. Le passé serait perdu ; l'avenir ne pourrait être soupçonné ; et l'absence de toute mémoire, de toute prévoyance, concentrerait la durée des siècles dans une existence toujours momentanée, toujours indivisible.

Il ne suffit donc pas que le sentiment recèle les sources de l'intelligence : il faut que l'âme applique ses forces au sentiment, pour en faire sortir les idées (leç. 3).

On a de la peine à recevoir cette vérité, sans la restreindre par quelques exceptions. On convient que les idées des *facultés de l'âme*, que plusieurs idées de *rapport*, et plusieurs idées *morales*, ne se présentent pas d'elles-mêmes ; qu'il faut, pour les obtenir, un travail de l'esprit qui ne se fait que trop sentir, et qui n'est pas toujours récompensé par le succès. Mais, en même temps, on est porté à croire que les idées *sensibles* nous viennent toutes faites ; qu'elles ne diffèrent en rien des sensations, et qu'elles sont l'effet immédiat de l'impression des objets sur nos sens.

Je n'ai besoin, pour achever de vous convaincre, que des observations les plus communes, les plus familières.

Qu'on mette sous nos yeux une écriture inconnue; ce sera, je suppose, de l'*arabe* ou du *sanscrit*. Que verrons-nous au premier instant? Que discernerons-nous?

Je dis que nous *verrons* tout, mais que nous ne *discernerons* rien.

Nous verrons tout; car, les rayons partis de chacun des points de tous les caractères qui sont devant nous, pénètrent jusqu'au fond de l'œil, et font sur la rétine une impression, en vertu de laquelle nous sentons ou nous voyons, sans qu'il nous soit possible de ne pas voir. La volonté ferait de vains efforts pour nous soustraire à des sensations qui sont la suite nécessaire du mouvement reçu par l'organe.

Mais, s'il est incontestable que nous verrons tout, il ne l'est pas moins que nous ne discernerons rien, tant que l'œil, qui vient de recevoir l'impression simultanée de tous les caractères, ne l'aura pas distribuée, par le regard, en plusieurs impressions partielles et successives; et, si nous nous obstinions à ne jamais regarder ainsi successivement, les pages d'un volume resteraient sous nos yeux, des années, toute la vie, sans rien transmettre à l'intelligence. Il faut donc que le regard s'arrête sur chaque mot en particulier, afin de détacher son image de l'image totale; et cela ne suffit pas encore. Pour peu que le mot soit composé, ne le fût-il que de trois, ou même de deux caractères, nous sommes obligés de le décomposer, d'étudier ces caractères, un à un, pour parvenir à les voir à la fois d'une manière distincte.

C'est ainsi que nous avons appris à lire notre langue; et, si aujourd'hui nous saisissons avec une extrême rapidité toutes les lettres qui entrent dans la composition d'un mot français; si nous les distinguons infailliblement les unes des autres, c'est que nous avons dès long-temps appris à faire cette distinction. Les enfans en sont la preuve. Ils ne voient d'abord, à l'ouverture d'un livre, que du blanc et du noir; et j'ajoute, sans craindre d'énoncer un paradoxe, qu'ils ne distinguent même le blanc, du noir, que parce qu'ils ont appris à les distinguer. Un enfant, dont les yeux s'ouvrent pour la première fois à la lumière, voit sans doute; mais ne croyez pas qu'il soit affecté par la diversité des couleurs. Toutes se réunissent en une sensation confuse, dans laquelle il ne démêle rien, et dans laquelle il ne pourra rien démêler, jusqu'au moment où le regard aura opéré ce démêlement.

Si nous ne faisions que voir, sans jamais regarder, tout nous assure que le sens de la vue serait impuissant à nous donner la moindre idée.

Qui n'a pas éprouvé qu'on peut avoir cent fois, et les yeux bien ouverts, parcouru la longueur d'une rue, sans en connaître autre chose que la direction, et le point où elle aboutit, parce que ce sont les seules choses qu'on aura remarquées ?

A en juger par la multitude des monumens d'architecture, des ouvrages de sculpture et de peinture, qui ornent les places, les palais, et qu'on rencontre partout dans une grande capitale, ne dirait-on pas que, de tant d'impressions, à chaque instant renouvelées, il doit sortir une foule d'idées? Vous savez ce qui en est, et jusqu'où vont, dans les beaux arts, les connaissances du peuple. Il a des yeux qui reçoivent l'impression des chefs-d'œuvre; mais, distrait par d'autres soins, et par d'autres intérêts, il ne s'en sert pas pour regarder.

Que ceux qui prétendent que l'attention n'est pas toujours indispensable pour acquérir des idées, nous expliquent comment il se fait que dans une ville comme Paris, dont les murs sont couverts de toutes sortes d'écritures, d'adresses, d'enseignes, d'affiches, il se trouve, et non pas en petit nombre, des hommes de cinquante, de soixante ans, qui ne connaissent pas les lettres de l'alphabet, des lettres qui n'ont cessé de frapper leurs yeux, depuis leur première enfance. Pour se faire des idées, par le moyen de l'œil, il ne suffit donc pas de voir, de sentir; il est nécessaire de regarder, de donner son attention.

Vous raisonnerez sur tous les sens comme sur le sens de la vue; et vous conclurez avec certitude, qu'un être organisé comme nous le sommes, mais de manière, s'il est permis de le supposer, à ne jamais donner son attention, à ne jamais faire un usage actif de ses sens, à recevoir toujours passivement l'impression des objets, n'aurait aucune idée sensible, absolument aucune.

Or, dès qu'il est une fois démontré que l'action de l'âme est la cause productrice des idées sensibles, de ces idées qu'on acquiert avec une telle facilité qu'elles semblent naître spontanément des sensations, qu'elles semblent se confondre avec les sensations, que presque tous les philosophes ont confondues avec les sensations, il est démontré, sans doute, que les idées intellectuelles et les idées morales, dont le plus grand nombre échappent à tant d'esprits, sont aussi le produit de l'action de l'âme, lorsque cette action s'applique aux trois autres manières de sentir, soit par la simple attention, soit par la comparaison, soit par le raisonnement.

Je n'ajouterais rien à ces réflexions, si toutes nos idées étaient *absolues;* mais nous avons des idées *relatives*, des idées de *rapport;* et ces idées jouent le plus grand rôle dans l'intelligence. Il est donc nécessaire de les examiner avec attention, afin de savoir en quoi elles diffèrent des idées absolues.

Je vous demande ce qui résulte en vous, aujourd'hui, de la présence d'une idée sensible. Remarquez bien que je ne vous demande pas ce qui résulte des premières idées sensibles qu'acquiert un enfant en venant au monde.

Vous répondez, que l'idée sensible nous montre un corps, un objet extérieur à l'âme, ou quelqu'une des qualités de cet objet.

Que résulte-t-il de l'idée d'une faculté de l'âme ? Elle nous fait connaître une faculté de l'âme.

Que résulte-t-il d'une idée morale ? Elle nous fait connaître un acte moral, un acte produit par la volonté d'un agent libre, quand nous jugeons cet acte conforme ou contraire aux lois

Ainsi donc, aux idées sensibles, aux idées des facultés de l'âme, aux idées morales, correspondent des réalités, des choses réelles qui sont en nous, ou hors de nous, et que ces idées nous font connaître.

Mais, si je vous demande quelle est, en vous, ou hors de vous, la réalité qui correspond à une idée de *rapport*, à une idée de ressemblance, à une idée d'égalité ; peut-être éprouverez-vous quelque embarras pour me répondre.

Comparons les idées *absolues* aux idées de *rapport*.

Je suppose que, l'œil recevant l'impression simultanée de toutes les lettres qui composent un mot entier, le regard vienne à se fixer sur une seule de ces lettres : à l'instant, la sensation produite par cette lettre se démêle des autres sensations ; elle les domine ; elle est mieux sentie ; et nous avons une idée sensible. De la même manière, nous en obtiendrons une seconde, une troisième, etc.

Or, lorsque par la direction de l'organe sur les objets de nos sensations, et par l'application de l'activité de l'âme aux sensations elles-mêmes, nous avons acquis plusieurs idées sensibles, et qu'elles sont à la fois présentes à l'esprit, il arrive souvent que nous sentons, entre ces idées, des ressemblances ou des différences; et alors, nous pouvons continuer à déployer notre activité sur ces idées, comme nous pouvons la laisser oisive. Dans ce dernier cas, les idées, quoique présentes, se montrent faiblement à l'esprit; et nous sentons à peine qu'elles se ressemblent ou qu'elles diffèrent. Mais, si l'action de l'âme continue à se porter, et à se porter avec plus de force, sur ces idées, le sentiment de leur ressemblance, ou de leur différence, prend aussitôt de la vivacité ; il devient idée de ressemblance, ou de différence.

Il n'en est pas, de cette nouvelle idée, comme de l'idée sensible. L'idée sensible dérive d'une sensation, qui suppose la présence d'un objet extérieur. L'idée de ressemblance ou de différence dérive d'un sentiment, qui suppose la présence de deux idées existant à la fois dans l'esprit. Et, comme souvent il a fallu, par la comparaison, rapprocher ces deux idées, les porter en quelque sorte l'une sur l'autre, les *rapporter* l'une à l'autre, on a donné, au sentiment qui naît de leur présence, le nom de *sentiment de rapport.*

Tant que le rapport est senti confusément, on lui laisse le nom de *sentiment de rapport*. Lorsque, par l'effet de l'action de l'âme, ce sentiment, de confus qu'il était, devient un sentiment distinct, on l'appelle *idée de rapport, perception de rapport.*

Ce que la sensation est à l'idée sensible, le sentiment de rapport l'est à l'idée de rapport.

L'idée sensible suppose deux choses : sensation préexistante ; action de l'âme sur cette sensation.

L'idée de rapport suppose également deux choses : sentiment de rapport préexistant ; action de l'âme sur ce sentiment de rapport.

Les sensations sont les matériaux des idées sensibles. Les sentimens de rapport sont les matériaux des idées de rapport ; et c'est l'activité de l'âme qui met ces matériaux en œuvre.

Les idées de rapport, considérées sous le point de vue de leur formation, c'est-à-dire, sous le point de vue de leur origine et de leur cause, ont donc la plus grande analogie avec les idées sensibles, et avec toutes les idées absolues ; mais elles en diffèrent essentiellement sous un autre point de vue.

Supposez que deux objets extérieurs A et B agissent sur vous, l'un après l'autre. Dans cette supposition, vous éprouverez deux sensations, l'une après l'autre.

Que les deux objets agissent à la fois ; vous éprouverez deux sensations à la fois.

Si les deux sensations, éprouvées à la fois, sont

suivis de deux idées sensibles, vous aurez simultanément deux idées sensibles.

Ces deux idées sensibles, et simultanées, amèneront un sentiment de rapport.

De ce sentiment de rapport, enfin, naîtra ou pourra naître une *idée de rapport*, du rapport entre A et B, lequel sera un rapport de ressemblance, si les deux objets vous ont affecté semblablement.

L'idée de rapport dérive immédiatement du sentiment de rapport. Le sentiment de rapport dérive de la présence simultanée de deux idées : ces deux idées, si elles sont sensibles, dérivent de deux sensations correspondantes ; sensations, qui ont été produites par la double action des deux objets extérieurs.

Par la double action des deux objets A et B, vous avez donc obtenu trois idées ; l'idée de l'objet A, l'idée de l'objet B, et de plus, l'idée de leur ressemblance.

L'idée occasionée par l'objet A, a hors de vous un type, un modèle : elle correspond à un être placé hors de vous, ou à quelque qualité réelle de cet être : du moins, nous le croyons ainsi ; et j'ajoute cette restriction, afin de prévenir des objections intempestives contre la réalité extérieure des êtres. L'idée occasionée par l'objet B, a également un modèle hors de vous, savoir, l'objet B; mais l'idée de ressemblance, où a-t-elle son modèle? Quelle est, hors de vous, la réalité qui lui correspond? Ce n'est pas l'objet A tout seul; ce n'est pas l'objet B tout seul. Seraient-ce les deux objets réunis? Les deux objets réunis ne sont pas une troisième réalité distincte de A et de B. Dans la réunion de A et de B, il n'y a pas trois choses réelles, dont l'une soit A, l'autre B, et l'autre la réunion.

Vous raisonnerez sur les idées de rapport qui naissent de la *comparaison des idées des facultés de l'âme*, et sur les idées de rapport qui naissent de la *comparaison des idées morales*, comme vous venez de le faire sur les idées de rapport qui naissent de la *comparaison des idées sensibles ;* et vous ariverez toujours au même résultat, savoir, qu'il suffit de deux objets aperçus en même temps, pour obtenir trois idées.

Nous sommes donc amenés à cette conclusion, que les idées de rapport, à la différence des idées absolues qui correspondent toujours à quelque réalité, à quelque objet, placés en nous, ou hors de nous, qui toutes ont un modèle, substance ou qualité, sont des idées qui ne correspondent à aucun objet réel qui soit exclusivement leur objet. Les idées de rapport supposent, il est vrai, des réalités, des objets, puisqu'elles dérivent de deux idées absolues dont chacune a son objet; mais elles n'ont pas d'objet qui leur soit propre, et qui soit distinct des deux objets qui ont donné lieu à cette idée de rapport.

Cependant, on a voulu réaliser cet objet que rien ne montre, que rien ne peut montrer, puisqu'il n'existe pas. On lui a donné le nom même de *rapport;* et l'on a dit, que les rapports existaient dans les êtres, ou dans les qualités des êtres, et qu'ils en partageaient la réalité.

Dans les êtres, se trouvent les fondemens des rapports, les termes des rapports, les objets qui occasionnent les idées d'où naissent les rapports : mais les rapports, eux-mêmes, ne sont pas dans les êtres.

Le mot *rapport* signifie deux choses. Quelquefois, mais rarement, on le prend dans un sens actif; et alors, il signifie à peu près la même chose que *comparaison,* comme lorsque nous disons qu'on peut, ou qu'on ne peut pas, établir un rapport entre deux objets. Très-fréquemment, presque toujours, on le prend dans un sens qui n'est pas actif; et alors, il exprime le résultat de la comparaison, c'est-à-dire, l'idée qui provient du rapprochement de deux objets. Or, ni la comparaison de deux objets, ni l'idée qui résulte de cette comparaison, ne peuvent se trouver ailleurs que dans un esprit, dans une intelligence. C'est donc là, seulement, et exclusivement, que peuvent se trouver les rapports, et non pas dans les objets qui les ont occasionés.

Ainsi, quand nous dirons, conformément à une manière de s'énoncer qui probablement appartient à toutes les langues, qu'il *y a* des rapports entre les choses ; qu'il *y a* un rapport entre la lumière et la structure de l'œil ; qu'il *y a* des rapports admirables, une harmonie divine entre toutes les parties de l'univers ; qu'il *y a* un nombre infini de rapports, quelquefois visibles, plus souvent cachés, entre tous les êtres, etc., nous devrons nous garder de croire que ces rapports existent réellement hors de nous, et dans les êtres. Car, nous ne pouvons affirmer qu'il *y a* des rapports entre les êtres, qu'autant, et de la même manière, que nous affirmons qu'il *y a* des rapports entre les idées qui nous représentent ces êtres.

Or, sur quel fondement disons-nous qu'il *y a* un rapport entre deux idées ? Ce n'est pas que le rapport existe dans ces idées ; c'est qu'il se montre à leur suite, comme une idée nouvelle, comme une idée d'une espèce nouvelle.

L'idée de rapport naît immédiatement d'un sentiment de rapport, quand, par un acte d'attention, nous démêlons ce sentiment de tous les autres sentimens; et, comme nous n'avons pu avoir ce sentiment de rapport que par la comparaison de deux idées, il s'ensuit que pour obtenir une idée de rapport, il faut deux actes de l'esprit, un acte d'attention, et une comparaison; tandis qu'on obtient, ou que l'on peut obtenir, l'idée absolue par la simple attention.

Il y a donc, entre les idées absolues et les idées de rapport, non pas une seule différence, mais deux différences très-remarquables. Les idées absolues ont toujours un objet qui leur est propre, et on les acquiert, ou du moins on peut souvent les acquérir, par la simple attention. Les idées de rapport exigent une comparaison, et elles n'ont pas d'objet qui leur soit exclusivement propre, et distinct des deux objets qui ont donné lieu à l'idée de rapport.

On demandera peut-être quelle est l'utilité de ces analyses si recherchées, pour dédommager de la fatigue qu'elles donnent.

Une analyse ne saurait être dite *recherchée*, si elle est naturelle; or, elle est toujours naturelle, lorsqu'elle naît du sujet que l'on traite.

Quant à la fatigue, j'aurais bien mal employé ma peine si elle ne ménageait pas la vôtre.

Et quant à l'utilité, voici ce que j'ai à vous répondre : Si vous oubliez que les idées de rapport exigent toujours une comparaison, vous vous exposerez à les confondre avec les idées absolues ; vous leur supposerez un objet à part : cet objet imaginaire prendra bientôt à vos yeux assez de consistance pour servir de base à quelque système ; et votre philosophie ne portera sur rien.

Alors, vous réaliserez le froid, le chaud, le dur, le mou, le sec, l'humide, etc. ; et, avec Aristote, vous ferez de la mauvaise physique.

Vous croirez apercevoir des choses positives, dans les qualités relatives de l'âme ; vous vous perdrez dans vos raisonnemens sur le beau, le bon, le sage, le fou, etc. ; et, avec Platon, vous ferez de la mauvaise métaphysique.

Vous prêterez aussi une vaine réalité aux rapports de similitude : vous remplirez la nature de genres, d'espèces ; et, avec les philosophes du moyen âge, vous ferez de la scolastique.

A quoi tiennent souvent les plus grandes erreurs ! un seul mot négligé, une seule idée mal démêlée, suffisent pour faire tout le mal, en corrompant les sciences dans leur source.

Je me borne, pour le moment, à ces réflexions sur les idées de *rapport*. Notre objet, aujourd'hui, n'est pas de nous livrer à des développemens sur ces idées, ni sur aucune espèce d'idées. Nous avions établi que toutes les idées, sans en excepter une seule, ont leur cause dans l'action de quelqu'une des facultés de l'entendement. On a cru que nous allions trop loin; qu'il n'est pas toujours nécessaire de la coopération de l'esprit, et que plusieurs idées nous viennent sans aucun travail de notre part. J'ai dû confirmer par de nouvelles observations ce que j'avais d'abord avancé, ce que j'avais prouvé; et j'ose croire que vous êtes maintenant persuadés que nous ne sommes étrangers à la formation d'aucune de nos idées. Cette proposition ne peut être, ni restreinte, ni modifiée: il faut la recevoir toute entière.

Les conséquences de ceci se présenteront en foule à ceux qui sont versés dans la lecture des philosophes. Je m'arrêterai à une seule, qui ne suppose aucune érudition philosophique, et que chacun pourra vérifier par des applications journalières.

Puisque toutes nos idées sont notre ouvrage; puisque toutes celles que nous avons acquises, et que nous pouvons acquérir, sont l'effet d'une action propre et nécessaire de l'âme; puisqu'il est vrai que la nature, en se réservant de faire naître elle-même le sentiment, nous a laissé le soin de notre intelligence; que, pour la développer, il nous suffit d'appliquer l'activité dont elle nous a doués, aux divers sentimens qu'elle nous donne sans cesse, et qui ne nous manquent jamais; l'homme n'a donc pas le droit de se plaindre de son ignorance; il ne tient qu'à lui de s'en délivrer : que lui faut-il pour cela? Sentir et agir : qu'a-t-il à faire pour sentir? et que n'agit-il après avoir senti?

C'est parce que nous laissons oisives nos facultés, que l'esprit est si dénué de connaissances. Le raisonnement, pour peu qu'il se prolonge, effraie notre paresse. Une comparaison dont les termes ne se touchent pas, nous paraît aussitôt impossible; et l'attention ne peut concentrer ses forces sur un seul point, sans faire violence à nos habitudes de dissipation.

Le mal est donc dans ce manque de courage, dans cette lâcheté d'âme qui s'arrête, ou qui recule, à la moindre résistance.

Cependant, une expérience dont nous sommes continuellement les témoins, peut nous éclairer, et nous donner de la confiance : elle nous apprendra comment on surmonte une inertie malheureusement trop naturelle, et comment, dans l'étude des sciences, nous pourrions être dispensés de trop pénibles efforts.

Nous voyons, en effet, que tous les hommes,

quels que soient leur état, leur âge, leur pays, connaissent bien vite ce qu'ils ont un grand intérêt à connaître, ou plutôt ce qui les intéresse vivement; car il n'est que trop ordinaire qu'ils se trompent sur leurs vrais intérêts. Nous voyons en même temps, que les peuples, comme les individus, restent étrangers à tout ce qui n'a pas de rapport à leurs nécessités, à leurs commodités, à leurs goûts, à leurs préjugés; qu'ils ignorent les causes les plus simples des phénomènes de la nature, quand ils n'ont jamais senti le besoin d'en faire l'étude.

Observez, je vous prie, de quelle manière les connaissances varient avec les diverses positions où l'on se trouve.

Celui qui cultive paisiblement son jardin, se doute-t-il de ce que c'est que la métaphysique, de ce que c'est que l'algèbre? A-t-il quelque idé de la science militaire, de la marine, des arts du luxe, etc.? Mais, s'il ignore des choses qui lui paraissent autant de frivolités, il n'en est pas de même des productions qui fournissent à sa subsistance : ici, il est très-habile; il ne se trompe, ni sur les différentes qualités des graines, ni sur le terrain ou l'engrais qui leur convient, ni sur le moment de semer, de planter, de recueillir; il prévoit la disette et l'abondance; il sait quel jour sera le plus favorable pour se rendre au marché : en un mot, il a des idées très-exactes, et très-variées, sur tout ce qui tient à l'art du jardinier.

Quant aux plantes stériles qui bordent son petit enclos, il les connaît à peine, quoiqu'elles soient continuellement sous ses yeux ; il les confond toutes sous le nom général *d'herbes*, *de mauvaises herbes* ; il n'a pas besoin de les connaître plus particulièrement, à moins cependant qu'il n'en reçoive du dommage ; car alors, il ne manque pas de leur donner à chacune un nom particulier. Il a un égal intérêt de connaître ce qui lui nuit, et ce qui lui est utile.

A la place du jardinier, supposez un botaniste. Vous le verrez étudier toutes les parties de la végétation ; il s'appliquera à désigner toutes les plantes par des noms caractéristiques : pour lui, il n'en est aucune de stérile ou de nuisible ; sa gloire n'est pas moins intéressée à connaître les unes que les autres.

Pourquoi l'astronome donne-t-il le temps du sommeil à l'observation des astres, à la mesure de leurs distances, au calcul de leurs révolutions ? Pourquoi le peintre cherche-t-il à démêler les moindres accidens des ombres et de la lumière ? le musicien, les plus faibles nuances d'un accord ? le moraliste, les motifs les plus cachés de nos actions ? N'est-ce point aussi parce qu'ils font consister leur intérêt, parce qu'ils placent leur gloire, dans des découvertes de cette espèce ?

Si les différens objets de la nature n'intéressent pas l'homme, il n'en prendra jamais connaissance. Comment les remarquerait-il, lorsqu'à peine il les voit ? Les sensations sont si légères, si fugitives, qu'elles échappent à l'attention qui, seule, peut les changer en idées, et les imprimer ainsi dans la mémoire.

Il faut donc, pour sortir de l'ignorance dans laquelle nous naissons tous, et pour nous former des idées des choses, ou nous borner à l'étude des objets qui ont un rapport direct à notre conservation, à nos besoins, à nos plaisirs, parce qu'alors seulement l'action sera naturelle à l'esprit ; ou, si la société nous fait un devoir d'acquérir des connaissances dont on ne sent pas d'abord les avantages, et vers lesquelles on ne se porterait qu'avec une sorte de répugnance, il faut suppléer l'attrait qui leur manque, par l'attrait même du travail qu'elles exigent, et par le plaisir de les acquérir.

Lorsqu'on nous expose des vérités déjà connues, ou lorsque nous nous livrons à la recherche de quelque vérité nouvelle, si les opérations de l'esprit se faisaient et se succédaient d'une manière régulière et bien ordonnée, le mouvement de la pensée, loin d'être une peine, serait le plus vif des plaisirs; plus vif même que celui d'avoir satisfait la curiosité ou un besoin plus réel de connaître ; car, la jouissance que donne la possession de la vérité, est une jouissance de calme, de repos; au lieu que celle que nous donne la recherche de la vérité, est une jouissance animée qui se fait mieux sentir.

L'exercice des facultés de l'esprit n'aurait donc rien que d'agréable, s'il était réglé par les lois d'une bonne méthode : l'étude des langues, des mathématiques, de la philosophie, de la législation, serait pleine de charmes; et une connaissance acquise serait toujours suivie du désir d'en acquérir une nouvelle.

Il est rare que nous sachions ainsi nous conduire : nous nous mettons à la suite de ceux qui nous ont devancés; nous supposons qu'ils sont dans la bonne voie ; mais le plus souvent ils ne font que nous égarer, après avoir inutilement usé nos forces.

De même que le corps se fatigue promptement dans un sentier raboteux et mal éclairé, de même l'esprit se rebute bientôt de parcourir une suite d'idées obscures, incohérentes, difficiles; et, comme trop souvent celles qui devraient être les premières sont loin de leur place véritable, c'est à l'entrée des sciences que se trouvent les plus grands obstacles. L'esprit, d'abord épuisé, croit qu'il n'est pas né pour l'action, et il reste immobile. Si rien n'avait contrarié les premiers pas qu'il a essayés; si ses premiers mouvemens s'étaient faits avec un grand ordre, avec une grande régularité, il aurait éprouvé des plaisirs inattendus, qui l'auraient excité à se porter toujours en avant pour en trouver toujours de nouveaux; et, arrivé au but, il aurait peut-être moins senti le bonheur de le toucher, que le regret de l'avoir atteint trop promptement.

Il faut donc ajouter une considération, et la plus importante des considérations, à cette vérité démontrée, que toutes les idées sont le produit de l'action de nos facultés. Il ne suffit pas, en effet, d'agir : l'intelligence n'atteindra jamais le point où elle peut s'élever, si l'action n'est pas soumise à des règles. C'est parce que le génie a trouvé le moyen de faire le meilleur emploi de ses forces, qu'il a inventé les sciences et les arts. Il doit tout à sa méthode; et, si nous savions nous l'approprier, les choses qui nous paraissent aujourd'hui les plus difficiles, nous étonneraient alors par leur extrême simplicité.

Mais je résiste au désir que j'aurais de vous parler de la méthode : l'occasion de reprendre cet utile sujet se présentera de nouveau, et plus d'une fois. Je veux, pour terminer cette séance, vous proposer, sur les idées, quelques questions qui ont beaucoup occupé, et qui occupent encore beaucoup les philosophes. Si vous ne trouvez pas une grande difficulté à les résoudre au moyen des principes que nous avons établis, ce sera un motif de plus pour adopter ces principes avec confiance.

Les idées sont-elles antérieures aux sensations ?

Il s'agit, ou des idées sensibles, ou des idées intellectuelles, ou des idées morales. Veut-on parler des idées intellectuelles, et des idées morales ? Nous avons fait voir qu'elles ne se montrent qu'après les idées sensibles. Veut-on parler des idées sensibles ? Il est évident qu'elles supposent des sensations antérieurement éprouvées.

Les idées sont-elles indépendantes des sensations ?

Les idées sensibles ne sont pas indépendantes des sensations, puisqu'elles ont leur origine dans les sensations. Quant aux idées intellectuelles et aux idées morales, comme elles n'ont pas leur origine dans les sensations, on ne peut dire qu'elles en dépendent, à moins que, par cette expression, on se borne à entendre que (dans notre constitution actuelle) elles ne se montrent qu'après les idées sensibles (leç. 3.)

Y a-t-il des idées innées ? C'est demander s'il y a des idées antérieures aux sensations, indépendantes des sensations. (*V.* leç. 9.)

Les idées diffèrent-elles des sensations ?

Les idées ne diffèrent pas seulement des sensations, des sentimens-sensations, elles diffèrent de toute espèce de sentiment. Sentir des rapports de distinction, et sentir simplement, ne sont pas une même chose.

A-t-on idée de tout ce qu'on sent ?

C'est demander si la connaissance suit tous les degrés et toutes les nuances du sentiment; si l'intelligence se confond avec la sensibilité; s'il suffit de sentir pour démêler tout ce qui se passe au dedans de nous; si tous les hommes qui se ressemblent par le sentiment, se ressemblent par leurs lumières. C'est demander si l'on peut être instruit, sans avoir rien fait pour s'instruire.

Toute idée est-elle perception ?

Avoir une idée, ou discerner ce qu'on a senti confusément, ou apercevoir, ou percevoir, c'est la même chose.

L'idée est-elle la première opération de l'entendement ?

L'idée n'est, ni la première, ni aucune opération de l'entendement. L'idée est le produit d'une opération ou d'un acte de l'entendement, le produit de l'exercice de quelqu'une de ses facultés; elle n'est, ni une faculté, ni une opération, ni un acte.

Il ne fallait donc pas confondre l'idée avec la *pensée*; c'était la confondre avec les opérations de l'âme, avec ses facultés;

Ni en faire *un être réel*, puisqu'elle n'est qu'une modification de l'esprit;

Ni la regarder comme quelque chose de *mitoyen* entre les êtres et leurs qualités ou leurs *modes*, et croire avoir déterminé sa nature, en lui donnant le nom *d'entité modale*; parce qu'une pareille opinion est tout-à-fait inintelligible;

Ni dire, avec Mallebranche, que *les idées sont l'essence même de la Divinité qui se manifeste à notre âme*; et que, comme nous voyons tout par les idées ou *dans les idées*, nous voyons tout dans l'essence divine, *nous voyons tout en Dieu*; car il n'y a rien de semblable entre ce qui résulte de l'application de nos facultés à nos sentimens, et l'essence divine;

Ni prétendre, avec les péripatéticiens, que les idées sont des *espèces* envoyées par les objets, d'abord aux sens, et ensuite à l'esprit, pour représenter ces objets; parce que ces espèces chimériques n'ont jamais existé que dans l'imagination des péripatéticiens (t. 1, p. 140.)

Par le nom d'*idée*, Descartes, nous l'avons déjà dit, entend *cette forme de nos pensées, par la perception immédiate de laquelle nous avons connaissance de ces mêmes pensées*. Cette définition revient à la suivante : l'*idée* est la forme de nos pensées par laquelle nous avons *idée* de ces pensées.

Bonnet veut que l'idée soit *toute manière d'être de l'âme dont elle a la conscience ou le sentiment*. Ceci revient à l'explication de Descartes; ou, si l'on pense que ce soit autre chose, Bonnet confond l'idée avec le simple sentiment. Il fallait dire : *le sentiment distinct, la conscience distincte*.

On serait d'abord tenté de croire que Buffon s'est plus approché du but, et même qu'il a frappé au but, lorsqu'il définit les idées des *sensations comparées*. Mais outre que cette définition ne peut convenir qu'aux idées sensibles, et que, par la comparaison des sensations, Buffon entend leur association, remarquez que, pour comparer deux sensations, il faut avoir deux sensations, et que, pour avoir deux sensations, pour être averti qu'on a deux sensations, il faut les avoir distinguées l'une de l'autre, il faut en avoir idée : les sensations comparées supposent les idées.

Pourrions-nous ne pas nommer Platon, le divin Platon, en parlant des idées? et nous sera-t-il possible de savoir ce que son école entendait par le mot *idée?*

Le platonicien Alcinoüs, philosophe grec, qui vivait au commencement de l'ère chrétienne, va nous le dire, et même avec une rare précision.

L'idée est, par rapport à Dieu, son *intelligence;* par rapport à nous, le *premier objet de l'entendement;* par rapport à la matière, la *mesure;* par rapport au monde sensible, le *modèle;* par rapport à elle-même, l'*essence*.

Je demande d'abord ce que c'est que l'*idée*, afin de juger de la vérité où de la fausseté de tout ce qu'on lui attribue. Si Platon et ses disciples me répondent qu'ils viennent de la définir, et même d'en donner cinq définitions différentes; ou, ce qui revient au même, de nous faire connaître cinq acceptions différentes que prend le mot *idée*, je n'insiste pas; et je m'arrête à la seconde de ces acceptions, à la seule qui nous intéresse dans ce moment, à celle qui considère l'idée par rapport à nous.

L'idée est le premier objet de l'entendement. Mais, l'entendement se conçoit de deux manières : ou c'est une faculté à laquelle nous devons toutes nos connaissances ; ou bien il est la réunion de toutes nos connaissances. Si vous le regardez comme une faculté, soit simple, soit composée d'autres facultés, son premier objet n'est pas l'idée, c'est le sentiment. Si vous ne voyez dans l'entendement qu'une réunion de connaissances ou d'idées, l'idée ne sera pas son premier objet ; car alors l'idée serait l'objet de l'idée.

Ajoutez, qu'on ne fait pas une définition en disant, que l'*idée est le premier objet de l'entendement;* c'est une simple proposition, qui suppose qu'on sait déjà ce que c'est que l'idée.

Je pourrais encore faire bien des remarques sur les différentes manières dont on a envisagé la question des idées, tant parmi les anciens que parmi les modernes. Mais en voilà assez sur des opinions qui ne sont, en effet, que des opinions. Comment seraient-elles autre chose, quand elles s'appuient sur des définitions, arbitraires pour la plupart, et presque toujours faites d'avance ; comme si la nature devait se plier à nos fantaisies, et changer aussitôt ses lois, pour celles qu'il nous plaît de lui commander en vertu de nos définitions ?

Peut-être, messieurs, en voyant combien il nous a été facile d'apprécier les divers sentimens des philosophes, et de résoudre quelques-unes des questions qui les divisent, serez-vous plus disposés à consentir à ce que je vous ai proposé.

Peut-être, ne permettrez-vous plus au doute d'approcher des vérités suivantes :

Que le germe de toutes nos connaissances se trouve dans le sentiment;

Que ce germe eût été à jamais stérile, s'il n'avait été fécondé par un principe actif;

Que la lumière de l'esprit n'a pu naître que de ce concours; et qu'au moment même où il s'est opéré, un premier rayon, échappé du fond de son être, a annoncé à l'homme qu'il possédait une intelligence.

Mais, cette facilité de discussion, et cette évidence de raisonnement, s'il m'est permis de le dire, vous les attribuerez surtout au soin que nous avons pris de mettre quelque exactitude dans notre langage, à l'attention constante de ne jamais faire usage d'un mot essentiel, sans nous être auparavant assurés de l'idée dont il devait être le signe.

Semblables à ces échos, dont il suffit d'appeler un seul pour qu'aussitôt il appelle l'écho voisin, qui, à son tour, éveille tous les autres, les mots d'une langue bien faite s'appellent, et se répondent à l'instant, non en imitateurs serviles comme l'écho, mais en interprètes toujours libres, et cependant toujours fidèles, jusqu'à ce que celui qui n'a plus besoin d'interprète, celui qui est lié au sentiment, ait fait entendre sa voix.

HUITIÈME LEÇON.

Objections contre l'ordre de nos leçons, et contre notre doctrine des idées.

Dans une des dernières séances (leçon 6), je me suis engagé à revenir sur quelques objections, que je me voyais, pour le moment, forcé de laisser sans réponse. J'aurais répondu à toutes, à mesure qu'elles m'étaient adressées, si je n'avais craint d'interrompre une suite de raisonnemens qui demandaient à être rapprochés pour se prêter un appui mutuel.

Maintenant qu'à l'exception des *idées innées*, dont je parlerai à la prochaine leçon, j'ai fait connaître suffisamment quelle est ma manière de concevoir les premiers développemens de notre intelligence, je puis, et je dois chercher à acquitter ma promesse.

Première objection, contre l'ordre de nos leçons. — Le sujet qui sert de texte à vos leçons, c'est l'*entendement humain*, que vous considérez sous trois points de vue; dans sa *nature*, dans ses *effets*, dans ses *moyens*. La *nature* de l'entendement, c'est la nature des facultés par lesquelles nous acquérons toutes nos connaissances, ou toutes nos idées. Les *effets* que produit l'entendement, ce sont les idées elles-mêmes ; et les *moyens* de l'entendement, ce sont les secours dont il peut s'aider, pour donner à ses facultés plus de force, plus de rectitude ; à ses connaissances, plus de sûreté, plus de justesse.

De ces trois points de vue, vous voyez naître deux sciences : d'abord, la *métaphysique*, qui traite, en deux parties distinctes, de la nature et des effets de l'entendement ; ensuite, la *logique*, qui doit nous faire connaître les moyens qui peuvent favoriser l'action de l'entendement.

Pourquoi disposer ainsi les choses ? ne serait-il pas mieux de nous donner des règles pour conduire l'esprit, avant de l'appliquer à une étude aussi difficile que celle de l'entendement ? et, dans cette étude, ne serait-il pas mieux aussi d'observer l'entendement dans ses effets, avant de chercher à pénétrer dans sa nature ?

Cela ne suffirait pas encore : comme il est indubitable que nous avons senti avant de connaître, nous sommes fondés à croire que vous auriez dû prendre les sensations pour votre point de départ.

Ainsi donc, en plaçant la métaphysique

avant la logique; et, dans la métaphysique, les facultés de l'âme avant les idées, vous faites un double renversement d'ordre; et, en négligeant les sensations dès l'entrée, tout ce que vous voudrez nous enseigner manquera de base.

Réponse.—Disposer les parties d'un cours de philosophie, de telle manière que l'étude de la métaphysique précède celle de la logique, c'est s'occuper de la formation des idées avant de s'occuper de leur déduction : c'est faire agir la pensée avant de se demander si son action peut être assujettie à des lois : c'est raisonner avant de songer aux règles du raisonnement.

Cette marche ne vous semble-t-elle pas bien naturelle? ne dirait-on pas même qu'elle est forcée, puisqu'il est absolument nécessaire d'avoir agi, avant que l'idée de régulariser l'action puisse nous venir dans l'esprit? Les poëmes, quelques poëmes du moins, ont précédé les poétiques : les langues ont précédé les grammaires; et, en général, toute pratique a existé avant qu'on pût imaginer des théories.

Comment donc se fait-il que, dans presque tous les cours de philosophie, on renverse cet ordre dicté par la nature; et que les règles des syllogismes, qui, certes, ne sont pas la première découverte de la philosophie, soient pourtant une des premières choses qu'on nous enseigne ? Il faut bien que cet usage soit fondé sur quelque motif, puisque nous le voyons suivi par des hommes d'un grand mérite.

Vous allez juger si l'on n'a pas trop accordé à une considération, qu'il ne fallait pas négliger sans doute, mais qu'il fallait contre-balancer par d'autres considérations.

Je suppose, qu'au moment d'entreprendre l'étude de la philosophie, nous n'eussions jamais fait aucun raisonnement, et que nous fussions privés de toute idée; il est bien évident que, dans cette supposition chimérique, il ne faudrait pas commencer par les règles du raisonnement, puisqu'il n'y aurait encore rien à régler; et qu'il nous serait même impossible de comprendre ce qu'on voudrait dire par des règles.

Il faut donc avoir acquis quelques connaissances, avant de chercher à les ordonner ; il faut avoir fait usage de sa raison, avant de pouvoir la soumettre à des méthodes. Aussi, les jeunes gens qui se présentent à nos écoles, n'arrivent-ils pas avec un esprit tout neuf. Ils ne sont pas comme la *table rase* d'Aristote : ils ont déjà étudié les langues anciennes, la littérature, l'histoire, les mathématiques ; ils ont beaucoup pensé, beaucoup raisonné, long-temps, en un mot, exercé leur intelligence.

Voilà ce qui a pu faire croire, qu'on ne saurait trop se hâter de leur faire connaître les lois de la pensée, de leur dévoiler l'artifice des formes du raisonnement.

Si, en effet, ils n'avaient que des idées justes et des habitudes droites, rien ne serait plus sensé que de leur faire remarquer, d'abord, comment ils se sont conduits pour acquérir ces idées, pour contracter ces habitudes. Des réflexions sur les procédés qui auraient amené de si heureux résultats, leur feraient sentir le besoin de perfectionner encore ces procédés : elles les mettraient sur la voie de découvrir de nouvelles méthodes, pour les nouvelles études auxquelles ils se destinent.

Mais, il s'en faut que nos esprits se trouvent aussi bien disposés au moment où, des études de l'enfance et de la première jeunesse, nous passons à l'étude de la philosophie. On a mis sous nos yeux un grand nombre d'objets, il est vrai : plusieurs sciences ont successivement appelé notre attention ; mais ce que nous savons, l'avons-nous appris, ou nous l'a-t-on appris ? Les idées qui nous sont devenues les plus familières, sont-elles notre ouvrage, ou les reçûmes-nous toutes faites ? Sont-elles le produit de la réflexion, ou ne sont-elles que déposées dans la mémoire ? Chacun peut répondre, d'après son expérience personnelle. Je ne nie pas les exceptions ; mais on ne doit pas se régler sur les talents privilégiés.

On voit donc, qu'avant de chercher des méthodes pour conduire l'esprit, des règles pour assurer le raisonnement, des moyens pour le vérifier, il faut commencer par faire agir l'esprit, par raisonner, et par bien raisonner, si nous pouvons.

S'il existait une science qui, plus que toute autre, fût le raisonnement en action ; si, en même temps, cette science bien exposée était la plus facile de toutes, quoiqu'on ne s'en doutât pas ; si c'était celle que tout le monde aime le mieux, quoiqu'on s'en doute moins encore ; que pourrions-nous faire de plus utile et de plus agréable, que d'apprendre une pareille science pour nous préparer à la théorie du raisonnement ?

De tous les objets qui intéressent la curiosité de l'homme, il n'en est aucun qui l'attire avec un charme aussi puissant que la connaissance de la *raison des choses* : les sages de tous les siècles en ont fait leurs délices. L'enfant qui commence à bégayer, demande la raison des choses. *Pourquoi*, est un des premiers mots qui sortent de sa bouche, un de ceux qu'il répète le plus souvent ; et la philosophie n'a été créée que pour répondre à sa question.

Or, comme nous ne pouvons juger des choses que par les idées que nous nous en faisons, c'est donc *la raison des idées* qu'il nous importe de connaître.

Si nous connaissions la raison de toutes nos idées, nous connaîtrions, en effet, la raison des choses, autant qu'il est donné à notre faible nature de la pénétrer (1).

La raison des idées se trouve dans leur origine et leur génération : elle nous sera connue,

---

(1) Cela ne veut pas dire que les *choses* en elles-mêmes ne diffèrent pas des *idées* que nous en avons, et que la *réalité* des êtres consiste à *être aperçus*, comme l'ont avancé quelques philosophes : cela signifie seulement, que les choses ne sont pour nous, pour notre *intelligence*, que ce que nous en *connaissons*.

Après avoir confondu les *idées* que nous avons des choses avec les *choses* elles-mêmes, on a confondu quelquefois ces mêmes *idées*, avec la *certitude* que nous avons de leur existence. Mais, pour ne citer qu'un exemple, nous avons tous la *certitude* qu'il existe une force qui porte les corps vers le centre de la terre, quoique personne ne *connaisse* cette force, quoique personne n'en ait *idée*.

Existence, *connaissance*, *certitude*, sont trois mots, les deux premiers surtout, qui ne peuvent être synonymes dans aucune langue.

si nous voyons comment les idées naissent successivement les unes des autres ; car, lorsqu'en remontant d'idée en idée jusqu'à celle qui est la première de toutes, nous nous sommes assurés de l'origine immédiate de chaque idée en particulier, alors, nous voyons que chaque idée est engendrée par celle qui la précède, et qu'elle engendre celle qui la suit ; et, par conséquent, qu'elle a sa raison dans celle qui la précède, et qu'elle est elle-même la raison de celle qui la suit.

Or, apercevoir que certaines idées ont leur raison dans celles qui les précèdent, et qu'elles sont elles-mêmes la raison de celles qui les suivent, c'est raisonner.

L'étude de l'origine et de la génération des idées, la métaphysique ; ou, l'étude de la raison des idées ; ou, l'étude de la raison des choses, ou, le raisonnement, le raisonnement en action ; c'est donc une même chose.

Et, puisqu'il est vrai que toute théorie suppose quelque pratique, la logique, qui est la théorie du raisonnement, ne peut venir qu'après la métaphysique, qui en est la pratique. En disposant ainsi les parties du cours, loin d'avoir fait un renversement d'ordre, nous avons assigné à chacune sa véritable place. Nous nous sommes conformés à l'esprit du fondateur de la philosophie en Europe. « La philosophie, dit Descartes, doit commencer par la métaphysique, qui contient les principes de la connaissance. » (*Préf. des principes.*)

Que si, malgré tous ces motifs, il restait encore du doute ; si cette considération, que nous ne sommes pas des enfans au moment où nous allons recevoir les premières leçons de philosophie, conservait une partie de sa force ; si l'on persistait à croire que des réflexions sur la manière de diriger nos facultés ne sauraient être déplacées à l'ouverture du cours, voici un moyen qui, peut-être, conciliera tout.

Accordons que des observations sur le raisonnement ne seraient pas anticipées, quoique présentées dès le début : accordons qu'il serait temps de nous faire remarquer enfin que, depuis vingt ans, nous faisions des raisonnemens comme de la prose, sans le savoir.

Mais, en faisant ces concessions, nous nous garderons de convenir que le moment soit arrivé, de chercher à nous faire connaître tous les artifices, soit de la prose, soit des vers ; ce que la méthode de Newton et celle de Corneille ont de commun, et ce qu'elles ont de particulier ; ce qui, dans le raisonnement, est de son essence, et ce qui appartient à ses formes seulement ; ce qu'il doit à l'art de parler ; ce qu'il ajoute, et ce qu'il peut ajouter à nos premières idées, à nos premières perceptions de rapport, etc. Ces questions, et plusieurs autres non moins importantes, veulent des esprits long-temps exercés, long-temps nourris de la lecture des poëtes et des orateurs, autant que de celle des philosophes.

J'ai donc pu, vous trouverez peut-être que j'ai dû, commencer le cours de philosophie par une leçon sur la méthode (t. 1, leç. 1). Je n'en ai montré d'abord que ce qui m'a paru nécessaire pour l'intelligence des leçons qui allaient suivre, me proposant de reprendre ce sujet, lorsque nous serions mieux placés pour lui donner tous ses développemens. Cependant, je n'ai guère manqué l'occasion de vous faire sentir combien il est avantageux de nous rendre compte de ce que nous faisons, quand nous pensons, et quand nous raisonnons. L'esprit s'élèvera à toute la perfection dont il est susceptible, si, de bonne heure, il remarque ses manières d'agir, pour les répéter dans les mêmes circonstances, quand déjà elles auront produit un bon effet ; pour s'en abstenir, quand elles n'auront pas été suivies du succès. C'est à cette habitude de nous observer, que nous devons tout ; et, ne croyez pas que ce soit un travail sans fin. La bonne méthode une fois acquise ne se perd plus; elle nous sert comme à notre insu. A la vérité, dans les commencemens, elle exige quelques soins; mais ne nous en plaignons pas, puisqu'elle ne les exige qu'une fois, et qu'elle nous en récompense à chaque moment de la vie.

En voilà suffisamment, à l'occasion de la première difficulté qu'on nous a opposée.

Vous auriez dû, nous dit-on, présenter d'abord le tableau des sensations, et le faire suivre immédiatement de celui des idées.

Qu'aurais-je pu vous apprendre sur les sensations considérées en elles-mêmes, et indépendamment des idées auxquelles elles donnent lieu? que les unes sont agréables et les autres désagréables? qu'on les distribue en autant de classes que nous avons de sens? qu'en général elles ont plus de vivacité dans l'état de santé, et dans la jeunesse, que dans un état de langueur, et sur la fin de la vie? Vous m'auriez difficilement pardonné ces paroles oiseuses, et j'ai dû vous en faire grâce.

Aurait-on désiré une description détaillée des organes des sens? Les bons livres sur cette matière, et ceux qui les font, ne sont pas rares, à l'époque où nous vivons. Que l'on consulte ces livres et leurs auteurs, on en retirera une instruction curieuse pour tous, nécessaire à plusieurs, mais inutile pour nous.

Les sensations ne dépendent pas de notre volonté. Elles sont le résultat de l'action des objets extérieurs, de la conformation de nos organes, et de la nature de l'âme.

Seulement, il nous est permis de les modifier de plusieurs manières; nous pouvons quelquefois les fortifier, les affaiblir; nous pouvons les rapprocher, les comparer, et leur faire subir mille combinaisons diverses.

De ce travail sur les sensations, d'abord fait sans règle et presque au hasard, bientôt éclairé par l'expérience, naissent tous les jours des idées. Ces idées sensibles donnent lieu à de nouvelles manières de sentir, et à de nouvelles idées qui vont toujours se multipliant, jusqu'à ce qu'enfin on les réunisse en corps de science.

C'est ainsi que l'architecte, qui ne peut rien sur la nature des pierres, choisit l'une, rejette l'autre. Il les taille, les façonne à son gré : il les dispose en colonnes, en frontons, et finit par nous montrer un palais magnifique, où l'on ne voyait qu'un amas confus de matériaux épars.

Mais, de même que l'architecte laisse aux naturalistes et aux géologues le soin de reconnaître la manière dont se forment les pierres au sein de la terre, nous laissons aux anatomistes et aux physiologistes le soin de découvrir, s'ils le peuvent, la manière dont opère la nature dans les replis du cerveau, ou dans les différentes parties du système nerveux, lorsque nous éprouvons une sensation.

Les sensations sont les *données* de la nature. La métaphysique, qui est l'ouvrage de l'homme, part de ces données. Elles lui servent aussi de matériaux, de premiers matériaux; elles ne sont pas son objet, comme les pierres ne sont pas l'objet de l'architecture, comme le marbre n'est pas l'objet de la sculpture.

A l'instant où la métaphysique s'occupe des sensations, elles cessent d'être de pures sensations, pour faire place à des idées; et le *Traité des sensations*, de Condillac, n'est, lui-même, qu'un traité de l'origine et du premier développement des idées de sa statue.

Je ne devais pas commencer par les sensations, puisque, dans cette seconde partie, je me proposais de traiter de l'origine des idées, et par conséquent des sensations qui sont une de ces origines. Et qu'on ne dise pas, qu'il fallait donc commencer par les idées plutôt que par les facultés. Cette observation peut s'adresser à ceux, qui, ne mettant aucune différence entre les sensations et les idées, pensent que nous recevons passivement les idées, parce que nous recevons passivement les sensations. Nous, qui croyons être certains, qui sommes certains, que toutes nos idées, sans en excepter une seule, sont le produit de l'action de nos facultés, nous avons dû commencer par l'étude des facultés.

Ces réflexions justifient le plan que nous avons adopté : elles répondent à la première objection, quelque séduisante qu'elle ait paru d'abord.

Seconde objection, contre notre doctrine des idées. — Il ne nous est pas facile de bien saisir votre doctrine sur les idées. Vous dites que toutes les idées ont leur origine dans le sentiment : vous dites même, de peur qu'on ne se méprenne sur votre pensée, que d'abord elles ont été sentiment, et rien que sentiment ; en sorte que, selon vous, l'intelligence n'est, au fond, que la sensibilité.

S'il en est ainsi, pourquoi exigez-vous que nous mettions tant de soin à ne pas confondre les idées sensibles avec les sensations, les idées de rapport avec les sentimens de rapport, toutes les idées, en un mot, avec les sentimens qui leur correspondent ?

Chose étonnante ! d'un côté, vous faites tout pour nous démontrer que l'*idée n'est que le sentiment;* et de l'autre, comme si vous vous plaisiez à renverser votre ouvrage, vous ne cessez de nous répéter, qu'*il faut bien se garder de confondre l'idée avec le sentiment.*

Vous vous appuyez sur l'expérience pour distinguer l'idée, du sentiment. Nous allons nous appuyer aussi sur l'expérience, pour ne pas l'en distinguer.

Un objet tout-à-fait nouveau s'offre à nos yeux : au même instant, nous en recevons la sensation et l'idée, non pas comme deux choses distinctes, mais comme une seule et même chose.

Peut-on se trouver en présence d'un étranger, qu'on n'aurait jamais vu auparavant, sans avoir aussitôt une idée de sa figure ; l'entendre parler, sans être frappé de la différence de son langage au nôtre ? Peut-on recevoir l'impression de la colonnade d'un palais ou d'un temple, de l'aspect d'une haute montagne, d'un météore qui paraîtrait la nuit dans les cieux, sans en prendre quelque connaissance, non, pour le redire encore, une connaissance distincte de la sensation reçue, mais une connaissance qui soit une même chose avec cette sensation ?

Les métaphysiciens ne s'étaient guère avisés de cette subtile distinction entre les sensations et les idées. Chez eux, *apercevoir, c'est sentir;* et *sentir, c'est apercevoir.* Ils croient, presque tous, que les objets extérieurs nous envoient immédiatement des idées sensibles ; et, ne sont-ils pas fondés à le croire, d'après les observations que nous venons de vous rappeler ?

Réponse. L'idée est le sentiment. L'idée n'est pas le sentiment. — Ces deux propositions vous paraissent se contredire ; et je conviens que la contradiction est dans les mots. Elle sera aussi dans les mots, si je dis :

La multiplication est l'addition : la multiplication n'est pas l'addition.

Le raisonnement est l'attention : le raisonnement n'est pas l'attention.

La glace est de l'eau : la glace n'est pas de l'eau.

Le pain est du froment : le pain n'est pas du froment.

Ici, messieurs, nous avons la clef d'une infinité de malentendus, qui, dans tous les temps, ont divisé les philosophes, et qui, tous les jours, produisent les plus vaines, et souvent les plus funestes disputes.

Afin de nous bien expliquer, supposons une science parfaite, et présentée de la manière la plus parfaite qu'on puisse imaginer.

Les vérités exposées dans les diverses parties pe la science que nous venons de supposer, furmeront une suite continue, dont chaque terme participera de celui qui le précède, et de celui qui le suit; de celui qui le précède, puisqu'il ne fera que le modifier; de celui qui le suit, puisqu'à son tour il en sera modifié.

Chaque terme, le premier excepté, étant donc une modification du précédent, qui lui-même est toujours une modification de celui qui le précède, il s'ensuit que tous les termes, les plus éloignés comme les plus voisins du premier, ne seront, à la rigueur, que des modifications de ce premier, quelque différence qu'il y ait d'ailleurs entre ces termes comparés entre eux.

Alors, il sera vrai que chaque terme, quoique différent du premier, puisqu'il sera ce premier plus ou moins modifié, ne sera cependant au fond, ou dans son origine, ou dans son principe, que ce premier.

Par conséquent, on pourra, sans contradiction, affirmer de chaque terme, qu'il est identique avec le premier; et l'on pourra aussi affirmer qu'il ne lui est pas identique; parce que chaque terme sera considéré sous deux points de vue, en lui-même, et dans son principe.

Mais, pour avoir le droit d'affirmer et de nier ainsi, tout à la fois, il faudra s'être bien assuré du double point de vue sous lequel doit être pris chaque terme de la suite ; c'est-à-dire, qu'il faudra bien savoir ce que c'est que l'analyse ; ce que c'est que la génération des idées ; en quoi consiste le passage du connu à l'inconnu ; comment les vérités se transforment successivement, pour faire place à de nouvelles vérités, pour devenir de nouvelles vérités.

Tant qu'on n'aura pas saisi cet enchaînement, ces développemens successifs et gradués, chaque idée, n'étant considérée qu'en elle-même et sous un point de vue unique, sera jugée entièrement différente de toute autre idée : alors, entre l'affirmation et la négation, on croira voir une opposition réelle ; on ne pourra même s'empêcher de la voir ; mais l'opposition ne sera pas dans les choses ; elle ne sera que dans notre esprit, dans notre manière de voir, dans une connaissance imparfaite des choses.

Celui qui, ayant fait une étude des facultés de l'âme, en aura bien conçu le système, énoncera deux vérités également incontestables, soit qu'il dise que *le raisonnement n'est que l'attention,* soit qu'il dise que *le raisonnement est une opération différente de l'attention.* Celui, au contraire, qui n'est jamais remonté à l'origine de ces facultés, et qui n'en soupçonne pas la génération, sera révolté d'entendre que *le raisonnement est et n'est pas, une même chose que l'attention.* Le premier, dans l'état actuel des choses, voyant un état antérieur, porte l'affirmation sur un point de vue, et la négation sur un autre ; tandis que le second, qui ne voit que ce qu'il a sous les yeux, laisse tomber, tout à la fois, l'affirmation et la négation sur un seul et même point de vue.

C'est donc, parce que la plupart des sciences sont encore dans un état d'imperfection, ou, si elles sont plus avancées, c'est parce qu'elles nous sont mal connues ; c'est parce que nous sommes ignorans ou mal instruits, que nous sommes exposés à nous tant contredire, à nous haïr, à nous persécuter, pour des opinions dont la différence n'a pas de fondement réel. Avec plus de lumières, nous verrions tous les mêmes choses, et nous en porterions les mêmes jugemens.

Je citerai un exemple célèbre ; et je n'irai le demander, ni aux Grecs, ni aux scolastiques ; il est de notre temps. La dispute a commencé vers le milieu du dernier siècle, et elle dure encore.

Juger, c'est sentir : juger, n'est pas sentir. Il s'agit de savoir, laquelle de ces deux propositions est la vraie, laquelle est la fausse.

Je ne serais pas surpris, que plusieurs d'entre

vous eussent de la peine à comprendre qu'on puisse être divisé sur une pareille question. *Juger*, direz-vous, c'est, ou sentir simplement un rapport; ou l'apercevoir, c'est-à-dire le sentir d'une manière distincte; ou l'affirmer, c'est-à-dire le prononcer parce qu'on l'aperçoit, et parce qu'on le sent (leç. 5). Apercevoir un rapport, c'est le sentir; affirmer un rapport, c'est le sentir encore : juger, c'est donc nécessairement sentir. Comment a-t-on pu mettre en doute la vérité de la première proposition, *juger, c'est sentir ?*

Vous allez le voir, messieurs; et, vous mêmes, vous allez vous refuser à dire que *juger, c'est sentir*, si, oubliant la langue que nous nous sommes faite, vous adoptez, pour un moment, la langue qu'on parlait et qu'on parle encore. Que, *sentir* signifie exclusivement *éprouver des sensations*, il sera alors indubitable pour vous, que, juger est autre chose que sentir; que, juger n'est pas sentir; car, il vous serait impossible de confondre le sentiment de rapport, la perception de rapport, l'affirmation de rapport, avec les sensations.

Or, dans le langage des philosophes de l'un et de l'autre parti, *sentir* ou *éprouver des sensations*, *sentiment* ou *sensation*, sont une seule et même chose. Les deux propositions peuvent donc se traduire de la manière suivante : *le jugement est une sensation ; le jugement n'est pas une sensation* ; et il est manifeste que c'est la première proposition qui, maintenant, est la fausse.

Mais, pour qui est-elle fausse ? J'ose répondre que c'est pour nous, et uniquement pour nous; pour nous, qui avons remarqué dans l'âme plusieurs manières de sentir; pour nous, qui ne confondons pas les sentimens de rapport avec les sensations.

Si dans l'exercice de la sensibilité, vous ne voyez que des sensations ; si vous ne mettez aucune différence entre *sentir* et *éprouver des sensations*, vous n'avez pas le droit de nier que le jugement soit une sensation. Que sera-t-il, en effet, s'il n'est pas une sensation ? C'est une perception de rapport, dites-vous ; c'est une affirmation : sans doute ; mais, affirmer un rapport, c'est le sentir ; percevoir un rapport, c'est le sentir. Si donc, le *sentiment* ne diffère pas de la *sensation* ; si vous ne reconnaissez qu'une seule manière de sentir, la *sensation*, vous êtes forcé de convenir que le jugement est une sensation; et vous dites la même chose que vos adversaires.

Nous ne disons pas la même chose, réplique vivement Rousseau : car, *juger* c'est *comparer* :

et comment peut-on confondre la sensation avec la comparaison? « Par la sensation, les objets s'offrent à moi séparés, isolés, tels qu'ils sont dans la nature. Par la comparaison, je les remue, je les transporte pour ainsi dire, je les pose les uns sur les autres. » (*Émile*, liv. 4.)

Juger, c'est comparer! S'il en est ainsi, le passage de Rousseau est victorieux et irrésistible; mais il s'en faut bien, qu'il y ait identité entre le jugement et la comparaison.

La comparaison est un des modes de l'activité de l'âme, une de ses manières d'agir. Le jugement, comme sentiment de rapport, est un des modes de la sensibilité; comme perception de rapport, il est un des modes de l'intelligence. La comparaison appartient au système des facultés; le jugement, à celui des sentimens, ou à celui des idées.

Mais, peut-être Rousseau a-t-il moins voulu établir une identité parfaite entre le jugement et la comparaison, que montrer la nécessité d'avoir comparé avant de juger; ce qui suffit pour distinguer le jugement de la sensation, laquelle ne suppose aucun acte antérieur de l'esprit.

J'adopte l'interprétation. Elle ne résout pas la difficulté : elle la laisse dans toute sa force; car alors, ce n'est plus le jugement qui remue les objets, qui les transporte, qui les pose les uns sur les autres, qui réunit, en un mot, tous les caractères qui sont opposés à la sensation. Le jugement ne vient aussi qu'après la comparaison ; il ne peut avoir lieu sans une comparaison antérieure, dans le système des facultés de l'âme que nous a donné Condillac; et pourtant, Condillac prononce que le *jugement n'est que sensation*. (*Logique*, p. 62.)

Tels sont les inextricables embarras où l'on se trouve, pour avoir confondu les facultés de l'âme avec les sensations, avec les idées, avec les jugemens; et pour n'avoir pas remarqué que nous sommes susceptibles de différentes manières de sentir. On s'arrête devant la plus simple, et la plus facile des questions : les uns, prennent l'erreur pour la vérité ; les autres, saisissant la vérité comme par hasard, sont dans l'impuissance de soutenir ses droits.

La proposition, *juger c'est sentir* ou *ne pas sentir*, mal comprise, parce qu'on avait mal observé ce qui se passe en nous quand nous sentons et quand nous jugeons, je veux dire, quand nous sentons simplement et quand nous sentons des rapports, a été, comme une pomme de discorde jetée au milieu des philosophes. Il a suffi de faire entrer le mot *sentir* dans un discours, pour éveiller les passions, et pour appeler aussitôt, et tout à la fois, la louange et la censure. On a également vanté et critiqué les propositions suivantes :

Apercevoir, c'est sentir.
Juger, c'est sentir.
Penser, c'est sentir.

Les réciproques de ces propositions ont eu le même sort :

Sentir, c'est apercevoir.
Sentir, c'est juger.
Sentir, c'est penser.

Pour savoir à quoi nous en tenir, sur ce qu'il peut y avoir de vrai ou de faux dans toutes ces propositions, nous parlerons successivement deux langues : celle des autres d'abord, et la nôtre ensuite.

Dans la langue reçue, *sentir*, c'est *éprouver des sensations*. Les six propositions peuvent donc s'exprimer de la manière suivante :

La perception, ou l'idée, est sensation, est une sensation, est la sensation.
Le jugement est la sensation.
La pensée est la sensation.

Et réciproquement :

La sensation est l'idée, est une idée, est idée.
La sensation est le jugement.
La sensation est la pensée.

1°. *L'idée est sensation, est une sensation.* L'idée sensible est plus que sensation. Les idées intellectuelles et les idées morales n'ont rien de commun avec la sensation.

Le jugement est une sensation. Les sensations sont produites par l'action des objets extérieurs. Le jugement est le résultat d'une opération de l'âme, de la comparaison.

La pensée est la sensation. Dans la pensée, l'âme est active ; dans la sensation, elle est passive.

2°. *La sensation est l'idée.* L'idée sensible tout au plus; et encore, faut-il que la sensation ait été modifiée par un acte d'attention.

La sensation est le jugement. Elle n'est pas même l'idée, l'idée sensible.

La sensation est la pensée. La passivité est l'activité.

Reprenons bien vite notre langue. Abandonnons le mot *sensation*, qui nous force à une aussi étrange philosophie ; et mettons à sa place le mot *sentiment*.

1°. *L'idée est-elle sentiment, est-elle un sentiment ?* Qui pourrait en douter ? et qui ne voit tout de suite, quatre espèces d'idées dans quatre manières de sentir comprises sous le mot *sentiment ?* Mais il ne faut pas oublier que l'idée n'est pas un simple sentiment : elle est un sentiment distinct.

Le jugement est-il un sentiment? Le jugement est, ou un simple sentiment de rapport, ou une perception de rapport, ou l'affirmation d'un rapport, et toujours un sentiment de rapport: il est donc un sentiment.

La pensée est-elle un sentiment? La pensée, l'action de l'âme, est accompagnée du sentiment: elle est inséparable du sentiment; mais elle n'est pas le sentiment. Quand l'âme pense, quand elle agit, elle sent sa pensée, son action; mais ce sentiment de la pensée, ce sentiment de l'action, n'est, ni la pensée, ni l'action. Vous m'avez accordé que *sentir* n'est pas la même chose qu'*agir*. Il faudra bien que vous accordiez qu'*agir* n'est pas la même chose que *sentir*, quoique l'action soit toujours suivie du sentiment de l'action.

2°. *Le sentiment est-il idée?* Le sentiment peut devenir idée; il n'est pas idée.

Le sentiment est-il le jugement? Le sentiment sensation n'est, ni ne peut devenir, jugement. Le sentiment de rapport peut devenir perception de rapport; et, si vous donnez le nom de *jugement* au sentiment de rapport, comme à sa perception, alors, vous pourrez dire que le sentiment de rapport est un jugement. (Leç. 5).

Le sentiment est-il la pensée? Non, évidemment : il ne l'est, ni ne peut le devenir. La passivité ne se transformera jamais en activité.

Voyez, messieurs, avec quelle facilité nous viennent toutes ces réponses ; et cette facilité, à quoi la devons-nous ? au soin que nous avons pris de déterminer un certain nombre d'idées et de mots, non pas arbitrairement, mais d'après l'observation des faits. Nous savons, avec une rigoureuse précision, ce que c'est que, *penser, comparer, donner son attention*. Nous savons ce que nous disons, quand nous prononçons les mots, *sentir, sensation, sentiment, idée, jugement*. Si vous opérez avec des mots, ou sur des mots, qui n'aient pas ainsi reçu une détermination certaine, vous ne pourrez que vous égarer dans le vague de vos pensées; ou, si la rectitude naturelle de votre esprit vous ramène sur le chemin de la vérité, au lieu des secours que vous attendiez, vous ne rencontrerez que des obstacles ; et, loin d'avancer, vous serez bientôt réduit à une inertie absolue.

Comme l'imprudent oiseau que son vol a porté sur des piéges funestes, ne peut plus s'en délivrer, chacun des mouvemens qu'il tente pour s'élever dans les airs, ne faisant que l'engager davantage, jusqu'à ce que tout mouvement lui devienne impossible : ainsi, trop souvent, l'esprit qui cherchait un appui dans les mots, se trouve retenu par les mots mêmes. C'est en vain qu'il s'agite et qu'il se tourmente ; il ne s'élèvera jamais jusqu'aux idées.

Mais je m'aperçois que je n'ai pas répondu, en termes exprès, à la seconde objection qu'on m'a faite. Une telle réponse n'est plus nécessaire. Vous venez de vous assurer, qu'en disant que l'idée est le sentiment, et que cependant il faut la distinguer du sentiment, l'idée est prise sous deux points de vue, dans son principe et en elle-même. Dans son principe, l'idée est le simple sentiment : en elle-même, elle est le sentiment modifié ; et j'ai dû vous avertir de ne pas confondre ces deux points de vue, afin de ne pas confondre la *sensibilité* avec l'*intelligence* ; la sensibilité, qui nous vient de la nature, avec l'intelligence, qui nous vient de nous-mêmes, du travail de l'esprit, d'une application continuelle de ses facultés à ses différentes manières de sentir.

Cependant, on résiste toujours. On éprouve de la répugnance à séparer l'intelligence, de la sensibilité ; les idées, des sentimens. Il est impossible, nous dit-on, de voir, même pour la première fois, un lion, un éléphant, une montagne, la mer, etc., sans prendre, au même instant, quelque idée de ce qu'on voit. Entre dée et la sensation, toute distinction paraît donc chimérique.

On ne peut se dissimuler qu'il n'y ait quelque chose de très-naturel dans cette observation.

Mais, prenez-y garde. Les expériences que vous appelez en témoignage, sont bien loin d'être irrécusables : ces expériences devraient être faites sur des enfans aux premiers jours de la vie, et non sur vous, qu'une longue habitude de sentir et de penser empêche de remarquer tout ce qu'il y a dans le sentiment et dans la pensée ; car, les actes de l'esprit et ses diverses modifications, à force de se répéter et de se reproduire, se succèdent enfin avec une telle rapidité, que la succession nous échappe, et que souvent nous croyons n'avoir donné qu'une simple attention, quand nous avons comparé et raisonné, ou n'avoir que senti, quand nous avons perçu et jugé.

Aujourd'hui, il nous est comme impossible de recevoir l'impression d'un corps qui se trouve devant nous, sans le distinguer des corps environnans, et sans distinguer, dans ce corps, différentes qualités, sa couleur, sa forme, ses dimensions, etc. Il n'en est pas ainsi de l'enfant qui vient au monde : il est si loin de réunir hors de lui, les qualités des corps pour en faire des tout distincts, qu'il ne sait pas même qu'il existe des qualités, différentes de ses sensations. Peu à peu, et par une expérience qui se renouvelle à chaque moment, il apprend à réunir en un tout, et hors de lui, les couleurs, les sons, les odeurs, etc., et il parvient ainsi à se faire l'idée d'un corps.

Dès que l'enfant a acquis l'idée d'un corps, il a acquis, en quelque sorte, l'idée de tous. Car, c'est toujours le même travail de l'esprit; mais ce travail, à force de se répéter, devient si facile, qu'il cesse d'être aperçu parce qu'il cesse d'être remarqué. Dès ce moment, nous confondons les idées des corps avec les impressions qu'ils font sur nous, les idées sensibles avec les sensations.

On ne nous parle que des idées sensibles : songez donc aux idées intellectuelles, aux idées morales; et étonnez-vous de l'intervalle qui sépare quelquefois ces idées, des sentimens auxquels nous les devons. Est-il un homme sur la terre qui, à chaque instant, ne sente l'action de sa pensée? Y en a-t-il beaucoup qui connaissent cette action, et n'est-il pas sûr que le plus grand nombre, que la presque totalité, n'en a absolument aucune idée? Quel est celui qui, ayant un peu vécu dans le monde, n'a pas dans le *sentiment* tout ce qu'on trouve si bien exprimé dans le livre des *Caractères?* La Bruyère seul, par l'analyse la plus fine, la plus délicate, a su convertir en idées distinctes, ce que nous *sentions* confusément.

Il en est de même de tous ces rares esprits qu'on a appelés *les lumières des siècles.* Qu'ont-ils fait, et que pouvaient-ils faire, si non de puiser sans cesse dans le *sentiment,* pour en faire sortir les *connaissances?* Seul moyen, en effet, de nous éclairer, puisque c'était le seul moyen de s'éclairer eux-mêmes.

Mais je veux revenir encore sur les idées sensibles, puisque ce sont celles que le préjugé s'obstine le plus à confondre avec le sentiment, avec les sensations.

Après toutes les preuves que j'ai données, j'ai une preuve à laquelle j'espère qu'on ne se refusera pas. Vous direz, j'en suis sûr, que, de la sensation à l'idée sensible il y a une distance, et que cette distance n'eût jamais été franchie sans le secours de l'attention.

Si quelques sensations pouvaient être exceptées, ce seraient surtout celles que les habitudes du langage ont comme identifiées avec les idées. Il semble, en effet, que si les oreilles d'un Français, d'un académicien, étaient frappées de ces étranges locutions : j'ai assisté à une *belle spectacle,* à la représentation d'un *beau tragé-*

die, l'impression reçue suffirait seule, pour l'avertir que les lois de la grammaire ont été violées.

Il n'en serait rien : et tant que vous n'appliquerez pas votre attention à ces paroles discordantes, vous ne saurez jamais qu'on a manqué à la règle. Vous ne le saurez pas, fussiez-vous un Racine, un Boileau. Vous ne le saurez pas, après avoir entendu répéter le barbarisme pendant trente ans.

Trente ans ! voilà un compte singulier. Ce n'est pas moi qui l'ai fait. Écoutez ce que dit Boileau, écrivant à Brossette, au sujet des deux vers suivans de l'art poétique :

Que votre âme et vos mœurs, *peints* dans tous vos ouvrages,
N'offrent jamais de vous que de nobles images.

« M. Gibert, du collége des Quatre-Nations, est le premier qui m'a fait *apercevoir* de cette faute, depuis ma dernière édition. Dès qu'il me la montra, j'en convins sur-le-champ, avec d'autant plus de facilité, qu'il n'y a, pour la réformer, qu'à mettre, comme vous dites fort bien :

Que votre âme et vos mœurs *peintes* dans vos ouvrages.

Mais pourrez-vous bien concevoir ce que je vais vous dire, qui est pourtant très-véritable, que cette faute, si aisée à *apercevoir*, n'a pourtant été *aperçue*, ni de moi, ni de personne, avant M. Gibert, depuis plus de trente ans qu'il y a que mes ouvrages ont été imprimés pour la première fois; que M. Patru, c'est-à-dire, le Quintilius de notre siècle, qui revit exactement ma poétique ne s'en avisa point; et que, dans tout ce flot d'ennemis qui a écrit contre moi, et qui m'a chicané jusqu'aux points et aux virgules, il ne s'en est pas rencontré un seul qui l'ait remarquée? »

Quand est-ce que Boileau *aperçut* sa faute? au moment où, averti par M. Gibert, il donna son *attention*. Après un tel exemple douterez-vous encore?

Comment donc s'est-il fait que les philosophes n'aient pas remarqué cette différence des idées et des sensations?

Comme il s'est fait que Boileau n'avait pas remarqué sa faute; comme il s'est fait qu'on n'a pas remarqué trois degrés dans le jugement, quatre modes dans la sensibilité; comme il se fait que nous ne remarquons rien. Voilà pourquoi nous sommes tous si ignorans. Pour être riche, il ne suffit pas de posséder une terre fertile : il faut la cultiver.

Cependant, il ne faut pas croire que tous les philosophes aient confondu les idées, même les idées sensibles, avec les sensations. Mallebranche trace, entre l'intelligence et la sensibilité, une ligne qui les sépare, ou qui lui semble les séparer à jamais. Descartes n'avait pas été aussi absolu. En donnant à l'âme le pouvoir de former certaines idées, indépendantes de son union avec le corps, il n'avait pas nié qu'elle n'en dût plusieurs aux sens, qu'il regarde, non comme des causes efficientes et nécessaires, mais comme des causes occasionnelles de connaissances. D'autres, sans adopter les doctrines de Descartes, ou de Mallebranche, ont jugé aussi, que les idées et les sensations étaient des choses qu'il n'était pas permis de confondre.

Mais, ce qui ne pourra manquer de surprendre plusieurs d'entre vous, c'est qu'aucun auteur ne s'est prononcé d'une manière plus décisive que Condillac. « Il ne suffit pas, dit-il, d'avoir des *sensations*, pour avoir des *idées*. Pour se faire des idées par la vue, il faut regarder; et ce ne serait pas assez de voir. » (*Art de penser*, p. 31.)

L'expérience est ici d'accord avec Condillac. Mais, d'un autre côté, que devient son analyse des facultés de l'âme ?

Pour se faire des idées par la vue, il ne suffit pas de voir, c'est-à-dire de *sentir*. Que faut-il de plus ? Il faut regarder, c'est-à-dire *agir*.

Peut-on dire plus clairement que l'âme n'est pas bornée à la sensibilité, et que, s'il n'y avait en elle que sensibilité, elle serait privée de toute connaissance ?

Le passage que je viens de citer, et quelques autres semblables qui ne se trouvent que dans la dernière édition des œuvres de Condillac, m'ont fait penser quelquefois, que s'il avait vécu encore quelques années, ce grand métaphysicien aurait modifié son analyse des facultés de l'âme; et qu'au lieu de n'admettre qu'un seul principe, il en aurait reconnu deux; l'un pour les *idées*, l'autre pour les *facultés;* le *sentiment*, et l'*attention*.

Si l'on trouvait de la présomption dans la conjecture que je hasarde, j'y renonce : mais, d'après toutes les considérations que nous avons présentées dans la première partie, je ne craindrai pas de dire que si Condillac n'avait pas changé son analyse, il aurait dû la changer.

Il est temps de mettre fin à cette discussion. Peut-être suffira-t-elle pour dissiper les doutes qui vous inquiétaient.

Alors, vous n'hésiterez plus à blâmer les fausses méthodes, qui commencent par nous surcharger de règles qu'on n'applique pas, et que souvent on ne saurait appliquer.

HUITIÈME LEÇON

Vous sentirez mieux la nécessité de soigner les expressions et le langage, si vous voulez que votre raisonnement ait de l'exactitude et de la précision.

Certains que tout ce que nous pouvons connaître, a sa source dans le sentiment, vous observerez sans cesse vos différentes manières de sentir : vous en ferez l'objet continuel de votre pensée ; et vous vous enrichirez tous les jours de nouvelles idées sensibles, de nouvelles idées intellectuelles, et de nouvelles idées morales.

La nature a dit aux hommes : Je vous fais présent du *sentiment*. Cultivez ce germe précieux. Il se développera en rameaux féconds. Il produira pour vous l'arbre de la science.

Tout ce qui n'a pas ses racines dans le sentiment, comme tout ce qui s'élève au dessus du sentiment, sera inaccessible à votre intelligence. Qu'il le soit à votre curiosité. Ne cherchez donc pas la raison de ce qui est hors du sentiment : ne cherchez pas la raison du sentiment lui-même. Je me suis réservé, pour moi seule, la connaissance des premiers ressorts de l'univers. C'est mon secret.

Et ne vous plaignez pas des bornes que je vous prescris. Ne dites pas qu'elles sont trop rapprochées du point où je vous ai placés ; car, elles fuiront toujours devant vous. Ne dites pas, surtout, que je me montre envers vous trop peu libéral. Les conquêtes du génie, et les travaux des siècles n'épuiseront jamais les trésors que recèle le *sentiment*.

NEUVIEME LEÇON.

Des idées innées.

La leçon que je me propose de faire aujourd'hui, pourra vous paraître extrêmement abrégée ; car elle comprend la matière de plusieurs leçons. Nous aurons des systèmes à exposer : nous aurons de l'historique, du polémique : nous aurons des erreurs de fait à redresser ; et, enfin, nous dirons ce qu'il faut penser des *idées innées*. Je commence, sans autre préambule.

Il y a deux opinions principales sur l'origine des idées.

D'un côté, les idées nous viennent toutes par les sens, ou des sens, ou des sensations : *rien n'est dans l'entendement, qui n'ait été auparavant dans les sens, ou dans le sens ; nihil est intellectu quod priùs non fuerit in sensibus, in sensu.* Les philosophes qui professent cette doctrine, sont, parmi les anciens, Démocrite, Hippocrate, Aristote, Épicure et Lucrèce ; dans le moyen âge, les scolastiques, qui, tous, étaient péripatéticiens ; et, plus près de nous, Bacon, Gassendi, Hobbes, Locke, et Condillac.

De l'autre côté, les idées, plusieurs idées du moins, sont indépendantes des sens et des sensations ; et la maxime, *rien n'est dans l'entendement, qui n'ait été auparavant dans les sens*, loin d'être reçue comme un axiome, est rejetée comme une erreur manifeste. Cette seconde opinion, est appuyée sur des noms aussi imposans que l'opinion contraire. Elle compte, parmi ses défenseurs, Platon et ses disciples, l'école d'Alexandrie, les premiers pères de l'Église ; au renouvellement des sciences, quelques philosophes italiens ; et, plus récemment, Descartes, Mallebranche, Leibnitz, et tous les écrivains de Port-Royal.

Voilà de grands noms, de part et d'autre ; et si nous n'avions, pour nous décider, que des autorités, nous devrions rester en suspens : mais les noms et l'autorité ne sont rien en philosophie.

Examinons d'abord l'opinion des premiers ; et remarquons, qu'ils ne sont pas uniformes dans l'interprétation de leur axiome.

Les uns, n'ont pas craint d'avancer que toutes les idées nous viennent immédiatement des sens ; que des idées qui ne nous viendraient pas immédiatement des sens, ne seraient point, à proprement parler, des idées, mais des mots, de purs mots, auxquels ne correspondrait aucune réalité. Après tout ce que nous avons dit dans les leçons précédentes, je ne m'arrête pas sur une chose aussi évidemment fausse.

Les autres, et c'est le plus grand nombre, pensent avec Locke, avec Gassendi, que, des sens, il ne nous vient immédiatement que les premières idées, les idées sensibles; et que les idées intellectuelles, et les idées morales, sont le produit du travail de la réflexion, appliquée aux idées sensibles.

Les philosophes qui tiennent pour ce sentiment, sont dans la nécessité de prouver que toutes, et chacune des idées qui sont dans notre intelligence, nous sont venues par les sens, soit immédiatement, soit à l'aide de la réflexion : et c'est aussi ce qu'ils ont essayé. Mais, tous les efforts du génie n'ont pu en venir à bout; car le génie ne peut pas changer la nature des choses : il ne fera pas qu'il n'y ait qu'une origine d'idées, quand la nature a voulu qu'il y eût quatre origines. (Leç. 3 et 4.)

Ce n'était pas assez de chercher à démontrer *que* toutes les idées viennent des sens. On a voulu expliquer *comment* elles en viennent ; *comment* un ébranlement dans l'organe, est suivi d'une idée dans l'âme. Et ceci n'est point particulier aux philosophes qui voient dans les sens l'origine de toutes les idées : il a suffi à d'autres d'en faire dériver quelques-unes de la même source, pour se croire obligés de nous montrer le lien de communication qui unit la substance matérielle à la substance immatérielle.

Voici ce qu'ont imaginé, pour résoudre ce problème, et ceux qui prétendent que toutes les idées, sans aucune exception, viennent des sens, et ceux qui veulent qu'il n'en vienne qu'un certain nombre.

Il s'agit de montrer *comment* des impressions sur les sens occasionnent des idées dans l'âme. On a dit :

1°. Les objets extérieurs, en frappant nos organes, leur communiquent un mouvement qui se transmet au cerveau. Le cerveau agit sur l'âme; et l'âme a une idée ou une sensation, car on a presque toujours confondu ces deux choses. L'âme, ayant ainsi une sensation, est affectée en bien ou en mal. Si elle souffre, elle cherche à se délivrer de la douleur. Elle agit à son tour sur le cerveau, qu'elle remue : le cerveau remue l'organe ; et l'organe écarte, ou s'efforce d'écarter, l'objet, cause de la sensation.

Dans ce système, le cerveau est le siége de l'âme. On la compare à une araignée placée au centre de sa toile. Dès qu'il se fait le moindre mouvement aux extrémités, l'insecte est averti;

et il se tient sur ses gardes. De même, l'âme placée à un point du cerveau auquel aboutissent les filets nerveux, est avertie de ce qui se passe dans les différentes parties du corps ; et à l'instant, elle apporte des secours où elle les juge nécessaires. Le corps agit donc réellement sur l'âme, et l'âme agit réellement sur le corps. Cette action, cette influence, étant réelle ou physique, on a dit, que le corps influait physiquement sur l'âme, et l'âme physiquement sur le corps ; et l'on a donné, à ce système, le nom d'*influence physique* ou d'*influx physique*.

Ce système est extrêmement simple : mais la simplicité n'a de prix, qu'autant qu'elle est unie à la vérité. Le corps étant une substance étendue, et l'âme une substance inétendue, conçoit-on l'action physique de l'une sur l'autre ? *Tangere enim aut tangi nisi corpus nulla potest res*, a dit Lucrèce : une chose ne peut toucher, ou être touchée, qu'autant qu'elle est corps, qu'autant qu'elle a des parties. L'âme ne saurait donc recevoir le contact du corps ; et *l'influx physique* est impossible.

Euler, dans ses *Lettres à une princesse d'Allemagne*, adopte ce système, en le modifiant : il n'admet pas de contact entre l'âme et le corps. L'âme, dit-il, a la perception du mouvement des fibres du cerveau ; et cette perception lui donne des sensations agréables ou désagréables, selon que les rapports qui se trouvent entre les mouvemens des fibres, sont plus ou moins faciles à apercevoir.

Cette opinion est démentie par l'expérience : car, il n'est pas vrai que l'âme s'aperçoive des mouvemens des fibres du cerveau : elle ne sait pas même qu'il existe un cerveau; et nous l'ignorerions, si on ne nous l'eût appris. D'ailleurs, la sensation ne dérive pas de la perception : c'est le contraire; car nous sentons, avant tout.

2°. Pour rendre raison de ce commerce entre l'esprit et la matière, Cudwort, philosophe anglais, a imaginé un agent intermédiaire entre l'âme et le corps. Cet agent, interposé entre deux substances de nature contraire, participe de l'une et de l'autre : il est, en partie matériel, et en partie spirituel. Comme il est matériel, le corps peut agir sur lui, et comme il est spirituel, il peut agir sur l'âme. C'est comme le moyen terme entre les deux extrêmes d'une proportion continue. C'est un pont jeté sur les deux bords de l'abime qui sépare la matière de l'esprit. Cet agent, faisant en quelque sorte l'office de *médiateur*, on lui en a donné le nom.

Un pareil médiateur n'est bon à rien. C'est une espèce d'amphibie, qui, pour vouloir réunir en une seule nature, deux natures opposées, s'anéantit lui-même. Entre une substance étendue et une substance inétendue, il n'y a pas de milieu. Si le médiateur n'est, ni esprit ni corps, c'est une chimère : s'il est, tout à la fois, esprit et corps, c'est une contradiction ; ou si, pour sauver la contradiction, vous voulez qu'il soit, comme nous, la réunion de l'esprit et de la matière, il a lui-même besoin d'un médiateur.

L'influx physique, et le médiateur, laissent à la difficulté toute sa force : on ne voit pas comment l'âme et le corps se modifient réciproquement. Néanmoins, le fait reste. Toutes les fois que le corps reçoit quelque impression, l'âme éprouve une sensation ; et lorsque l'âme prend une détermination, le corps l'exécute : où trouverons-nous la raison de cette correspondance de phénomènes ? on l'a cherchée hors de l'homme, et dans la Divinité même.

3°. Dieu, a-t-on dit, gouverne le monde et tous les êtres qui le composent, d'après les lois suivant lesquelles il les a créés ; et, comme le monde n'a pu recevoir l'existence que par un acte de la volonté divine, il ne peut persévérer dans l'existence que par la même volonté toujours persévérante. Que Dieu cesse un instant de le soutenir par sa main toute puissante ; aussitôt, il rentrera dans le néant. L'existence des êtres ne se maintient donc que par une création incessamment renouvelée, en quelque sorte. Dieu est la cause nécessaire de toutes les modifications des corps, et de toutes les modifications des esprits. Or, cela suffit pour nous faire concevoir l'union des deux substances.

Les objets extérieurs impriment à nos organes, des mouvemens qui se propagent jusqu'au cerveau; le cerveau n'agit pas immédiatement et réellement sur l'âme : la chose est impossible. C'est Dieu lui-même qui, à la suite des mouvemens du cerveau, et par une loi qu'il a établie de toute éternité, produit une sensation dans l'âme. De même, l'âme a la volonté de mouvoir le bras; mais cette volonté est inefficace pour produire cet effet. C'est encore Dieu qui, en vertu de la même loi, produit lui-même le mouvement de nos membres. Le corps n'est donc pas la cause réelle des modifications de l'âme; ni l'âme, la cause réelle des mouvemens du corps. Cependant, comme l'âme ne serait pas modifiée sans les mouvemens du corps, ni le corps sans une détermination de l'âme, il faut bien que ces mouvemens et ces déterminations soient, en quelque manière, nécessaires; mais cette nécessité n'est pas absolue; elle n'est qu'hypothétique ou conditionnelle. Les mouvemens du corps, et les déterminations de l'âme, sont de simples *con-*

ditions, et non des *causes* nécessaires. Ils sont *occasions*, ou causes occasionnelles. Ce système a pris, en conséquence, le nom de *système des causes occasionnelles*. Il appartient à Descartes, et à Mallebranche qui l'a embelli de son imagination.

Je ne sais, Messieurs, si quelqu'un de vous peut être satisfait de ces causes occasionnelles. Vous allez voir que Leibnitz ne l'était guère.

Leibnitz reproche aux cartésiens de faire de l'univers un miracle perpétuel, et d'expliquer l'ordre naturel par une cause surnaturelle; ce qui anéantit toute philosophie : car la philosophie consiste à découvrir les causes secondes qui produisent les divers phénomènes du monde. Vous dégradez la Divinité, ajoute-t-il. Vous la faites agir comme un horloger, qui, ayant fait une belle pendule, serait continuellement obligé de tourner lui-même l'aiguille, pour lui faire marquer les heures. Un habile mécanicien monte d'abord sa machine ; et elle va, d'elle-même, pendant un certain temps. Dieu, lorsqu'il a créé l'homme, en a disposé toutes les parties et toutes les facultés, de telle manière qu'elles pussent exécuter leurs fonctions, depuis le moment de la naissance jusqu'à celui de la mort. En bonne philosophie, comme au théâtre, il ne faut jamais faire intervenir la Divinité, à moins que son assistance ne soit absolument nécessaire.

4°. Je pense avoir trouvé, continue Leibnitz, quelque chose de plus philosophique. Dieu, avant de créer les âmes et les corps, connaissait tous ces corps et toutes ces âmes. Il connaissait aussi tous les corps possibles, et toutes les âmes possibles. Or, dans cette variété infinie d'âmes possibles et de corps possibles, il devait se rencontrer des âmes dont la suite des perceptions et des déterminations correspondît à la suite des mouvemens que devait exécuter quelqu'un des corps possibles. Car dans un nombre infini d'âmes et dans un nombre infini de corps se trouvent toutes les espèces de combinaisons. Supposons maintenant que, d'une âme dont la suite des modifications correspond exactement à la suite des mouvemens que doit excuter un certain corps, et de ce corps dont les mouvemens successifs correspondent aux modifications successives de cette âme, Dieu fasse un homme. Voilà, entre les deux substances qui forment cet homme, la plus parfaite harmonie. Partisans de l'*influx*, du *médiateur*, des *causes occasionnelles*, vous faites des efforts inutiles pour rendre raison du commerce réciproque de l'âme et du corps. Il n'y a aucun commerce, aucune communication, aucune influence. L'âme passe d'un état à un autre état, d'une perception à une autre perception, par sa seule nature. Le corps exécute la suite de ses mouvemens, sans que l'âme y participe en rien. Le corps et l'âme sont comme deux horloges parfaitement réglées qui marquent la même heure, quoique le ressort qui donne le mouvement à l'une ne soit pas le ressort qui fait marcher l'autre. Ainsi, l'harmonie qui paraît unir l'âme et le corps, est indépendante de leur action réciproque. Cette harmonie a été établie avant la création de l'homme : elle a été *établie d'avance* ; c'est pourquoi, je l'appelle *harmonie préétablie*.

D'après un tel système, si l'âme de César âgé de vingt ans eût été anéantie, le corps de César n'en aurait pas moins assisté aux délibérations du sénat : il aurait commandé les armées, harangué les soldats : il aurait passé dix ans dans les Gaules, pour en faire la conquête : il serait revenu à Rome, pour usurper la dictature. Et si, au contraire, à ce même âge, le corps de César avait cessé d'exister, son âme n'en aurait pas moins résolu de faire tout ce que César a fait jusqu'à sa mort.

Je ne parle pas des atteintes qu'un pareil système porte à la liberté. Comment, en effet, concilier la liberté dont nous jouissons, avec une suite de manières d'être qui, toutes, dérivent du premier état où l'âme s'est trouvée au moment de la création ?

On sait ce qui arriva à Volf. Il enseignait l'harmonie préétablie dans une ville de Prusse, du temps de Frédéric-Guillaume. Ce roi avait une antipathie décidée pour les beaux-arts, pour toute littérature, et pour toute philosophie. Un ennemi de l'harmonie préétablie observa que Volf justifiait les soldats déserteurs, disant qu'ils étaient entraînés à la désertion par les lois de la nécessité. Volf reçut l'ordre de vider la Prusse dans les vingt-quatre heures, sous peine d'être pendu. A la mort de Frédéric-Guillaume, son fils Frédéric second s'empressa de rappeler Volf, et il le combla de distinctions. Mais, ni le bannissement, ni le rappel, ne prouvent rien pour l'harmonie préétablie.

Messieurs, il y a encore une manière de penser et de s'exprimer sur le mystère de l'union de l'âme et du corps : c'est celle de ceux qui confessent naïvement leur ignorance. C'était celle de Pascal : ce sera la vôtre, je le présume ; ce sera la mienne, du moins. Écoutez ce que dit Pascal : « L'homme est, à lui-même, le plus prodigieux objet de la nature : car il ne peut concevoir ce que c'est qu'un corps, et moins encore ce que c'est qu'un esprit ; et moins encore qu'aucune chose, comment un corps peut être uni à un esprit; et cependant c'est son propre être. »

Voilà ce que j'avais à vous dire, à l'occasion des philosophes qui font toutes les idées, ou seulement quelques idées, originaires des sens. Venons maintenant aux opinions de ceux qui rejettent la maxime, *nihil est in intellectu*, etc.

1°. Les idées ne sont pas dans l'âme : elles sont en Dieu : *c'est en Dieu que nous voyons tout*. Ce sentiment est celui de Platon, de saint Augustin, et de Mallebranche. On imagine bien qu'une doctrine se modifie, en passant des écrits d'un philosophe dans ceux d'un autre ; mais nous n'avons pas besoin de distinguer les nuances qui peuvent appartenir à chacun.

Dieu, dit Platon, avant de créer le monde, renfermait dans son entendement l'idée de ce monde, l'idée de tous les mondes possibles, et l'idée de toutes les parties de ces mondes. C'est sur les idées du monde actuel, idées qui étaient en Dieu de toute éternité, qu'il l'a réalisé, au moment prescrit par sa sagesse. Or, puisque toutes les idées sont en Dieu, nous ne pouvons connaître ce qu'elles représentent, qu'autant que Dieu se manifeste à notre esprit : c'est ainsi que conclut Mallebranche.

Si Dieu, avant de réaliser le monde, avait

créé un esprit pur, il est certain que cet esprit n'aurait pu avoir une idée du monde, qu'autant que Dieu la lui aurait révélée, ou, si l'on veut, qu'autant que l'essence divine se serait manifestée à cet esprit; car, le monde n'existant pas encore, d'où cette intelligence aurait-elle pu en prendre l'idée? De même, si un peintre, ayant conçu l'ordonnance d'un tableau, ou un architecte, le plan d'un palais, je voulais me faire une idée de ce tableau et de ce palais, je n'aurais qu'un moyen; ce serait de m'adresser au peintre et à l'architecte, et de les prier de me communiquer ce qui n'existe encore que dans leur imagination. Mais, si le peintre avait exécuté son tableau; si l'architecte avait bâti le palais, il me suffirait de regarder leur ouvrage, et de l'étudier, pour en prendre connaissance.

Dieu a réalisé le monde. Le monde existe. Nous pouvons le contempler, l'admirer, et nous en faire une idée: idée toujours imparfaite, sans doute, mais plus ou moins conforme à son modèle. Qu'est-il besoin que Dieu se manifeste immédiatement lui-même pour nous faire connaître ses ouvrages, quand il nous manifeste ses ouvrages?

Mallebranche répondrait, sans doute, que Dieu ne peut manifester ses ouvrages, qu'en nous manifestant sa propre essence ; mais, c'est-là précisément ce qui est en question. C'est là ce qu'il fallait prouver, autrement que par un dénombrement inexact de toutes les manières d'obtenir des idées. (*Rech. de la vérité*, 2ᵉ partie, chap. 1.)

Le système de Platon a donc été abandonné, même par ceux qui ne veulent pas que les idées viennent des sens; et l'on a dit :

2°. Il est faux que nous voyions tout en Dieu; et il est faux que les idées viennent des sens. *Les idées sont innées.* Par cela seul que l'âme existe, elle a quelque connaissance. Vous cherchez l'origine des idées : elles n'ont pas d'origine : elles n'ont jamais commencé pour l'âme : elles en sont inséparables.

Ce système est universellement attribué à Descartes. Je ferai voir, tout à l'heure, que Descartes n'a jamais admis les idées innées dans le sens qu'on les lui attribue. Mais, si Descartes rejette les idées innées, Leibnitz les adopte; et je vais vous dire ce qu'il pense à ce sujet.

3°. On a interprété de deux manières différentes la pensée de Leibnitz. L'une en donne une idée inexacte : l'autre la fait mieux connaître. Je commencerai par la première.

Tout le monde sait que dans l'intérieur d'un bloc de marbre se trouvent toutes sortes de figures, celle d'Hercule, de Thésée, celle [du] lion, etc. Il ne s'agit que d'enlever la couche qui les enveloppe. Les idées sont-elles dans notre âme, comme toutes les figures sont dans un bloc de marbre? Non: ce n'est pas ainsi, que l'entend Leibnitz.

Mais vous avez pu remarquer, que la plupart des marbres sont traversés, dans tous les sens, par des lignes de différentes couleurs. Or, supposons que les veines qui sont cachées dans l'intérieur d'un bloc de marbre, soient disposées, de telle manière qu'elles dessinent le corps d'Hercule: alors, en enlevant l'enveloppe qui cachait Hercule, vous aurez sa figure, mais une figure qui, avant le travail du sculpteur, était toute dessinée.

C'est ainsi, dit Leibnitz, que les idées sont dans l'âme, avant les sensations, avant l'action des objets extérieurs sur nos sens. L'âme a donc des prénotions, des anticipations, des perceptions obscures, des germes de connaissances, des semences de vérité: elle a des dispositions, des penchans, des virtualités, etc. Leibnitz varie son expression de toutes les manières, pour faire entendre qu'il y a dans l'âme quelque chose d'antérieur à l'action des sens, quelque chose d'inné, quelque *idée innée*.

Et, à ceux qui pourraient lui rappeler que rien

n'est dans l'entendement qui n'ait été auparavant dans les sens, il répond, qu'il faut excepter l'entendement lui-même. *Nihil est in intellectu quod non fuerit in sensu, excipe, nisi ipse intellectus.* (Nouv. Essais, p. 67.)

L'entendement est dans l'entendement ! l'entendement est inné à l'entendement ! Quel langage !

Le mot *entendement* a trois acceptions diverses. Il désigne l'âme, la substance de l'âme ; il désigne la faculté, ou la puissance qu'a l'âme d'acquérir des idées ; et on l'emploie encore pour exprimer les idées elles-mêmes, la réunion des idées, l'ensemble de toutes les connaissances qui sont dans l'âme.

Quand vous dites que *l'entendement est inné à l'entendement*, ce mot, *entendement*, répété deux fois, ne saurait être pris deux fois dans la même acception ; ce serait dire, ou que l'âme est innée à l'âme, ou qu'une faculté de l'âme est innée à cette faculté, ou que les idées sont innées aux idées.

Il faut donc que l'acception du mot *entendement* change ; et alors vous dites : ou, que la faculté d'acquérir des idées est innée à l'âme, qu'elle appartient à l'âme, indépendamment de l'action des sens (vérité incontestable, sans doute, mais qui ne prouve rien pour vous, puisqu'une *faculté* n'est pas une *idée*); ou, que ce sont les idées elles-mêmes qui sont innées à l'âme, qui sont innées; et c'est la chose en question; c'est ce qu'il s'agit de démontrer.

Vous croyez y réussir, en ajoutant que « l'âme renferme l'*être*, la *substance*, l'*un*, le *même*, la *cause*, la *perception*, le *raisonnement*, et quantité d'autres *notions*, que les sens ne sauraient donner. » (P. *id.*)

Mais, 1°. de ce que ces prétendues notions ne sauraient être données par les sens, ou de ce qu'elles n'ont pas leur origine dans les sensations, on n'a pas le droit de conclure qu'elles sont innées; car il peut se faire qu'elles aient leur origine dans quelque autre manière de sentir.

2°. *L'âme renferme l'être, la substance*, etc. Cela veut dire que l'âme est un *être*, qu'elle est une *substance*, qu'elle est *une*, qu'elle ne cesse pas d'être la *même*, qu'elle est *cause*, qu'elle a *la faculté de penser*, qu'elle a *la faculté de raisonner*; et non pas, qu'elle ait *l'idée* ou la *notion* de l'être, de la substance, de l'unité, de l'identité, de la cause, etc.

Leibnitz confond les *facultés* de l'âme, ses *dispositions*, et d'autre fois ses *habitudes*, soit actives, soit passives, avec les *idées* de toutes ces choses. Et, ce qu'on a de la peine à concevoir, c'est qu'en faisant les *idées* indépendantes des *sensations*, il veut que la *pensée* suppose toujours des sensations, que les *pensées répondent toujours à quelque sensation* (*Id.*, p. 76.)

La pensée, l'action de l'âme, ne répond pas, c'est-à-dire, ne s'applique pas nécessairement aux sensations. Elle s'applique le plus souvent, surtout chez les hommes instruits, à d'autres manières de sentir. Les idées ne sont pas indépendantes des sensations et de tout sentiment : elles sont le produit de l'action de la pensée sur quelqu'une de nos manières de sentir.

Voyez où en sont les plus beaux génies, quand ils se négligent sur la langue, quand les mots élémentaires n'ont pas été faits avec une grande précision, quand on prend les facultés pour des idées, les idées pour des sensations, les sensations pour d'autres manières de sentir, ou même pour les impressions du cerveau, etc.; quand on perd de vue la diversité d'acceptions qu'ont reçues presque tous les mots qui désignent les facultés de l'âme.

L'entendement, l'intelligence, l'intellect, ne sont donc pas innés à l'entendement, à l'intelligence, à l'intellect, ou plutôt, toutes ces expressions sont insignifiantes; et, par conséquent, vous n'avez pas démontré que les idées soient innées.

Mais, dit-on, pour appuyer l'opinion de Leibnitz, les idées ne sont-elles pas à l'âme, ce que la lumière est au soleil? or, le soleil ne peut existersans lumière; l'âme ne saurait donc exister sans idées; et l'on croit avoir prouvé quelque chose, lorsqu'on a fait une comparaison.

Les comparaisons sont destinées à montrer plus vivement leur objet. Voilà tout ce qu'on a droit d'en attendre. *Le soleil ne peut exister sans lumière; donc l'âme ne saurait exister sans idées.* Quel rapport, je vous le demande, entre le principe et la conséquence?

Qu'on ne se laisse donc pas abuser par une comparaison fondée uniquement sur cette métaphore, que les idées sont la lumière qui éclaire les esprits, comme les rayons émanés du soleil et des astres, sont la lumière qui éclaire les corps.

4°. Venons à Descartes, et prouvons, contre l'opinion universelle, qu'il n'admet pas d'idées innées. Il admet bien le mot, mais il rejette la chose.

Si, en effet, ce n'est pas un paradoxe que nous avançons, qu'on juge combien il faut se tenir en garde contre les discours des hommes. Tous les philosophes, sans en excepter un seul, regardent Descartes comme l'auteur du système des idées innées. Voyons ce que dit Descartes:

Hobbes lui objecte: « Je voudrais bien savoir si les âmes de ceux-là pensent, qui dorment profondément et sans aucune rêverie. Si elles ne pensent point, elles n'ont alors aucunes idées ; et par conséquent, il n'y a point d'idée qui soit née et résidante en nous-mêmes : car, ce qui est né, et résidant en nous-mêmes, est toujours présent à notre pensée. » (*Méditations de Descartes*, t. 1, p. 169, in-12.)

Réponse de Descartes. « Lorsque je dis que quelque idée est née avec nous, ou qu'elle est naturellement empreinte en nos âmes, je n'entends pas qu'elle se présente toujours à notre pensée ; car, ainsi, il n'y en aurait aucune ; mais j'entends seulement, que nous avons en nous-mêmes *la faculté de la produire*. » (*Id*.)

Que disent les adversaires des idées innées ? Tiennent-ils un autre langage que Descartes ? Écoutez le passage suivant :

« Je n'ai jamais écrit ni jugé que l'esprit ait besoin d'idées innées qui soient *quelque chose de différent de la faculté qu'il a de penser*. Mais bien est-il vrai que, reconnaissant qu'il y avait certaines idées qui ne procédaient, ni des objets du dehors, ni des déterminations de ma volonté, mais seulement *de la faculté que j'ai de penser*...; pour les distinguer des autres qui nous sont survenues, ou que nous avons faites nous-mêmes, *adventitiis aut factis*, je les ai nommées *innées*; mais je l'ai dit, au même sens que nous disons que la générosité, par exemple, est innée dans certaines familles, ou que certaines maladies, comme la goutte ou la pierre, sont innées dans d'autres; non pas, que les enfans qui prennent naissance dans ces familles soient travaillés de cette maladie dans le sein de leur mère, mais parce qu'*ils naissent avec la disposition ou la faculté de les contracter.* » (*Lettres de Descartes*, tom. 2, p. 463-64, in-12.)

Ce passage est-il assez formel, assez décisif? Voici quelque chose de plus décisif encore :

« Lorsque j'ai dit que l'idée de Dieu est *innée*, je n'ai jamais entendu autre chose que ce que mon adversaire entend, savoir : que *la nature a mis en nous une faculté par laquelle nous pouvons connaître Dieu;* mais, je n'ai jamais écrit, ni pensé que telles idées fussent actuelles, ou qu'elles fussent je ne sais quelles *espèces* distinctes de *la faculté même que nous avons de penser;* et même, je dirai plus, qu'il n'y a personne qui soit si éloigné que moi de tout ce *fatras d'entités scolastiques;* en sorte que je n'ai pu m'empêcher de rire, quand j'ai vu ce grand nombre de raisons que cet homme, sans doute peu méchant, a laborieusement ramassées, pour démontrer que les enfans n'ont pas la connaissance actuelle de Dieu, tandis qu'ils sont dans le sein de leur mère ; comme si, par-là, il avait trouvé un beau moyen de me combattre. » (*Lettres*, t. 2, p. 477.)

Vous l'avez entendu : Descartes est plus ennemi que personne de tout le fatras des entités scolastiques ; et les idées innées, telles qu'on les attribue à Descartes, font partie de ce fatras.

A l'époque de Descartes, et plus encore avant lui, tout s'expliquait en philosophie par des *formes*, des *vertus*, des *entités*, des *quiddités*, etc., qu'on multipliait sans fin, et avec quoi l'on croyait rendre raison de tous les phénomènes de la nature. Un corps était une substance, parce qu'il avait une *forme substantielle* ; il était une pierre, parce qu'il avait la *pétréité* ; il était froid, parce qu'il avait une *vertu frigorifique* ; chaud, parce qu'il avait une *vertu calorifique* : en un mot, *opium facit dormire, quia est in eo virtus dormitiva*.

Descartes, fatigué et comme opppressé par cette multitude d'explications ridicules, *êtres, vertus, sympathies, antipathies, entités, formes, quiddités, eccéités*, etc., dont les maîtres accablaient l'esprit de leurs disciples, s'écria : *Donnez-moi de la matière et du mouvement, et je ferai le monde physique* : mot plein de vérité; puisqu'en effet, ce qui, dans un tel monde, n'est pas, ou matière, ou mouvement, ou modification de ces deux choses, n'est rien ; mot sublime, qui annonce un profond sentiment de la simplicité des ouvrages du créateur, et qui, en détruisant à jamais la philosophie et le jargon des écoles, changea la face des sciences.

Pourquoi Descartes s'arrêta-t-il à moitié chemin ? que n'ajoutait-il : *Donnez-moi le sentiment et l'activité, je ferai le monde intellectuel?* Ce que le mouvement est à la matière, l'activité de l'âme ne l'est-elle pas au sentiment ?

Descartes, me direz-vous, n'est pas d'accord avec lui-même. Si, dans ce que nous venons d'entendre, il rejette les idées innées; s'il prononce nettement qu'il n'y a d'inné que la puissance de produire les idées, ne trouve-t-on pas dans ses écrits un grand nombre de passages en opposition avec ceux que vous avez choisis ? N'avance-t-il pas en vingt endroits, dans ses *Méditations*, dans ses *Principes*, et partout, que certaines idées sont nées avec l'âme ? N'affirme-t-il pas en termes exprès, dans sa *troisième méditation*, que nous n'aurions pas l'idée de Dieu, si Dieu ne l'avait mise dans notre âme ?

Je conviens que c'est ainsi qu'il s'exprime : mais qui peut mieux connaître que lui-même le sens de ses paroles ? Or, il ne cesse de répéter, que par les idées qu'il appelle *innées*, sans en excepter celle de Dieu, il n'entend autre chose que des idées produites par la seule faculté de penser; et qu'il ne leur a donné le nom d'*innées*, que pour les distinguer des idées qui viennent des sens, et des idées qui sont le produit de l'imagination.

On doit y regarder de bien près, avant d'accuser de contradiction les hommes de génie qui ont passé la vie entière à concilier leurs idées : la reconnaissance seule nous en ferait un devoir. Ce sont eux qui ont formé notre raison, en nous apprenant à penser : Il n'est permis de les condamner, que lorsqu'il est impossible de les justifier.

Les esprits médiocres, et la foule des écrivains vulgaires, ne méritent pas tant de déférence. Nous pouvons, sans témérité, préférer notre jugement au leur, et même notre premier jugement. D'ailleurs, les vérités et les erreurs consignées dans leurs livres ne sont ordinairement suivies d'aucun effet; les erreurs, par le peu de confiance qu'inspirent leurs noms et leurs raisonnemens; les vérités, parce que, ne les ayant pas trouvées eux-mêmes, elles sont transplantées dans leur ouvrages, et que, n'étant plus sur le sol natal, elles ont perdu cette vie et cet attrait qui les font recevoir des mains des inventeurs, avec autant de plaisir que de profit.

Il faut le dire aux jeunes gens : en métaphysique, les bons écrivains sont extrêmement rares. On compte une douzaine, une vingtaine peut-être de grands poëtes. Compterez-vous autant de grands métaphysiciens? j'en doute, ou plutôt je n'en doute pas. Voulez-vous en porter le nombre à cinq, à six? c'est beaucoup; c'est tout au plus. Je me garderai bien de les nommer; ils pourraient n'être pas ceux qui seraient nommés par d'autres.

Vous trouverez vous-mêmes leurs noms, pourvu que vous vous souveniez toujours de ce vers de Boileau :

Ce que l'on conçoit bien s'énonce clairement.

Et vous direz avec plus de vérité, des métaphysiciens, qu'il ne l'a dit des poëtes :

Il n'est point de degré du médiocre au pire.

Vous jugerez un jour si j'ai raison. Je ne parle pas, au reste, de ces esprits modèles, qui, sans avoir pris le titre de métaphysiciens, ont écrit des morceaux admirables de métaphysique.

Revenons à Descartes. Lu moins superficiellement, il n'eût pas été accusé de contradiction. On ne lui reprocherait pas la doctrine des idées innées : on saurait qu'il n'admet d'idées innées, ou plutôt qu'il n'appelle *idées innées*, que le petit nombre d'idées qui lui semblent produites par la seule faculté de penser.

Mais, dira-t-on encore, puisque Descartes n'admet pas les idées innées, en quoi sa philosophie diffère-t-elle, sur ce point, de celle de Locke, et de celle de Condillac ?

Pour le comprendre, remarquons d'abord que Locke ne reconnaît que deux *sources* d'idées, la *sensation*, et la *réflexion;* et que Descartes en reconnaît trois, la *sensation*, l'*imagination*, qu'on peut ramener à la réflexion de Locke, et, de plus, *la puissance qu'a l'âme de tirer de son propre fonds des idées indépendantes de la sensation et de la réflexion*. Je n'ai pas besoin de vous avertir de l'impropriété du mot *source* appliqué à la réflexion, ou à la faculté de penser (leç. 5.)

Quant à l'opinion de Condillac, le passage suivant, extrait de son *Art de penser* (p. 96), vous fera voir avec la dernière précision, en quoi elle diffère, ou plutôt, à quel point elle se rapproche de celle de Descartes.

« C'est dans les idées abstraites, qui sont le fruit de différentes combinaisons, qu'on reconnaît l'ouvrage de l'esprit. Ainsi, *les idées abstraites de couleur, de son,* etc., viennent immédiatement *des sens* (1); celles *des facultés de l'âme* sont dues tout à la fois *aux sens et à l'esprit;* et les idées de *la divinité et de la morale* appartiennent *à l'esprit seul;* je dis *à l'esprit seul,* parce que les sens n'y concourent plus par eux-mêmes. Ils ont fourni les matériaux : et c'est l'esprit qui les met en œuvre. »

Je vous prie de vous arrêter un moment sur les dernières paroles de ce passage, et de vous demander, s'il est vrai que Condillac nie l'activité de l'âme (t. 1, leç. 9).

Suivant Descartes, et suivant Condillac, *c'est à l'esprit seul qu'est due l'idée de Dieu :* mais, suivant Condillac, les sens ont fourni les matériaux, et, suivant Descartes, les sens n'ont rien fourni.

Descartes pouvait-il se dissimuler que les sens, l'expérience, la réflexion, contribuent à la connaissance de Dieu, à l'idée que nous nous en formons? Ignorait-il que c'est dans nous-mêmes, dans notre intelligence, dans notre propre nature, que nous trouvons le germe, ou plutôt

---

(1) Aucune idée ne vient immédiatement des sens (leç. 3 et 7.)

une faible image des perfections divines, perfections que la raison démontre infinies en Dieu, tandis qu'elles sont limitées dans l'homme ?

Non certainement, il ne l'ignorait pas ; car, voici ce qu'il dit dans sa réponse *aux secondes objections* :

« Je veux bien ici avouer franchement que l'idée que nous avons, par exemple, de l'entendement divin ne semble point différer de celle que nous avons de notre propre entendement, sinon, seulement, comme l'idée d'un nombre infini diffère de l'idée du nombre binaire, ou du ternaire : et il en est de même de tous les attributs de Dieu dont nous reconnaissons en nous quelque vestige.

» Mais, outre cela, nous concevons en Dieu *une immensité, simplicité* ou *unité absolue*, qui embrasse et contient tous ses autres attributs, et de laquelle nous ne trouvons, ni en nous-mêmes, ni ailleurs, aucun exemple. » (*Médit.*, t. 1, p. 83, 84.)

Malgré cette restriction de l'*immensité, simplicité* ou *unité*, il faut avouer que Descartes fait ici une bien grande concession, lorsqu'il accorde que presque tous les attributs de l'entendement divin ne sont que nos propres qualités portées à l'infini.

Observez que la restriction de Descartes parait assez mal fondée : car on pouvait fort bien lui répondre que l'idée de l'*immensité* divine est prise de l'immensité de l'espace, et que celle de la *simplicité* ou *unité* se tire de la simplicité ou unité de notre âme.

Comment Descartes, qui semble si près de ses adversaires, Gassendi, Hobbes, Regius, etc., tenait-il néanmoins si opiniâtrément à ces idées que l'âme produit par sa seule énergie ?

On s'en rendra raison ; et il y a apparence qu'on ne sera pas très-éloigné de la vérité, si l'on se met pour un moment à la place de Descartes. Descartes avait travaillé dix ans ses *Méditations*, qu'il regardait comme le premier titre de sa gloire. Ses découvertes mathématiques l'intéressaient bien moins, que ce qu'il appelait ses découvertes métaphysiques. Or, dans ses *Méditations*, il prouve l'existence de Dieu, indépendamment de l'ordre de l'univers, et de toutes les impressions que les objets font sur nos sens : il la prouve par *l'idée de Dieu*. Que l'idée de Dieu vienne des sens, soit immédiatement, soit médiatement, l'ouvrage porte à faux ; et le travail de dix années est perdu. Ne soyons donc pas trop surpris que Descartes ait tenu si fortement à *l'idée de Dieu* formée par la seule *faculté de penser*.

Qu'on me permette une réflexion, que je

n'applique pas à Descartes. Oublions un instant ce grand homme, dont on ne saurait parler avec trop de vénération. Plusieurs philosophes ont cru, en divers temps, avoir trouvé de nouvelles preuves de l'existence de Dieu ; et, d'ordinaire, ils n'ont pas manqué de donner ces preuves comme les seules démonstratives. Il y en a même qui se sont complus à faire l'énumération de tous les argumens employés par les philosophes ou par les théologiens; et, parce que ces argumens ne rentraient pas dans leurs spéculations chimériques, ils n'ont pas balancé à les traiter de sophismes.

C'est contre cette présomption téméraire que je m'élève ; et je la dénonce au respect qu'un individu doit aux nations. Oser soutenir qu'on a découvert enfin la seule bonne démonstration de l'existence de Dieu, c'est accuser, en quelque sorte, tout le genre humain d'athéisme. L'homme simple qui, voyant la terre lui rendre en épis le grain qu'il a semé, lève les mains au ciel et bénit la Providence, a, sans doute, de l'existence de Dieu, une aussi bonne preuve que ces orgueilleux philosophes.

5°. Comme Descartes ne pouvait pas renoncer à l'idée de Dieu produite par la seule faculté de penser, sans voir ruiner ses *Méditations*, Leibnitz était obligé de soutenir ses idées innées, sous peine de voir crouler l'édifice qu'il avait élevé avec ses *monades*.

Leibnitz prétend que l'univers est composé de monades, c'est-à-dire, d'êtres simples. Les monades, dit-il, sont la seule chose qu'il y ait au monde. Car tout ce qui existe est ou monade ou collection de monades; or, une collection n'est pas quelque chose de réel; l'existence appartient donc aux seules monades. Mais les monades, à cause de leur simplicité, n'agissant pas les unes sur les autres, où sera la raison des changemens que nous voyons dans l'univers? Pour la trouver, Leibnitz se voit dans la nécessité de faire de chaque monade un centre d'action. Voilà pourquoi il ne peut pas se relâcher sur ces perceptions obscures ou claires, sur ces tendances, ces efforts, ces virtualités, ces principes d'action, en un mot, qu'il accorde aux monades et à la monade-âme, indépendamment de son union avec le corps, si pourtant l'on peut dire et comprendre que l'âme soit unie à un corps, lequel n'est qu'une collection de monades, dont chacune est elle-même un centre d'action.

L'âme tient de sa propre nature toutes ses facultés: elles ne lui viennent pas de son union avec le corps; mais c'est parce que l'âme est unie à un corps que ses *facultés* se changent en *opérations* ; c'est parce qu'elle est unie à un corps qu'elle passe de l'*activité* à l'*action*. Leibnitz lui-même avoue, quoiqu'à tort, que les pensées répondent toujours à quelque *sensation*.

Sans doute que les facultés sont innées, de même que les virtualités, les dispositions, etc. Qui le nie ? Qui l'avait jamais nié à l'époque de Leibnitz ? Mais peut-on dire que des facultés innées, des virtualités innées, sont des *idées innées* ?

Et même, si l'on veut faire la supposition d'une âme qui jouirait de l'existence avant d'être unie au corps ; d'une âme non-seulement active, mais agissante ; non-seulement capable de penser, mais pensant avant cette union, on n'aura rien fait pour autoriser le sentiment des idées innées. Car, ni l'activité, ni l'action, ni la faculté de penser, ni l'exercice de cette faculté, ne sont des idées : ce sont des *causes* d'idées.

Peut-on d'ailleurs mettre au rang des choses évidentes, que les élémens de la matière soient simples ? Que deviennent les corps et l'étendue ?

Remarquons, encore une fois et toujours, le mal que font les langues, les obstacles qu'elles opposent à la découverte et à l'exposition de la vérité, les divisions qu'elles font naître et qu'elles entretiennent, quand elles manquent de précision, quand on ne sait pas leur en donner, quand on n'a pas égard aux acceptions diverses que prennent les mêmes mots.

Rien n'est dans l'entendement qui n'ait été dans le sens. Il y a, dans cette maxime, trois mots qui sont autant de sources d'équivoques (leç. 6.) Otez ces équivoques, les disputes cessent à l'instant.

Que, pour tous, le mot *entendement* désigne *l'âme elle-même*, la maxime devient fausse pour tous. Tous la rejetteront à l'unanimité. Car aucun des philosophes qui reconnaissent une âme distincte du corps, n'a jamais voulu dire que *rien, absolument rien*, n'appartint à l'âme indépendamment des sensations, indépendamment de l'action des objets extérieurs qui produisent les sensations.

Ce n'est pas ainsi que l'entendait Locke, le chef des adversaires des *idées innées*. Leibnitz, qui a fait un ouvrage exprès pour le combattre, en convient lui-même. « Mon opinion, dit-il, s'accorde assez avec celle de l'auteur de l'*Essai sur l'entendement humain*, qui cherche une bonne partie des idées dans la *réflexion* de l'esprit sur sa propre nature. » (*Nouveaux Essais*, p. 67.)

Ce n'est pas ainsi que l'entend Condillac, quelle que soit la manière dont il s'exprime dans son analyse des facultés de l'âme. Permettez-moi de reproduire un passage du *Traité des Sensations* que j'avais déjà cité (t. 1. p. 237.) « Il y a en nous, dit-il, un *principe* de nos *actions* que nous sentons, mais que nous ne pouvons définir : on l'appelle *force*. Nous sommes également actifs par rapport à tout ce que cette force produit en nous, ou au dehors. Nous le sommes, par exemple, lorsque nous *réfléchissons*, ou lorsque nous faisons mouvoir un corps. » (*Traité des Sensations*. p. 63.)

Si donc le mot *entendement* n'avait jamais eu qu'une seule acception; si on l'avait toujours fait servir à désigner l'*âme* exclusivement, la maxime sur laquelle on a tant disputé, sur laquelle on dispute tant encore, n'aurait pas divisé les esprits, ou les aurait certainement moins divisés.

Car alors, au lieu de dire *aucune chose*, on eût dit, *aucune idée* n'est dans l'âme avant *le sens*; et cette substitution du mot *idée* au mot *chose* aurait fait disparaître en même temps l'équivoque du mot *rien*, *nihil*, qui peut signifier ou les seules idées, ou les idées et les facultés tout à la fois.

Mais supposé que tous les philosophes se fussent accordés sur la maxime, *aucune idée n'est dans l'entendement*, c'est-à-dire, *dans l'esprit ou dans l'âme avant le sens*; je dis qu'ils se seraient accordés sur une erreur, en énonçant matériellement une vérité; parce qu'ils traduisaient cette maxime par cette autre, *toutes les idées viennent du sens,* et que *le sens,* pour eux, n'était que la *sensation.*

Sans doute aucune idée n'est antérieure à la sensation : toutes la présupposent; mais *toutes n'en viennent pas;* nous savons que les seules idées sensibles dérivent de cette source (leç. 3 et 4.)

Toutes les idées ont leur origine *dans le sentiment, comme elles ont leur* cause *dans l'action des facultés de l'entendement.* Il n'y a là, ni équivoque, ni obscurité; et cette proposition, bien établie, renverse à la fois, et les systèmes qui font les idées originaires des seules sensations, et les systèmes qu'on a compris sous le nom d'*idées innées.*

Je pourrais m'arrêter ici : et même vous auriez presque le droit de vous plaindre de l'inutilité de cette leçon. Qu'est-il besoin de vous prouver qu'il n'y a pas d'idées dans une âme humaine avant son union avec le corps; que dis-je, dans une âme qui n'est pas encore, puisque l'âme humaine n'étant créée que pour former un homme, elle n'existe que du moment de son alliance avec la substance matérielle (tom. 1, pag. 248.) Faut-il se donner la fatigue d'une pénible méditation pour arriver à ce résultat, que, l'enfant, au moment de sa naissance, au moment où il est conçu au sein de sa mère, ne connaît ni les principes des sciences, ni les maximes de la morale? Et quand, après avoir observé l'action des facultés de votre entendement sur vos différentes manières de sentir, vous vous êtes assurés que les idées, sans en excepter une seule, sont toutes acquises, me pardonneriez-vous de vouloir vous apprendre qu'elles ne sont pas innées? Ajoutons cependant quelques éclaircissemens; et dissipons les dernières incertitudes.

On parle, vous le savez, d'*idées spirituelles*: une des plus grandes objections qu'on fait aux adversaires des idées innées, c'est que les *idées spirituelles* ne sauraient venir des *sens*.

Je demande ce que c'est que des *idées spirituelles*. Si quelques idées seulement sont spirituelles et prennent exclusivement le nom de *spirituelles*, il y a donc des idées qui sont *matérielles* ou *corporelles*. L'auteur de *la logique de P.R.*, en répondant à Gassendi, ne craint pas de s'exprimer de la sorte. « Selon la pensée de ce philosophe, dit-il, quoique toutes nos idées ne fussent pas semblables à quelques corps particuliers, elles seraient néanmoins toutes *corporelles*. » (*Log.*, p. 11.)

Gardons-nous de jamais laisser échapper cette expression *idées spirituelles*, comme si toutes n'étaient pas des modifications de l'esprit. Gardons-nous aussi d'imiter ceux qui parlent des *idées les plus spirituelles*, d'*idées très-spirituelles*, comme s'il y avait des degrés dans la *spiritualité* ; et continuons à distinguer nos idées, en idées *sensibles*, *intellectuelles* et *morales* (leç. 3.)

On a été induit à cet absurde langage d'*idées spirituelles*, de *quelques idées spirituelles*, parce qu'on a cru qu'il y avait des *idées corporelles* ; et l'on a cru ainsi, parce qu'on a confondu les idées sensibles avec les sensations, après avoir confondu les sensations avec les impressions faites sur les organes.

On se contente donc de vanter Descartes sans le lire ; car, en le lisant, on eût appris que la sensation appartient exclusivement à l'âme, de même que la pensée.

Si la *sensation* est un *mouvement* excité dans quelque partie du corps, la sensation est une modification du corps, tandis que la perception et la pensée sont des modifications de l'âme. Ce n'est donc plus un seul et même être qui sent, qui perçoit, qui pense ; et nous voilà dans les âmes *sensitives*, et dans les âmes *raisonnables* (t. 1, p. 229-30.)

Si la *sensation* ne diffère en rien de l'*idée sensible*, il sera permis de dire qu'on a des *idées* aux pieds et aux mains, comme on dit qu'on y a du *mal*; ou du moins, il sera permis de dire que c'est aux pieds et aux mains que nous rapportons les idées sensibles, puisque c'est là que nous rapportons les sensations. Des idées aux pieds!

Reproduisons l'objection rectifiée. Les idées intellectuelles et les idées morales viennent-elles des sens?

Cette objection s'adresse à Aristote, à Bacon, à Gassendi, à Hobbes, à Locke, à Condillac, à D'Alembert, à Bonnet, et à tous les philosophes anciens ou modernes qui ne connaissent qu'une seule origine d'idées, les *sens*; c'est-à-dire, qu'elle s'adresse à tous ceux qui, jusqu'à ce moment, ont rejeté les idées innées. Elle ne s'adresse pas à nous, quoique nous rejetions aussi les idées innées, parce que ce n'est pas dans les *sens* que nous plaçons l'origine des idées intellectuelles et des idées morales.

Mais on insiste : la pensée, dit-on, n'est-elle par l'essence de l'âme? et dès-lors n'en est-elle pas inséparable, n'est-elle pas *innée ?*

Encore des équivoques et des malentendus.

Le mot *pensée*, nous en avons fait plusieurs fois la remarque, sert à exprimer, et la faculté de penser, et l'idée que nous obtenons par l'exercice de la faculté de penser : or, ce n'est pas l'*idée* qui est l'essence de l'âme. L'*idée* n'est pas la première chose que l'on conçoit dans l'âme, puisque l'idée présuppose le *sentiment* et l'*action*. Ce sera donc la *faculté de penser*, qui sera l'essence de l'âme? Mais n'avons-nous pas démontré que l'âme, par sa nature, est douée de deux attributs également *essentiels*, l'activité et la sensibilité (t. 1, leç. 4), et, par conséquent, que l'activité seule, ou, ce qui est la même chose, la *faculté de penser* seule, ne constitue pas son essence?

Ni l'idée, ni la faculté de penser, ne sont donc l'essence de l'âme. Mais, la faculté de penser fût-elle cette essence, que pourrait-on en conclure en faveur des *idées innées*?

On en conclurait que la *faculté de penser* est *innée*.

Voilà donc le résultat de tant de disputes et de tant de volumes : la *faculté de penser est innée!* Est-ce bien sérieusement qu'on parle? Il s'agissait de savoir si les *idées*, si les *connaissances humaines* sont dues à l'expérience, au travail, à la méditation, ou, si elles ont été originairement gravées dans l'âme, si elles sont *innées*. On déplace la question ; on change d'objet, et l'on substitue les *facultés* aux *idées*.

NEUVIÈME LEÇON

Mais, qui jamais a pu nier que les facultés fussent innées (1)? Et, quand on vient vous dire qu'il y a des penchans innés, des dispositions innées, des instincts innés, des facultés innées, des lois même innées, des formes, des moules, des catégories, et je ne sais combien d'autres

---

(1) J'ai appris depuis peu que, dans cet alinéa et dans le suivant, on avait cru apercevoir ce qui n'y est pas : on a imaginé que nous avions en vue quelque auteur très-moderne. Si telle avait été notre intention, nous aurions probablement indiqué l'ouvrage, objet de notre critique; et nous en aurions parlé en termes assez mesurés, pour nous faire pardonner, même par l'auteur critiqué.

Mais il n'en est rien. Dans nos leçons *orales*, auxquelles les leçons *imprimées* sont conformes, presque mot pour mot, en ce qui en a été conservé, nous nous étions imposé la loi de garder le silence le plus absolu sur nos contemporains.

Le professeur ayant seul la parole, il lui semblait hors de toute convenance, et peu généreux, de combattre des opinions dont les auteurs n'étaient pas là pour se défendre, et, au besoin, pour attaquer. Ce n'est pas tout: placé entre des amours-propres qu'il aurait voulu ménager, et la vérité dont il aurait dû, surtout, ne pas sacrifier les droits, il se serait cru incapable de conserver long-temps une position aussi difficile.

Nous n'avons donc eu l'intention de faire la critique d'aucun auteur vivant; nous n'y avons pas même pensé : on peut nous croire.

choses innées, ou indépendantes des sens et de toute expérience, ou, si l'on veut encore, qui sont dans l'âme *à priori*, que croit-on nous apprendre ? Qui ne sait que, dans tout être, il y a nécessairement autant de *facultés*, ou de *puissances*, qu'il peut produire d'actes; autant de *capacités* qu'il peut recevoir de modifications; autant de *dispositions*, qu'il peut produire d'actes et recevoir de modifications ? Qui ne sait que le serpent tient de sa nature un *penchant* à ramper; que le taureau naît avec un *instinct* qui le porte à frapper de la corne; l'oiseau et le poisson avec des *dispositions* pour voler et pour nager; l'homme avec la *faculté* de parler, de penser et de raisonner ? Mais est-il permis de confondre la faculté de parler avec la parole, la faculté de penser avec la pensée, la faculté de raisonner avec le raisonnement, la faculté de produire une idée avec une idée ? En vérité, pour dire ces choses, il faut y être obligé ; et j'espère que ce sera mon excuse.

N'allez pas croire cependant qu'il soit nécessaire de reconnaître et d'enregistrer autant de facultés ou de capacités, qu'on peut remarquer d'actes ou de modifications dans l'esprit humain. Au lieu d'enrichir la science, ce serait l'anéantir. Que penserait-on d'un anatomiste qui, admettant avec Bonnet, que la fibre de l'œil qui produit le rouge, n'est pas la fibre qui produit le bleu ; ou que la fibre de l'oreille qui donne un ton, n'est pas celle qui donne un ton différent, verrait dans cette observation la plus grande des découvertes ? Vous avez cru jusqu'ici, nous dirait-il, être réduits au très-petit nombre de cinq sens ; je viens vous apprendre que la nature a été bien plus libérale envers vous : combien ne vous a-t-elle pas donné d'organes de la vue ? j'en vois d'abord sept principaux, destinés aux sept couleurs primitives. Ensuite, etc. (leç. 4.)

Nous pouvons maintenant donner l'explication de la *table rase*, *tabula rasa*, au sujet de laquelle on a tant écrit. Les uns comparent l'âme, au moment de sa création, à des tablettes sur lesquelles rien n'est tracé ; les autres, conservant la même comparaison, veulent que l'âme, en sortant des mains de Dieu, soit sillonnée, s'il est permis de le dire, par des linéamens qui forment des dessins plus ou moins nombreux, plus ou moins bien terminés. Représentez-vous une feuille de papier blanc. Voilà, suivant les premiers, une image de l'âme, antérieurement à son union avec le corps. Si le papier, au contraire, se trouve chargé de caractères, il figurera, suivant les seconds, l'état originaire de l'âme.

Les caractères que l'on suppose dans l'âme, étant très-peu sensibles, et comme cachés dans sa substance, on aurait pu les assimiler, non à ces traits qu'on forme avec une plume et de l'encre sur la surface du papier, mais à ceux qui sont cachés dans l'intérieur et dans l'épaisseur de la feuille : la comparaison eût été, je n'ose pas dire plus juste, mais du moins plus naturelle.

L'âme, au premier moment de son existence, est-elle *tabula rasa*, table rase?

Oui, et non. Voulez-vous parler des *idées*, des *connaissances*? l'âme peut être comparée à une table rase. Parlez-vous des *facultés*, des *capacités*, des *dispositions*? La comparaison ne saurait avoir lieu; elle est fausse. L'âme a été créée sensible et active. La faculté d'agir ou de penser, et la capacité de sentir, sont innées. Les idées, au contraire, sont toutes acquises; car, les premières idées qui éclairent l'esprit supposent les sensations, qui elles mêmes sont acquises.

Les *idées innées*, sous quelque forme qu'on les présente, de quelque nom qu'on les décore, de quelques couleurs qu'on les embellisse, ne soutiennent donc pas l'examen d'une raison qui veut se satisfaire; et la philosophie, en les créant, s'oublia elle-même pour faire l'office de l'imagination.

Non, l'homme ne vient pas au monde, pourvu d'idées, riche de connaissances ; l'ignorance est son état primitif ; il ne peut en sortir, qu'à mesure que la vivacité du sentiment réveille les facultés qui doivent lui former une intelligence.

Des connaissances antérieures à tout *sentiment* seraient des connaissances sans origine et sans cause ; et nous ne savons, qu'autant que nous avons senti, qu'autant que nous avons appliqué les facultés de notre esprit à nos différentes manières de sentir. Nous ne savons que ce que nous avons appris : vérité triviale qu'il est bien extraordinaire qu'il faille demander à à la philosophie.

Si quelque partisan des *idées innées*, frappé des réflexions que je viens de vous présenter, voyait avec peine le renversement d'un système qu'il chérissait, je lui dirais :

Je suis aussi fâché que vous que nos connaissances ne soient pas *innées*. Plût à Dieu que nous les apportassions toutes en venant au monde! mais la nature en a ordonné autrement. Elle a voulu, qu'à l'exception des idées qui sont nécessaires à notre conservation, et qu'elle nous montre en jouant avec nous, pour ainsi dire, presque toutes les autres lui fussent arrachées avec violence. Ce n'est pas en restant oisif, que l'homme a trouvé les sciences, et qu'il a inventé les arts. Aussi, peut-il, à juste titre, s'en glorifier comme d'une conquête : heureuse conquête, qui le récompense magnifiquement de ce qu'il a fait pour l'obtenir. Il a mis un siècle à s'emparer d'une vérité ; il en jouira pendant des milliers de siècles. Doit-il se plaindre de sa condition ?

« Comme nous sommes condamnés à gagner notre vie à la sueur de notre front, il faut, dit Mallebranche, que l'esprit travaille pour se nourrir de la vérité. Mais, croyez-moi, ajoute-t-il, cette nourriture des esprits est si délicieuse, et donne à l'âme tant d'ardeur, lorsqu'elle en a goûté, que, quoiqu'on se lasse de la chercher, on ne se lasse jamais de la désirer, et de recommencer ces recherches ; car, c'est pour elle que nous sommes faits. » (*Entret. métaph.* t. 1, p. 91.)

DIXIÈME LEÇON.

Distribution des idées sensibles, intellectuelles, et morales, en différentes classes.

Aucune idée n'est *innée*. Aucune idée ne fut originairement gravée dans nos âmes par la main de la nature. Toutes, sont dues à notre activité propre. De la *sensation*, l'esprit fait sortir les idées *sensibles;* du sentiment de l'action *de ses facultés*, et du sentiment *des rapports*, les idées *intellectuelles;* du sentiment *moral*, les idées *morales*.

Ces trois espèces d'idées, ou plutôt ces quatre espèces d'idées (puisque les idées intellectuelles en comprennent deux), se divisent, chacune, en un certain nombre de classes, et de mêmes classes : elles sont :

Vraies ou fausses,
Claires ou obscures,
Distinctes ou confuses,
Complètes ou incomplètes,
Réelles ou chimériques,
Absolues ou relatives,
De choses ou de mots.

Elles sont simples, composées, collectives, abstraites, générales.

Toutes ces classes n'ont pas, il s'en faut, une égale importance : il suffira presque d'avoir énoncé les premières. Nous nous arrêterons sur les dernières, particulièrement sur les idées *abstraites*, et sur les idées *générales*. Car, de ces deux sortes d'idées, dépend surtout l'intelligence de l'homme.

Cependant, nous ne partageons pas l'opinion de ceux qui rejettent comme inutiles, ou comme mal fondées, la plupart des divisions que nous venons d'indiquer.

Toute idée considérée en elle-même, disent-ils, est claire, distincte ; elle est complète, réelle ; elle est encore vraie, s'il est permis d'attribuer aux idées une qualité qui ne convient qu'aux jugemens.

Ces assertions ne sont pas aussi décisives qu'on se l'est imaginé.

Sans doute, rien n'est moins judicieux que de multiplier les classes au delà du besoin. C'était le grand vice de la méthode des scolastiques, parmi lesquels je citerais Raimond Lulle, s'il restait le moindre souvenir de ses catégories. C'est aussi le vice de quelques modernes, dont les écrits semblent vouloir faire revivre la barbarie du moyen âge. On veut éclairer les objets, et l'on disperse les rayons de lumière. On veut soulager l'esprit ; on le surcharge, on l'accable.

Il y aurait ici moins d'inconvéniens à pécher par défaut, que par excès. En divisant trop peu, nous ne voyons pas tout, il est vrai ; mais, du moins, ce que nous avons sous les yeux, nous le voyons. En divisant trop, au contraire, tout échappe au regard ; tout se perd dans la confusion. *Confusum est quidquid in pulverem sectum est*, a dit Sénèque.

Un petit nombre de divisions commodes, sinon indispensables, et qu'il suffit d'avoir énoncées une fois pour ne plus les oublier, ne méritent pas le reproche de morceler ainsi leur objet, et de l'anéantir en quelque sorte ?

Ceux qui rejettent ces divisions, supposent que les idées sont toujours considérées en elles-mêmes, indépendamment de leur objet. Ce n'est pas ainsi que l'entendaient les philosophes qui, les premiers, ont parlé d'idées claires, distinctes, complètes, réelles. Ils ont prétendu, certainement, qu'elles représentaient des objets réels, qu'elles les représentaient d'une manière claire et distincte, qu'elles les montraient dans leur intégrité.

Et, sans avoir égard aux rapports qu'une idée peut avoir avec son objet, est-il bien certain, qu'en elle-même, elle ne renferme jamais rien d'obscur, rien de confus ; qu'on saisisse toutes les idées élémentaires dont elle se compose; qu'on la distingue infailliblement de toutes les idées qui ont avec elles de l'analogie ? Est-il certain qu'elle soit toujours réelle, qu'elle ne se détruise pas quelquefois elle-même, comme l'idée de ce *médiateur*, mélange d'esprit et de matière, dont j'ai besoin que vous m'excusiez de vous avoir entretenus à la dernière séance ?

Quant à la *vérité des idées*, on a tort de la confondre avec la *vérité des jugemens*. Celle-ci consiste dans la perception, ou dans l'affirmation du rapport, entre un sujet et son attribut; tandis que la vérité des idées n'est qu'une simple conformité avec leur objet. Copernic et Galilée avaient une *idée vraie* du système du monde. Ils se le représentaient par une image fidèle. Bacon et Ticho-Brahé en avaient une *idée fausse*. Ils s'en formaient une image sans ressemblance.

N'appauvrissons pas la langue, en lui ôtant des mots qui servent à marquer les nuances de nos sentimens et de nos opinions. Je conviens que, si vous avez, d'un objet, une idée très-vraie, très-juste, il sera superflu d'ajouter que cette idée n'est ni obscure, ni confuse, ni incomplète; mais il est rare qu'il y ait tant de perfection dans nos idées ; et, pour dire ce qui est, il nous faut, d'ordinaire, des expressions qui modifient ce que d'autres expressions ont de trop absolu.

Vous apprendrez à choisir entre ces expressions, celle qui saisit le caractère fugitif de l'idée, celle qui peint le mieux ce caractère, si vous lisez assidûment les bons écrivains de métaphysique. Vous l'apprendrez, si vous vous interrogez vous-même, lorsque votre esprit est tout entier à une idée. Alors, le mot propre se présentera de lui-même : rien ne sera laissé à l'arbitraire ; et, dans votre langue, deux mots ne seront jamais entièrement synonymes.

C'est, à ce qu'il y a de distinct ou de confus dans nos idées, que nous devons particulièrement nous arrêter. Le caractère propre et essentiel de l'idée, est la distinction; et, si nous voulions nous énoncer avec une rigueur géométrique, nous refuserions le nom d'*idée* à l'idée confuse; et nous verrions en elle un simple *sentiment*, comme dans le *sentiment distinct*, nous avons vu l'*idée* elle-même (leç. 2).

Mais il ne faut pas oublier, que, du simple *sentiment* que produit en nous la première impression d'un objet composé, à la connaissance parfaite de cet objet, il y a nécessairement un grand nombre de degrés. Dans cet intervalle, se placent les *idées* plus ou moins distinctes, les *sentimens* plus ou moins confus.

Que si, venant à des applications, on cherchait à apprécier quelques-unes des idées que nous nous sommes faites jusqu'à ce moment ; celles des *facultés de l'âme*, par exemple, ou celles de la *méthode*, ou des *définitions*, ou du *jugement*, ou de *nos différentes manières de sentir*, la chose ne serait pas très-difficile.

Pour ne parler que des *facultés de l'âme*; l'idée, ou plutôt les idées que nous en avons, les distinguent certainement de tout ce qui n'est pas elles. L'entendement, est séparé de la volonté. Les facultés particulières de l'entendement et de la volonté ne peuvent plus se confondre. Nous dirons, sans balancer, que nous avons, des facultés de l'âme, une idée *très-distincte*.

Cette idée est-elle *claire* ?

En vous occupant des facultés de l'âme, de ses différentes manières d'agir, sentez-vous la présence de quelque nuage qui vous dérobe une partie de l'objet? N'avez-vous pas été forcés de convenir que l'horloger le plus expérimenté ne connaît pas mieux le mécanisme d'une montre, que vous ne connaissez tous les ressorts de la pensée ? (t. 1 , p. 188.)

Est-elle *complète* ?

Comment oser dire, comment oser penser, même du plus petit objet, qu'on en ait une connaissance qui ne laisse rien à désirer, à moins que cet objet ne soit de notre création ? Cependant, nous croyons avoir démontré qu'on ne peut, sans changer la nature de l'âme, rien ôter, rien ajouter à ses facultés, telles que nous les avons décrites (t. 1, leç. 4, 6 et 14.)

Est-elle *vraie ?* est-elle copiée sur la nature ?

Ici, messieurs, il me semble que nous devons changer de rôle. C'est moi qui dois vous adresser une pareille question ; et c'est de vous que j'en attends la réponse. Mais, avant de faire cette réponse, rappelez-vous, je vous prie, ce que nous avons dit dans la première partie (t. 1, p. 188-362.)

Il n'y aurait donc rien à gagner, nous ferions, au contraire, une perte réelle, si nous consentions à supprimer des expressions consacrées par les meilleurs esprits ; et nous continuerons, autant qu'il sera en nous, à nous faire des idées *vraies*, des idées bien *claires*, bien *distinctes*. Nous travaillerons à les rendre tous les jours plus *complètes;* surtout, nous tâcherons de ne pas prendre des chimères pour des *réalités*.

Nous avons parlé ailleurs des idées *absolues* et des idées *relatives*, ainsi que des idées *de choses* et des idées *de mots*. Je n'ajouterai rien maintenant à ce que nous avons dit dans une des dernières leçons, et dans la première partie (t. 1, leç. 13). Je me hâte d'arriver aux idées *simples* et aux idées *composées*, qui demandent quelques développemens. Je traiterai, à leur suite, des idées *abstraites* et des idées *générales*, qui en exigent davantage.

Une idée *simple* est une idée unique : on ne saurait la décomposer en plusieurs autres idées. L'idée *composée* est un agrégat d'idées, une réunion d'idées.

Sont *simples*, ou approchant de la simplicité, 1°. les idées que nous acquérons par l'action des sens isolés ; les idées des couleurs, des sons, des saveurs, des odeurs, et de plusieurs qualités tactiles, comme le froid, le chaud, le rude, le poli, etc.

A la vérité, chacun de nos sens nous fournit des sensations composées, qui peuvent donner lieu à plus d'une idée. Une odeur est souvent la réunion de plusieurs odeurs ; un son, la réunion de plusieurs sons. Alors, si l'on décompose la sensation qu'on éprouve, chacune des sensations partielles fera naître une idée simple.

L'idée est encore simple, quoique occasionée par une sensation composée, lorsque nous ne décomposons pas cette sensation. L'idée du *blanc* est une idée simple, quoique provenant d'une sensation susceptible de se diviser en une multitude de sensations distinctes. Peut-être, y a-t-il des êtres sensibles tellement organisés, que la couleur blanche n'existe pas pour eux, et qui voient les couleurs variées du prisme, où nous ne voyons qu'une seule couleur, couleur simple par rapport à nous, mais composée en elle-même.

2°. Ne sont pas simples les idées *des facultés de l'âme*. La liberté, la préférence, le désir, sont des facultés qui en comprennent d'autres. Le raisonnement se compose de comparaisons : la comparaison, résulte de deux actes simultanés d'attention. Les idées de l'entendement et de la volonté sont, à plus forte raison, des idées composées. L'idée de la seule attention est simple : elle ne se compose pas des idées de plusieurs facultés.

3°. Sont simples, les idées *morales* qui sortent immédiatement de divers sentimens moraux. Comment décomposer les idées de l'amitié, de la tendresse ? Comment décomposer l'idée de l'amour maternel ?

4°. Sont simples les idées *de rapport*, lorsque, de deux idées comparées, il ne sort qu'un seul rapport, ou lorsque l'esprit n'en considère qu'un seul. Telles sont les idées d'égalité, de supériorité, d'antériorité, de commencement, etc., et leurs contraires.

Sont *composées* les idées de rapport, lorsque

les termes de la comparaison donnent lieu à un certain nombre de rapports, et que l'esprit veut les saisir tous, ou plusieurs à la fois; comme si, d'une seule vue, on voulait embrasser tout ce qu'ont de semblable, ou de différent, la constitution politique de la France et celle de l'Angleterre.

Remarquons ici, que, pour obtenir l'idée d'un rapport déterminé, nous n'avons pas besoin de deux objets déterminés. L'idée d'*égalité* peut nous venir, de la comparaison de deux figures de géométrie, de celle de deux nombres : elle peut nous venir de la comparaison de deux objets physiques. De même, nous pouvons obtenir l'idée de *supériorité* en comparant la hauteur d'un chêne à celle d'un roseau, en comparant le génie d'Homère à celui de Lucain.

L'*idée de rapport* n'est donc pas une même chose que l'idée des deux termes de la comparaison. Les termes de la comparaison peuvent changer mille fois, l'idée de rapport restant toujours la même. Et ceci confirme ce que nous avons dit dans une de nos leçons précédentes ; savoir, que l'idée de rapport est une troisième idée résultant de la présence simultanée de deux idées (leç. 7).

5°. Nous rangerons parmi les idées simples, plusieurs idées qu'on est porté à regarder comme composées; les idées d'étendue, de temps, de mouvement, et plusieurs autres qui ne sont que la répétition d'une même idée. Qu'on divise une ligne en deux parties; qu'on la divise en quatre; qu'on la divise à l'infini; on ne trouvera jamais que des longueurs dans des longueurs. J'en dis autant des solides, des surfaces, du temps, du mouvement, des angles, etc.

Si l'on objecte que le solide se compose de trois dimensions, la surface de deux; que le temps se compose du passé, du présent, et du futur; que l'idée du mouvement renferme celle du temps et celle de l'espace : je réponds, qu'un solide se compose de solides, ou plutôt, qu'il est un assemblage de solides; qu'on ne peut le concevoir que comme un assemblage de solides; qu'en divisant le temps en passé, présent, et futur, on le divise en trois temps; et que l'idée du mouvement, quoique inséparable de l'idée du temps et de celle de l'espace, est une idée différente de ces deux idées. Je réponds, en second lieu, que si la comparaison de la ligne avec le solide vous fait voir, dans le solide, une sorte de composition, je le veux bien; mais souvenez-vous que cette prétendue composition, n'est autre chose qu'un arrangement imaginé entre des lignes ou des longueurs.

6°. Enfin, nous devons compter parmi les

idées plus ou moins simples, les idées partielles dont la réunion forme une idée composée. Ainsi, l'idée de la pesanteur, celle de la ductilité et celle de la malléabilité de l'or, sont réputées simples ; soit qu'en effet elles ne puissent pas se diviser en d'autres idées; soit qu'on leur donne le nom de simples, par opposition à l'idée de l'or qui comprend un grand nombre d'idées.

Et comme, en voyant de l'or ou en y pensant, on ne peut s'occuper d'une manière spéciale de sa pesanteur, sans perdre de vue ses autres qualités, ni porter l'attention sur l'idée particulière de pesanteur, sans séparer dans son esprit cette idée de pesanteur des autres idées avec lesquelles elle se trouve naturellement associée; on a dit, que les qualités des objets, considérées indépendamment des autres qualités avec lesquelles elles existent, et que les idées, séparées des autres idées avec lesquelles elles sont associées, étaient des qualités *abstraites* et des idées *abstraites*, c'est-à-dire, des qualités et des idées séparées.

Les idées *abstraites* approchent d'autant plus de la simplicité parfaite, qu'elles ont été précédées d'un plus grand nombre d'abstractions successives.

De l'idée de *corps* ou de *matière bornée en tous sens*, retranchez les bornes ; il vous restera l'idée de *matière*, idée plus simple que celle de corps. De l'idée de matière, on *d'étendue impénétrable*, retranchez l'idée d'impénétrabilité; vous aurez l'idée d'*étendue*, plus simple que celle de matière.

De même, si, de l'idée d'*écarlate*, ou de *couleur rouge*, vous séparez le rouge, vous aurez l'idée de *couleur*, idée plus simple que celle de couleur rouge. Maintenant que vous avez l'idée de couleur, ou de *sensation visuelle*, cessez de penser que vous la devez au sens de la vue; il vous restera l'idée de *sensation*, plus simple que celle de sensation *visuelle* ou de couleur. Enfin, dans l'idée de sensation, ou de *sentiment produit par une impression sur l'organe*, négligez cette circonstance, qu'il est produit par une impression sur l'organe; vous aurez l'idée de *sentiment*, idée plus simple que celle de sensation.

Ainsi, après les idées qui sortent des premiers développemens de nos quatre manières de sentir, et qui sont le commencement ou le principe de toutes nos connaissances, nous compterons, parmi les idées simples, celles qui s'éloignent de leur source, celles qui s'en éloignent le plus, et que nous formons par l'*abstraction*, c'est-à-dire par l'action de l'esprit, alors qu'elle se porte exclusivement sur une seule des idées dont la réunion forme cette foule d'idées composées qui, pour le plus grand nombre des esprits, sont une surcharge plutôt qu'une richesse réelle.

La simplicité des idées n'est donc souvent qu'une moindre composition; et je ne voudrais affirmer, d'aucune des idées dont nous venons de parler, qu'elle soit réellement indivisible. Nous en userons comme les chimistes, qui rangent provisoirement, parmi les élémens simples, tous ceux qui se refusent à une division ultérieure.

Si nous avions une table exacte des idées élémentaires qui sont dans l'esprit humain, le projet d'*une langue universelle* pourrait n'être pas une chimère. Ce projet a été formé si souvent; on en a tant parlé, que vous serez peut-être bien aises de savoir en quoi il consiste. Comme on ne saurait faire une plus belle application de la théorie des idées simples, je m'y arrêterai quelques instans. Mais, qu'est-ce qu'une langue universelle? que serait une langue universelle?

Avant de dire ce qu'elle serait, je crois devoir vous dire ce qu'elle ne serait pas.

D'abord, ne croyez pas que ce fût une langue parlée; car, en la supposant reçue pour un moment, elle perdrait bien vite son universalité. Que tous les habitans de la terre parlent aujourd'hui une même langue, il ne faudra pas des siècles pour que cette langue se partage en une infinité de dialectes. Les peuples du Nord, et ceux du Midi, ne tarderont pas à faire passer dans l'expression de leurs sentimens et de leurs idées, le caractère de leur climat, de leurs mœurs, de leurs habitudes, et bientôt ils cesseront de s'entendre. Ce qui est arrivé aux langues que les hommes parlaient dans les anciens temps, nous dit assez ce qui arriverait à la langue que nous venons de supposer.

La *langue universelle* devrait donc être, ou une langue écrite d'une manière quelconque, ou une langue gesticulée ; mais, dans cette dernière supposition, on serait encore obligé d'écrire les gestes, comme nous le verrons dans un moment.

Or, il y a deux sortes d'écritures, et deux sortes de gestes ; l'écriture et les gestes qui ne sont pas alphabétiques, et l'écriture et les gestes qui sont alphabétiques.

L'écriture qui n'est pas alphabétique, représente immédiatement les *objets* ou leurs *idées*. Un arc, par exemple, représente un guerrier ; un œil, l'intelligence ; un serpent, l'univers, etc. Telle est, à peu près, l'écriture des Chinois et de quelques autres peuples de l'Asie ; telle était l'écriture des anciens Égyptiens : on l'appelle *hiéroglyphique*. Les gestes que font les sourds-muets pour se faire comprendre, lors qu'ils n'ont encore reçu les leçons d'aucun maître, représentent aussi immédiatement les objets.

L'écriture alphabétique, représente immédiatement les *sons* de la voix, excepté, sans qu'on le dise, pour ceux qui seraient privés de l'ouie. Elle fut trouvée, dit-on, par les Phéniciens, qui la transmirent aux Grecs et aux Romains, et par eux à toute l'Europe. Les gestes alphabétiques représentent immédiatement la figure des lettres de l'alphabet ; tel est l'*alphabet manuel* qu'on enseigne aux sourds-muets, dans les écoles destinées à leur instruction.

Il est aisé de concevoir que, ni l'écriture alphabétique, ni les gestes alphabétiques, ne peuvent être la langue que nous cherchons. Les sons de la voix et la figure des lettres sont des choses trop variées et trop variables pour atteindre ce but. Il faudrait donc, pour établir une langue universelle, employer des caractères ou des gestes qui représentassent les objets immédiatement.

Tous ceux qui se sont occupés du projet d'une langue universelle, ont bien senti que ce n'était qu'au moyen de signes de cette dernière espèce qu'ils pourraient le réaliser. Mais ils n'ont guère pensé aux gestes. Leurs efforts se sont dirigés vers une écriture hiéroglyphique, indépendante du langage d'action ; et ils se sont donné beaucoup de peine pour trouver les caractères élémentaires de cette écriture.

Parmi les savans, en assez grand nombre, qui ont fait quelques essais, on ne manque jamais de citer Leibnitz. Assurément, c'est un très-beau nom que celui de Leibnitz ; il ne peut que servir d'ornement et d'appui à un ouvrage sur les langues, sur la philosophie, sur les mathématiques, et sur plusieurs autres sciences. Mais la justice et la vérité doivent passer avant tout. Pourquoi donc, à l'occasion de *la langue universelle*, ne nous fait-on jamais entendre un nom, aussi grand sans doute que celui de Leibnitz, le nom de Descartes ? Il a l'antériorité : il a tout par conséquent, si ce que nous connaissons de Leibnitz n'est guère qu'une répétition de ce que dit Descartes.

Leibnitz avait formé le projet d'une *Histoire de la langue caractéristique universelle*, dont, après sa mort, on trouva le commencement parmi les papiers qu'il avait laissés. Voici ce qu'il y a dans ce fragment :

1°. Leibnitz remarque d'abord que, depuis le siècle de Pythagore, on a toujours cru que la science des nombres, et les caractères numériques, recélaient de grands secrets :

Que plusieurs savans avaient cherché des caractères universels, c'est-à-dire, des caractères qui pussent s'appliquer, non-seulement aux idées des nombres, mais à toute espèce d'idées.

Ces caractères une fois trouvés, on aurait eu une *caractéristique universelle* dont il était permis de tout espérer, pour établir un ordre parfait dans les connaissances, et pour les communiquer avec facilité ; parce que chacun aurait pu lire dans sa propre langue ce qui se rait trouvé écrit dans cette langue, ou *caractéristique universelle*, comme chacun lit dans sa propre langue, les nombres exprimés par les *caractères universels* de l'arithmétique, 1, 2, 3, 4, etc.

2°. Leibnitz ajoute que personne ne s'est avisé qu'une pareille langue serait le premier de tous les arts, l'art d'inventer, de démontrer et de juger.

3°. Qu'il avait eu lui-même cette idée, étant presque enfant, et qu'il s'en était occupé toute sa vie.

4°. Que cette idée consiste à dresser un catalogue exact, non pas des *notions simples*, mais des *notions composées*, c'est-à-dire, des *jugemens* ou des *pensées*, et à marquer chaque jugement ou pensée d'un caractère propre et spécial. Par ce moyen, on aurait un *alphabet des pensées;* et, si l'on trouvait un moyen sûr de combiner tous les élémens de cet alphabet, ou toutes les *pensées élémentaires*, il n'y aurait rien à quoi l'intelligence de l'homme ne pût atteindre.

5°. Que cette nouvelle langue ajouterait à la puissance du raisonnement, plus que le télescope n'ajoute à la puissance de l'œil, plus que l'aiguille aimantée n'a ajouté aux progrès de la navigation; et, qu'à moins d'être inspiré du ciel, ou de posséder l'autorité du plus grand monarque, il serait impossible de faire, pour le bien, ou pour la gloire du genre humain, quelque chose de plus avantageux que d'enseigner une pareille langue.

6°. Qu'il admire qu'aucun des savans dont la mémoire nous est parvenue, n'ait soupçonné tout ce que renfermait cette découverte : que, surtout, il est étonné que ces choses ne se soient pas présentées à Aristote, à Jungius de Lubeck, dont il vante l'immense capacité, ou à Descartes.

7°. Il dit enfin, qu'il a eu le bonheur de trouver ce qui a échappé à tant d'esprits, qu'il va nous le faire connaître...... Et là finit l'histoire de la *caractéristique universelle.*

Écoutons maintenant Descartes.

Le père Mersenne lui écrit qu'il vient de

paraître un *projet de langue universelle*, dont il lui communique les principales idées, telles que, 1°. interpréter cette langue avec le secours d'un dictionnaire ; 2°. cette langue étant connue, connaître toutes les autres qui n'en sont que des dialectes, etc. Descartes lui répond aussitôt : il discute, l'une après l'autre, toutes ces propositions ; il approuve ; il critique ; il cherche à deviner le secret de l'inventeur ; il ajoute à ses inventions ; et toutes ses remarques sont d'une sagacité admirable. Cela ne lui suffit pas.

« Je trouve, dit-il, qu'on peut ajouter à ceci une invention pour composer les caractères primitifs de cette langue ; en sorte qu'elle pourrait être enseignée en peu de temps, en établissant un ordre entre toutes les pensées qui peuvent entrer en l'esprit humain, de même qu'il y en a un naturellement établi entre les nombres..... Mais je ne crois pas que votre auteur ait pensé à cela, tant parce qu'il n'y a rien en toutes ses propositions qui le témoigne, que parce que l'invention de cette langue dépend de la vraie philosophie ; car il est impossible, autrement, de dénombrer toutes les pensées des hommes, et de les mettre par ordre, ni seulement de les distinguer, en sorte qu'elles soient claires et simples, ce qui est, à mon avis, le plus grand secret qu'on puisse avoir pour acquérir la bonne science. Et si quelqu'un avait bien expliqué les *idées simples* qui sont en l'imagination des hommes, desquelles se compose tout ce qu'ils pensent, et que cela fût reçu de tout le monde, j'oserais espérer ensuite une *langue universelle* fort aisée à apprendre, à prononcer, et à écrire; et, ce qui est le principal, qui aiderait au jugement, lui représentant si distinctement toutes choses, qu'il lui serait presque impossible de se tromper; au lieu, que, tout au rebours, les mots que nous avons n'ont que des significations confuses, auxquelles l'esprit des hommes s'étant accoutumé de longue main, cela est cause qu'il n'entend presque rien parfaitement. Or, je tiens que cette langue est possible, et qu'on peut trouver la science de qui elle dépend, par le moyen de laquelle les paysans pourraient mieux juger de la vérité des choses que ne font maintenant les philosophes, etc. » (*Lettres de Descartes*, t. 2, p. 548.)

Après ce que vous venez d'entendre, on est également surpris de deux choses. Leibnitz ne nomme Descartes que pour témoigner le regret qu'il n'ait pas eu l'idée d'une *langue universelle*. Il prend pour son alphabet des notions composées, des jugemens des propositions.

Combien de caractères n'eût-il pas fallu pour un tel alphabet? Car il est aisé de voir que le nombre des notions composées, de celles qui le sont le moins, excède le nombre des notions simples, dans le même rapport que le nombre des syllabes qu'on peut former avec vingt-quatre lettres, excède le nombre vingt-quatre.

Il est fâcheux que, d'un travail qui avait occupé toute la vie de Leibnitz, nous ayons si peu de chose. Qu'en reste-t-il, en effet? ce que Descartes, soixante-dix ans auparavant, avait trouvé dans un quart d'heure.

Une langue universelle est-elle possible? Plusieurs savans l'ont cru. Descartes l'a cru. Descartes pense-t-il que cette langue puisse devenir familière à tous les habitans d'une ville, à tout un peuple, à tous les peuples? Oui, répond-il, mais *dans le pays des romans*. (*Ib.* p. 550.)

Nous n'irons pas dans le pays des romans; nous n'irons pas bien loin dans le pays des réalités, pour trouver la langue universelle. Nous n'aurons pas même besoin de la chercher; car elle est partout. Elle est, de tous les temps et de tous les lieux. Elle fut connue de nos premiers pères; elle sera connue de nos derniers neveux. Savans, ignorans, tout le monde la comprend, tout le monde la parle. Que l'un de nous soit transporté aux extrémités du globe, au milieu d'une horde de sauvages : croyez-vous qu'il ne saura pas exprimer les besoins les plus pressans de la vie? Croyez-vous qu'il puisse se méprendre sur les signes d'un refus barbare, ou d'une intention généreuse et compatissante? Il ne s'agit donc pas d'inventer une langue universelle, de la faire : elle existe; c'est la nature qui l'a faite.

Cette langue, vous le voyez, c'est la langue des gestes, la langue d'action ; et si vous dites qu'une pareille langue est bien pauvre, qu'elle ne peut suffire à tous les besoins de la pensée, je réponds qu'il ne tient qu'à nous de l'enrichir. Elle est pauvre, parce qu'on la dédaigne et qu'on la délaisse; nous l'avons jugée inutile, et elle l'est devenue. Cependant elle pourrait, aussi-bien qu'aucune langue parlée, recevoir et rendre tous les sentimens qui sont dans le cœur de l'homme, toutes les idées qui sont dans son esprit. Ce qu'on raconte des pantomimes qui jouaient sur les théâtres de Rome ; l'assurance avec laquelle Roscius s'engageait à traduire, par des gestes, les éloquentes périodes de Cicéron, et à les traduire avec la plus grande fidélité, alors même qu'il plairait à l'orateur d'en changer le caractère en variant le tour, ou en transportant les mots; enfin, ce que font, sous nos yeux, une foule de sourds-muets : tout nous dit ce qu'il est permis d'attendre d'une pareille langue. Que les grammairiens, les philosophes, les académies, se réunissent pour en favoriser les développemens ; les promesses de Descartes et de Leibnitz seront bientôt réalisées.

Mais il faut rendre cette langue à elle-même, et la ramener à sa première simplicité, à son unité primitive. On n'aura pas d'universalité avec des *alphabets manuels*. Le sourd-muet de Paris parle français avec ses doigts ; celui de Vienne parle allemand ; celui de Pétersbourg parle russe. Il s'agit donc d'améliorer et de perfectionner, non la partie du langage d'action qui représente immédiatement la figure des lettres, et qui ne peut être qu'une langue locale, mais celle qui représente immédiatement les idées ou les objets, afin de lui faire exprimer tout, à elle seule.

Supposons la chose faite. Supposons, 1°. qu'on ait un dénombrement suffisamment exact des idées élémentaires ; 2°. qu'on ait trouvé des signes d'action pour chacune de ces idées ; 3°. et enfin que, pour combiner ces signes et ces idées, on ait rédigé une grammaire bien simple, bien naturelle.

Maintenant, établissons dans toutes les écoles de l'Europe, des maîtres chargés d'enseigner cette langue. Ne vous semble-t-il pas que, dans l'espace d'une année, tout le monde pourra la parler? Les enfans n'y seront pas les moins habiles, car ils sont curieux; et des leçons en gestes et en mouvemens ne leur paraîtront pas ennuyeuses.

On pourra donc voyager au Nord, au Midi, et n'être étranger nulle part. Le Parisien se fera entendre à Lisbonne ou à Archangel, aussi-bien que dans le faubourg Saint-Germain. Si c'est un homme du peuple, il ne dira dans cette langue, comme dans la sienne, que des choses qui se rapportent aux usages communs de la vie; si c'est un artiste, un savant, un philosophe, un politique; comme ils auront fait, sans doute, une étude soignée de la partie de la langue qui les intéresse, ils communiqueront avec une grande facilité leurs théories, leurs systèmes, leurs découvertes; et ils recevront en échange d'autres théories, d'autres découvertes.

Il est vrai que nous raisonnons sur des suppositions; et l'on doutera qu'on puisse les réaliser. Est-il bien facile, nous dira-t-on, de faire le recensement de toutes les idées simples, de les caractériser par des signes bien choisis, de les ordonner d'après les divers besoins de l'esprit, de les combiner suivant les lois d'une bonne logique?

Et quand on aurait surmonté toutes ces difficultés, il en resterait une encore, et la plus grande de toutes. Il faudra écrire cette langue, sans quoi l'on ne pourra pas se communiquer d'un lieu à un autre; et nos savans seront obligés, ou de revenir aux langues ordinaires qu'on parle et qu'on écrit, ou de passer leur vie en voyages, comme les philosophes de l'antiquité. Or, comment écrire le langage d'action? Quels caractères peindront la finesse, ou la stupidité? l'orgueil du regard, ou sa modestie? le doux sourire, ou les convulsions des lèvres, etc.? Ne faut-il pas renvoyer aussi l'exécution de ce projet dans le *pays des romans*?

Je conviens que ces difficultés sont effrayantes; mais que diriez-vous, si l'on vous répondait, comme il fut répondu à celui qui niait la possibilité du mouvement? on marcha devant lui. Espérons qu'un jour, son livre à la main, quelque disciple de l'abbé de l'Épée, ou de son digne successeur, nous dira : ouvrez et lisez: voilà l'écriture que vous avez jugée impossible.

Il vous sera facile de comprendre, que cette langue universelle se distribuerait en autant de langues que les connaissances humaines comprennent de sciences; et que, lorsqu'elle aurait reçu de grands perfectionnemens, ce serait une entreprise téméraire, de vouloir l'embrasser dans toute son étendue. Les savans, après s'être instruits de ce qu'elle a de plus usuel, feraient donc sagement de borner leur ambition. Quelque facilité que l'esprit de l'homme puisse recevoir du secours des signes, la nature est si immense, si variée, si inépuisable, que l'étude de la seule métaphysique, de la morale, d'une branche de la physique, demanderont toujours une application sans partage ; comme l'étude de l'arithmétique et de l'algèbre, malgré la perfection et l'universalité de leurs signes, exigent le dévouement entier de l'homme doué de la plus grande capacité.

Je n'insiste pas davantage. J'ai voulu seulement vous faire remarquer, comment une langue universelle se lie aux idées simples. Cependant, je ne serais pas étonné que le peu que nous avons dit, remuât quelques imaginations. Nous aimons les grands projets : ils nous charment toujours, au hasard d'y mêler quelques rêves. Et quel projet plus grand, que celui de ramener à l'uniformité d'une loi de la nature, ce qu'il y a au monde de plus changeant et de plus divers, l'expression de la pensée !

Parce que la langue universelle repose sur une bonne théorie des idées simples, il ne faut pas s'imaginer qu'il soit nécessaire de tenir un compte minutieux de toutes ces idées. On peut, sans aucune perte réelle pour l'avancement des sciences, en négliger le plus grand nombre : on le doit même, afin de réduire l'alphabet à de justes bornes. Qu'est-il besoin d'enregistrer toutes les modifications qui nous viennent de chacun de nos sens? Aussi, manquent-elles d'expressions, pour la plupart, dans nos langues vulgaires. Quand on a dit, d'une odeur, qu'elle est bonne ou mauvaise, et d'une saveur, qu'elle est aigre, douce, amère, on est obligé de recourir à des comparaisons ; odeur de rose ; odeur de violette ; goût de sucre, etc.

Et si vous généralisez cette observation, vous trouverez que nous avons infiniment plus de sensations et de sentimens que d'idées, et beaucoup plus d'idées que de mots.

Pour que le nombre de nos idées égalât celui de nos sentimens, il faudrait les avoir tous remarqués, tous notés, et en avoir tenu le compte le plus exact. Si l'on pouvait se permettre cette supposition, alors les sciences philosophiques seraient arrivées à leur dernier terme ; et les générations futures ne pourraient que répéter les observations des générations qui les auraient précédées : mais, il n'en sera jamais ainsi. Le génie manquera plutôt aux phénomènes toujours nouveaux que présente l'étude de la sensibilité, que les phénomènes de la sensibilité ne manqueront au génie.

Par la même raison que le nombre des sentimens surpasse celui des idées, le nombre des idées doit surpasser celui des mots. Est-ce un mal que nous ayons moins de mots que d'idées? Je ne dirai pas que le besoin d'un mot nouveau ne soit jamais réel; mais je crois, qu'au point où est parvenue la langue française, il est bien rare que ce besoin se fasse sentir aux écrivains qui en connaissent toutes les ressources. Racine, Boileau, Pascal, Bossuet, Mallebranche, écrivaient, il y a plus d'un siècle; on ne les a jamais entendus se plaindre de la pauvreté de la langue. Plaignons-nous plutôt de ses fausses richesses, de cette multitude importune de mots qui s'offrent à la fois pour rendre une même idée. Nous allions fixer le caractère de cette idée : l'attention se divise ; elle devient incertaine, et cependant le mot propre nous échappe.

La métaphysique, surtout, présente des exemples de cette surabondance d'expressions parasites, ou trompeuses. Les hommes voués à cette science, qui, plus que toute autre, exige de longues méditations, ont ordinairement vécu dans la solitude, et pensé à part; chacun s'est fait une langue particulière ; et l'on a eu quelquefois jusqu'à dix, jusqu'à vingt noms différens pour une même chose (leç. 2) : voilà ce qui nous trompe. Nous croyons que tous ces noms répondent à autant d'objets ou d'idées. Nous nous épuisons à découvrir dans les ouvrages des philosophes ce qu'ils n'ont pas voulu y mettre : à leurs obscurités, qui ne sont pas rares, nous en ajoutons de nouvelles : nous achevons de les rendre inintelligibles; et nous ne retirons aucun fruit de nos études.

La langue la plus propre au raisonnement, nous l'avons déjà dit ailleurs, serait celle qui, avec le plus petit nombre de mots, rendrait le plus grand nombre d'idées; et celui-là raisonnerait le mieux avec cette langue, qui saurait mieux l'économiser. « Plus vous abrégerez vos discours, dit Condillac, plus vos idées se rapprocheront; et plus elles seront rapprochées, plus il vous sera facile d'en saisir tous les rapports. » (*Log.* p. 159.) La plus parfaite des langues, celle de l'arithmétique, n'a que dix caractères; et ces dix caractères suffisent à toutes les combinaisons des nombres : elle pourrait n'en avoir que cinq, que deux; les calculs ne s'en feraient pas moins : il est vrai qu'ils ne se feraient pas avec la même facilité. Aussi, a-t-on préféré l'arithmétique *décimale* à la *quinaire*, à la *binaire*, et à toute autre qui comprendrait plus de dix, ou moins de dix caractères.

DIXIÈME LEÇON

L'arithmétique a, sur les autres sciences, le grand avantage de reposer sur une seule idée simple, l'idée de l'*unité*. Voilà pourquoi il est possible d'en réduire les caractères, non-seulement à deux, mais à un seul. On répète ce caractère ou ce chiffre, deux fois, pour exprimer le nombre *deux*; cinq fois, pour exprimer le nombre *cinq*; dix fois, pour exprimer le nombre *dix*; et alors, cette arithmétique d'un seul chiffre, rentre dans l'arithmétique décimale, la plus commode de toutes.

Aucune des autres sciences n'a la simplicité de l'arithmétique : les caractères qu'elles emploient, les *mots*, désignent rarement des idées qui ne soient que la répétition d'une même idée; ils expriment presque toujours des groupes d'idées de différente nature. Le mot *corps* exprime et rappelle une idée qui comprend les idées de couleur, de pesanteur, de dureté, etc. et quelle analogie y a-t-il entre ces idées?

Pour connaître les différens objets de la nature, il faut nous rendre un compte exact des idées *simples*, et des idées *composées* qui résultent de leurs combinaisons. Or, comment nous assurer des unes et des autres?

Ou les idées simples dérivent immédiatement de nos diverses manières de sentir, ou bien elles sont le résultat des dernières abstractions que nous faisons subir aux idées composées.

Si elles naissent d'un *sentiment*, il faut éprouver ce sentiment, et s'observer quand on l'éprouve. Il n'y a pas d'autre moyen d'en acquérir l'idée : elle est intransmissible par des mots et par des définitions. Les définitions ne feront pas connaître les couleurs à un aveugle de naissance : il n'en a jamais éprouvé la sensation ; il n'en aura jamais l'idée. Ce n'est pas avec des mots, qu'on fera connaître le goût du café à celui qui n'a jamais approché cette liqueur de ses lèvres, ni l'odeur de la rose à celui qui n'en aurait jamais senti le parfum, etc. ; et, pour parler des sentimens d'un autre ordre, il faut être père pour connaître l'amour paternel ; généreux, pour avoir idée de la générosité, etc. Je sais bien qu'on croit pouvoir imaginer des affections qu'on n'a jamais éprouvées; et je conviens qu'on les imagine.

Si l'idée simple est le résultat d'une dernière abstraction, elle sera pour nous une acquisition réelle, pourvu que l'idée composée dont nous la détachons, nous soit bien connue. Ainsi, l'idée simple d'*impénétrabilité* est une idée très-claire et très-distincte, parce que l'idée de *matière* ou d'*étendue impénétrable*, dont nous l'avons extraite, est elle-même une idée très-claire et très-distincte.

Il n'en est pas de l'idée composée comme de l'idée simple : on ne l'obtient pas ordinairement avec la même facilité; car elle suppose plusieurs idées simples ; et elle suppose encore un certain ordre entre ces idées.

L'idée simple nous fait connaître un objet simple, placé en nous, ou hors de nous. L'idée composée doit nous faire connaître un objet composé. Il faut donc qu'elle représente toutes ses parties, toutes ses qualités, tous ses rapports, tout ce qui le constitue tel qu'il est. Il ne suffit pas, comme dans l'acquisition de l'idée simple, d'un acte d'attention : toutes les facultés de l'entendement sont mises en jeu; l'attention observe les qualités, l'une après l'autre ; la comparaison découvre les rapports qui les lient ; le raisonnement forme, autant qu'il est possible, une chaîne continue de toutes les qualités et de tous les rapports.

Et, pour le dire d'un seul mot, c'est l'*analyse* qui nous donne la connaissance de tous les objets composés.

Mais l'analyse doit être considérée sous deux points de vue, suivant la nature des rapports qu'elle établit, ou plutôt qu'elle nous fait apercevoir, entre les parties de l'objet composé. Ces parties peuvent être liées entre elles par des rapports de contiguité, de simultanéité, de succession, de ressemblance : elles peuvent être liées aussi par des rapports de *causalité* et par des rapports de *génération*; ce sont ces derniers rapports qui importent surtout. Nous leur devons ce qui, plus que toute autre chose, nous distingue des animaux, le raisonnement.

Celui qu'une étude approfondie de l'arithmétique a rendu familier avec toutes ses règles et toutes ses méthodes, n'ignore pas ce que c'est que les rapports de *génération*. Il sait comment les idées *engendrent* les idées : il sent qu'au moyen de quelques vérités fondamentales, il aurait pu, de lui-même et sans secours, découvrir une multitude de vérités. Un premier théorème se transforme : il devient un nouveau théorème qui, se transformant à son tour, fera naître la suite entière des théorèmes dont se compose la science des nombres.

Voilà l'analyse de *raisonnement*, l'analyse, telle que nous l'avons définie dans le *Discours d'ouverture*, et dans une première leçon destinée à préparer l'intelligence du système *raisonné* des facultés de l'âme : elle ne connaît qu'un rapport, l'identité : tous les autres rapports lui sont étrangers ; elle les néglige, et les dédaigne ; ils porteraient atteinte à l'unité, qui fait l'essence de tous ses ouvrages.

L'analyse de raisonnement va donc toujours, du même au même ; elle va, d'un objet considéré sous un point de vue, à ce même objet considéré sous un nouveau point de vue ; en sorte qu'elle paraît, tout à la fois, en repos et en mouvement.

L'analyse *descriptive*, au contraire, ne connaît aucun repos : à peine a-t-elle pris l'idée d'un objet, qu'elle l'abandonne pour un autre qu'elle abandonnera bientôt, pour se porter vers de nouveaux objets, et pour recueillir ainsi dans sa marche, une multitude de rapports, de grandeur, de distance, de symétrie, de succession, etc. : telle est l'analyse que nous faisons d'un tableau, d'une campagne, et dont Condillac nous a donné un bel exemple au commencement de sa *Logique*.

Quand l'esprit du mathématicien passe, de la multiplication à la formation des puissances, il va, d'une opération à cette même opération, considérée sous un point de vue particulier. Quand l'œil du spectateur se porte, de la prairie sur la forêt, il va, d'un objet à un objet entièrement différent.

Nous avons employé, tour à tour, ces deux méthodes, ces deux analyses. La première nous a appris que toutes les manières d'agir de l'âme humaine ne sont, dans leur principe, que l'attention : la seconde nous a appris que toutes les manières de sentir ne sauraient être ramenées à la sensation. Vous étiez attentif; vous comparez ; l'opération est au fond la même : elle était unique ; elle est double : mais, après une *sensation*, vous éprouvez un *sentiment de rapport* : la modification a changé ; la sensation ne s'est pas transformée en sentiment de rapport : il y a ici solution de continuité. Je vois une *succession*, non pas une *génération* : le sentiment de rapport n'est pas un *point de vue* de la sensation ; comme la comparaison est un *point de vue* de l'attention. Le raisonnement seul vous conduira peut-être, de l'attention à la comparaison ; ou, du moins, quand l'expérience vous aura appris que vous comparez après avoir donné votre attention, le raisonnement vous montrera comment s'est fait ce progrès : le raisonnement ne vous conduira jamais, de la sensation au *sentiment de rapport*, ni au *sentiment de l'action de l'esprit*, ni au *sentiment moral*.

Et, si nous voulions descendre jusqu'aux racines de ce qu'on a appelé *l'arbre de la philosophie*, nous verrions que toutes ses branches ne peuvent sortir, comme d'un tronc, ni des seules impressions sur les organes, ni des seules sensations de l'âme, ni des seuls actes spontanés de la volonté. Il est vrai que l'impression sur l'organe est immédiatement suivie de la sensation, et que la sensation est immédiatement suivie d'un acte de l'esprit; mais ces trois phénomènes qui se touchent, quand on les considère dans l'ordre de leur manifestation, se trouvent séparés par des abimes, quand on les considère dans l'ordre de leur nature; car, de la nature d'une *impression physique* à la nature de la *sensation*, la distance est infinie; comme elle est infinie aussi, de la nature de la sensation à la nature de la *pensée*. Le raisonnement est ici dans une impuissance absolue : il ne peut rien sur la succession, quand la succession n'est pas en même temps génération; et les philosophes qui ont voulu déduire l'intelligence de l'homme, toute entière, ou du mouvement seul, ou de la sensibilité seule, ou de l'activité seule, nous auraient épargné leurs faux systèmes, s'ils avaient bien compris cette différence entre les simples succesions et les générations.

Ainsi, messieurs, l'idée que nous devons prendre de la méthode, devient de jour en jour plus complète. Je l'ai présentée sous trois aspects divers : dans la première leçon, dans la seconde, et dans celle que nous faisons aujourd'hui. J'en ai parlé dans le *discours d'ouverture*; et il est peu de nos séances, ou quelque réflexion sur la manière de diriger les facultés de l'esprit, ne soit venue s'entremêler au sujet principal de nos entretiens. Nous n'avons pas épuisé la matière : nous sommes loin de connaître tous les artifices de l'analyse. Nous chercherons à les dévoiler de plus en plus, à mesure que nous avancerons. Si je pouvais vous faire sentir toute l'influence d'une bonne méthode : si je pouvais, surtout, contribuer à vous en faire contracter l'habitude, je croirais n'avoir pas indignement rempli mes fonctions.

Qu'attendre de ces philosophes dont le génie présomptueux croit se suffire à lui-même? ils veulent, disent-ils, reconstruire l'édifice des sciences : ils n'ont ni règle, ni compas.

Quoique la méthode, considérée dans ce qui en forme l'essence, soit une chose constante et invariable, puisqu'elle est fondée sur la nature, toujours la même, de l'esprit humain, il ne faut pas croire qu'on doive la présenter sous une forme toujours la même, surtout lorsque nous voulons faire passer nos idées dans l'esprit des autres.

Tous ceux auxquels s'adressent nos discours, n'ont pas une intelligence égale; ils n'ont pas tous également exercé leur esprit : la méthode, elle-même, nous ordonne de varier son emploi, de la montrer à découvert, de ne la montrer qu'à demi, ou même de la dissimuler.

Nous sommes tous enfans pour ce que nous ignorons. Le premier qui a dit ces paroles, a fait, j'en conviens, une critique aussi spirituelle que juste de la plupart des explications qu'on trouve dans les ouvrages des philosophes. Peu d'entre eux, en effet, savent présenter leurs idées avec le charme de cette simplicité qui les fait entrer facilement dans les esprits. Ils oublient que nous sommes censés ignorer ce qu'ils se proposent de nous enseigner. Ils supposent qu'on les entendra à demi-mot, pour se dispenser du travail qu'exige la clarté de l'expression : cependant, ils devraient sentir que la lumière va croissant, à mesure que les expressions deviennent plus transparentes, et que l'évidence peut augmenter tant qu'on peut simplifier le discours; et, comme une évidence qui peut augmenter n'est pas proprement l'évidence, il est à croire que ceux qui ne savent pas montrer la vérité ne l'ont pas distinctement aperçue.

Honneur donc à celui qui, d'un mot, a fait comprendre la nécessité d'une méthode, claire, facile, et indispensable surtout à ceux qui entreprennent d'écrire sur les élémens des sciences!

Mais, cet hommage que je rends au premier qui a trouvé cette heureuse expression, je le refuse à ceux qui la répètent sans discernement.

Il est utile, sans doute, de nous rappeler aux leçons de la nature, que nous oublions trop souvent; mais, nous crier sans cesse qu'il faut toujours tout recommencer, et toujours refaire l'entendement, c'est vouloir ramener à l'a, b, c, l'esprit humain, après qu'il a découvert les lois qui régissent les corps célestes, et pour dire plus, les lois qui régissent les corps politiques.

On peut ranger en trois classes ceux auxquels on destine l'instruction. Ou ils sont enfans, et n'ont encore aucune habitude; ou, par d'heureuses circonstances, ils n'en ont contracté que de bonnes; ou enfin, ce sont des esprits remplis de préjugés, et d'erreurs invétérées.

Les premiers sont comme des *tables rases* qui ne portent l'empreinte d'aucun caractère; les seconds, semblables à ces vélins sur lesquels la règle a imprimé sa direction, reçoivent et ordonnent à la fois les caractères qu'on leur confie; les autres, tels que de vieux manuscrits chargés de caractères gothiques, ne peuvent en recevoir de nouveaux qu'on n'ait effacé les anciens.

A ces trois sortes d'esprits, il faut, non pas trois méthodes différentes, mais trois emplois différens de la même méthode.

ONZIÈME LEÇON.

Des idées abstraites.

Nous allons parler des idées abstraites; et déjà je m'aperçois qu'on s'attend à une discussion des plus pénibles, des plus fatigantes. Ces mots *abstrait, abstraction*, se lient, dans la plupart des esprits, à tout ce qu'il y a de subtil, d'obscur, d'impénétrable. Il suffit de les prononcer, pour décourager l'attention, et pour éteindre aussitôt la curiosité.

Que dira-t-on, si une chose qui effraie à ce point les imaginations, est ce qu'il y a au monde de plus simple, de plus facile; si l'abstraction est inévitable; si elle est une suite nécesaire de la faiblesse de notre intelligence?

Ne craignons pas de l'assurer: *abstrait* et *difficile* sont incompatibles. Jamais alliance de mots ne couvrit une telle opposition d'idées. Hatons-nous de justifier ces assertions.

Je suppose qu'on place sous mes yeux un corps dont je n'aie absolument aucune idée. Il est vrai qu'aujourd'hui ce ne serait guère possible : quel que soit le corps dont il s'agit, je lui connais à l'instant une certaine forme, une certaine couleur. Mais permettez-moi la supposition d'une ignorance complète, semblable à celle de l'enfant qui vient au monde.

Le corps dont nous parlons sera, si vous le voulez, un fruit. Le voilà devant moi, en présence de tous mes sens : aux yeux, au goût, à l'odorat, il paraît coloré, savoureux, odorant. Je le prends dans mes mains; il est pesant, il est d'une certaine forme. Je le laisse tomber, il rend un son. Avec un sens de plus, il est à croire que je découvrirais, dans ce fruit, des qualités dont je ne puis me former une idée; comme, avec un sens de moins, il est certain que j'ignorerais l'existence de quelqu'une des qualités que je lui connais.

Chacun de mes sens a donc pour objet une qualité spéciale qui lui correspond. Par l'œil, je sens, et je vois des couleurs, et rien que des couleurs; par l'ouïe, je sens, et je connais exclusivement des sons; par l'odorat, exclusivement des odeurs. Chacun de mes sens sépare de toutes les autres qualités la qualité qui lui est analogue; il l'abstrait.

Comment n'y aurait-il pas séparation, isolement, abstraction ? Les cinq organes des sens agissent chacun à part. Les cinq espèces de qualités, les cinq espèces de sensations, les cinq espèces d'idées relatives à ces qualités et à ces sensations, sont entre elles sans analogie.

L'homme pourvu de cinq organes, dont chacun lui sert à acquérir une espèce particulière d'idées, distribue nécessairement tous les objets sensibles en cinq espèces de qualités. Le corps humain, si l'on peut ainsi le dire, est une machine à abstractions. Les sens ne peuvent pas ne pas abstraire. Pour que l'œil pût ne point abstraire les couleurs, il faudrait qu'il les vît confondues avec les odeurs, avec les saveurs, etc.; il faudrait qu'il vît des odeurs, des saveurs.

L'abstraction des sens est donc l'opération la plus naturelle; il nous est même impossible de ne pas la faire. Voyons si l'abstraction de l'esprit rencontrera plus de difficultés que celle des sens.

Quel est l'homme un peu accoutumé à réfléchir et à méditer, qui n'ait mille fois éprouvé combien il est nécessaire de resserrer le champ de la pensée? Si vous voulez forcer votre esprit à saisir tout à la fois un grand nombre d'idées, il s'éblouit aussitôt: tout semble fuir, tout échappe, et les rapports entre les idées, et les idées elles-mêmes; on ne voit rien, pour avoir eu l'ambition de trop voir.

Ce n'est pas ainsi que procède l'esprit, lorsque, livré à lui-même, il veut acquérir une connaissance. Il n'agit, ni par toutes ses facultés à la fois, ni sur plusieurs idées à la fois. L'expérience lui a appris que le désordre et la confusion sont la suite d'une méthode aussi peu sensée. D'abord, il ne fait usage que de la plus simple de ses facultés, l'attention. Il ne la porte pas sur un objet entier; il la fixe sur une de ses parties, sur une seule de ses qualités, sur un seul de ses points de vue; il l'y retient jusqu'à ce qu'il s'en soit formé une idée exacte, une image fidèle.

Cherche-t-il à connaître les propriétés de l'étendue? il oublie qu'elle a de la profondeur, pour ne voir qu'une surface. L'objet est encore trop composé. Dans la surface il ne prendra que la longueur; et dans cette longueur même, séparée des autres dimensions, il sent quelquefois le besoin de ne considérer que l'élément générateur, le point.

Aurions-nous connu l'activité et la sensibilité de l'âme, si nous n'avions étudié à part chacune de nos manières d'agir, et chacune de nos manières de sentir?

L'esprit humain va donc toujours divisant, toujours séparant, toujours simplifiant; seul moyen, en effet, de saisir les choses, de s'en former des idées.

Il est vrai qu'après avoir ainsi tout séparé,

nous sommes obligés de tout réunir; sans quoi, nos connaissances ne seraient pas conformes à la nature, c'est-à-dire, aux choses comme elles sont. Les qualités des corps n'ont pas chacune une existence propre et indépendante. Les facultés de l'âme ne sont pas autant d'êtres distincts. Des deux côtés, c'est un seul et même être, ou tout à la fois étendu, solide, coloré, etc., ou tout à la fois capable de comparer, de juger, de raisonner, de désirer, etc.

Mais, quoique nos connaissances consistent toutes en différentes réunions d'idées, il a fallu commencer par acquérir ces idées une à une, en portant successivement notre attention sur les diverses qualités des êtres.

L'abstraction de l'esprit est donc aussi naturelle que celle des sens. Elle nous est commandée par la nature même de notre esprit.

Pourrions-nous ne pas faire continuellement des abstractions, quand il nous est impossible de parler sans abstraire? Parler, c'est énoncer une suite de propositions. Or, dans toute proposition, l'attribut est un terme abstrait. Il désigne une qualité abstraite. *Dieu est bon* : l'idée de *bonté* nous est venue d'abord des objets physiques, du pain, du vin, du sucre, etc. Ensuite des actions des hommes, qui sont appelées *bonnes* ou *mauvaises*, d'après l'intention qui les précède, et l'effet qui les suit. Nous disons, d'un roi, qu'il est *bon*, quand il fait le bonheur de son peuple. Nous disons que Dieu est *bon*, parce qu'il est l'auteur de tout bien.

Quant aux sujets des propositions, ils sont également abstraits, à moins qu'on ne parle d'un être réel et individuel, comme dans ces expressions, *Bossuet est éloquent*, *Henri IV est le modèle des princes*. Mais il faut remarquer que les propositions individuelles ne se présentent guère dans les ouvrages de science. Il est rare de trouver le nom d'un individu dans un traité de mathématiques, ou de métaphysique, ou de morale : sujet et attribut, tout est abstrait. Aussi dit-on que ces sciences sont des *sciences abstraites*. On devrait le dire de toutes, comme nous allons le prouver dans un moment.

Parler, c'est donc abstraire. L'enfant bégaie à peine, qu'il abstrait ; et l'*abstraction du langage* n'est pas moins naturelle que celle de l'esprit et celle des sens.

Peut-être nous reprochera-t-on de nous écarter ici de l'exactitude que nous cherchons ordinairement à mettre dans nos discours. Les sens font-ils des abstractions ? le langage en fait-il ? n'est-ce pas toujours l'esprit qui abstrait ?

L'observation est fondée. C'est l'esprit, en effet, qui agit toujours; tantôt, par le moyen des organes des sens; tantôt, en s'aidant du langage; quelquefois, par sa propre et unique énergie, si pourtant il n'y a pas ici plus de sagesse à rester dans le doute, et s'il est permis à l'homme d'affirmer que, pendant cette vie, et tout le temps que persiste l'union des deux substances, l'âme puisse produire quelque acte qui n'ait pas sa raison suffisante, sa cause occasionelle, dans certains mouvemens du corps.

Cependant, nous croyons devoir conserver ces manières de parler, *abstraction des sens, abstraction du langage :* leur contraste avec l'*abstraction de l'esprit* nous fera mieux sentir que l'abstraction de l'esprit ne se fait pas toujours de la même manière. La précision y gagne ; la justesse n'y perd rien, pourvu qu'on n'aille pas se figurer que les sens font des abstractions d'un côté, quand l'esprit en fait d'un autre ; mais on n'oubliera pas que c'est toujours l'esprit qui abstrait, soit en présence des objets, soit en leur absence. En présence des objets physiques, il abstrait les couleurs par les yeux, les sons pas l'ouïe, etc. En l'absence des objets, l'esprit opère sur des idées rappelées, et sur sa propre pensée ; il en parcourt successivement les différentes parties. Enfin, en présence des objets comme en leur absence, la parole, obéissant à l'esprit, va d'idées abstraites en idées abstraites, à mesure que les propositions se succèdent et font place à d'autres propositions.

De quelque manière que se fasse l'abstraction, il en résulte des idées qui sont simples, ou qui approchent de la simplicité; et, si nous la conduisons avec ordre sur les différentes qualités des objets, nous parviendrons à connaître toutes ces qualités, et en même temps l'ordre qui règne entre elles; c'est-à-dire, que nous parviendrons à connaître les objets tels qu'ils sont : alors, l'abstraction deviendra l'*analyse*; elle deviendra la méthode à laquelle nous devons toutes nos connaissances.

Les idées que nous acquérons par l'abstraction, devaient être nommées; et il aurait fallu être bien ennemi de l'analogie, pour ne pas leur donner le nom d'*abstraites*. Aussi le leur a-t-on donné; mais, en même temps, elles ont reçu le nom d'*abstraction*, le nom même de l'opération à laquelle elles sont dues; en sorte que le mot *abstraction* désigne, et l'acte de l'esprit qui sépare une idée d'avec d'autres idées, et l'idée même que l'esprit vient de séparer ou d'abstraire.

L'abstraction, considérée comme une opération de l'esprit, n'est pas une faculté nouvelle à ajouter aux facultés qui constituent l'entendement ; elle n'est que l'attention qui s'arrête sur une qualité d'un objet, et qui, en la faisant dominer sur les autres, l'en sépare en quelque manière, l'en abstrait. Cette qualité, et l'idée qui la représente, ont donc justement été dites *abstraites*. Il fallait s'en tenir là, et ne pas leur donner le nom d'*abstraction* ; mais le mal est fait, et nous tenterions vainement de le guérir.

Il en est du mot *abstraction* comme de presque tous les noms des opérations de l'âme. Ces noms expriment encore le résultat des opérations, ainsi qu'on le voit dans *pensée*, *entendement*, *rapport*, etc. Avec des mots à double sens, il n'est pas facile de toujours faire entendre aux autres sa pensée, ni de toujours savoir avec précision ce qu'on pense soi-même. Quelques précautions dissiperaient les équivoques occasionées par une langue aussi mal faite.

Pourquoi ne bornerait-on pas le mot *rapport* à désigner l'idée qui provient de la comparaison, en lui ôtant la signification active, pour la laisser exclusivement au mot *comparaison* ? Pourquoi ne bornerait-on pas aussi la signification du mot *entendement* aux facultés productrices des idées ? et pourquoi ne pas destiner le mot *intelligence* à exprimer la réunion de toutes les idées? ce qui n'empêcherait pas que l'un et l'autre de ces deux mots ne continuassent à désigner l'âme, la substance de l'âme.

Cette remarque pourra vous être utile : elle vous aidera à pénétrer la pensée des philosophes, dans les circonstances où eux-mêmes ne se sont pas bien compris; elle vous fera découvrir la raison qui les a empêchés de se comprendre. Vous verrez que la confusion de leurs idées et de leur langage, tient à ce qu'on n'avait jamais tracé la ligne de démarcation qui sépare l'activité de l'âme, la puissance de l'esprit, du résultat de cette activité, du produit de cette puissance.

Alors, le même mot *abstraction* a désigné l'acte de l'esprit qui abstrait, et l'idée abstraite produite par cet acte; le mot *pensée* a désigné l'exercice de toutes les facultés et de chaque faculté de l'âme, et en même temps le résultat obtenu par l'exercice de ces facultés ; le mot *entendement* a désigné la faculté de former des idées, et la réunion de toutes les idées ; en sorte qu'on pourrait dire, et qu'on devrait dire, pour parler conséquemment à cette langue, que l'abstraction est le produit de l'abstraction; la pensée, le produit de la pensée ; l'entendement, le produit de l'entendement.

Ne soyons plus étonnés que tant de bons

esprits éprouvent de la répugnance à lire les ouvrages des métaphysiciens. Je me borne à une critique générale. Vos lectures vous fourniront assez d'applications.

Maintenant que nous sommes familiarisés avec ces mots, *abstraire, abstrait, abstraction,* nous trouverons quelque facilité peut-être à résoudre des questions qui nous auraient embarrassés.

Et d'abord, nous aprécierons une espèce de formule qui, depuis quelque temps, est dans toutes les bouches, et qui a acquis presque l'autorité d'une sentence : *votre idée est abstraite ; c'est une chimère : votre raisonnement porte sur une abstraction, sur un rien.*

Une idée abstraite est une chimère ! une abstraction n'est rien ! ce sont donc des chimères que les idées qu'on prend dans les livres des mathématiciens ? ce sont des chimères, que les idées du froid, du chaud, de la faim, de la soif ? ce sont des riens, que l'entendement, la volonté, la pensée ? Car enfin, ces idées sont abstraites; ces choses sont des abstractions.

Eh quoi ! c'est en réunissant des qualités abstraites qu'on forme des réalités ; et vous voulez que les qualités abstraites ne soient rien !

Abstraire, c'est séparer, ôter : on ne peut pas séparer des riens; et, si l'on ôte, il faut bien qu'on ôte quelque chose. Non, dites-vous, on n'ôte rien. On n'abstrait donc pas; et c'est votre critique qui ne porte sur rien.

Au reste, si quelqu'un nous blâme de faire trop d'abstractions, nous lui répondrons : Adressez-nous vos reproches sans faire des abstractions; nous tâcherons de vous imiter.

Et si, dans l'intention de nous effrayer, on nous proposait une question abstraite, bien abstraite; nous dirions : Tant mieux, elle en sera plus simple, plus aisée.

Comment a-t-on pu croire à la difficulté des abstractions, quand tout, dans l'homme, l'oblige d'abstraire, les sens, la pensée, la parole?

Mais peut-être en est-il des mots *difficile* et *difficulté*, comme de tant d'autres dont on ne s'est jamais rendu compte.

Rien n'était plus *difficile*, il y a trente ans, que de s'élever dans les airs; depuis l'inventeur des ballons, rien n'est plus facile.

Rien n'était plus *difficile* que la démonstration de plusieurs théorèmes de géométrie; on a trouvé ces démonstrations; personne aujourd'hui ne se plaint de la difficulté.

Qu'y a-t-il de plus *difficile* que la métaphysique, si l'on en juge d'après l'opinion commune?

Nous avons examiné les deux questions qui sont le fondement de cette science, la question des *facultés de l'âme*, et la question de l'*origine de nos connaissances*. Avez-vous trouvé quelque chose de bien pénible dans ces recherches? ont-elles exigé une attention fatigante, une contention extraordinaire? et encore, si nous n'avions craint de blesser votre sagacité, combien peu il nous eût coûté de ramener nos explications à des termes plus simples! combien peu aussi de rapprocher nos preuves, de serrer nos argumens, afin qu'on pût tout saisir d'un coup d'œil!

Nous avons pensé que, pour produire des souvenirs durables, une seule impression, quelle que fût sa force, ne saurait suppléer une suite d'impressions moins vives, mais souvent renouvelées.

Nous avons pensé que la vue de l'esprit veut être ménagée comme celle du corps. Il y a quelque analogie entre la manière dont les yeux reçoivent la lumière du soleil, et la manière dont l'intelligence reçoit la lumière de la vérité. C'est par des gradations insensibles que l'obscurité du sentiment doit faire place à la clarté des idées, comme c'est par des gradations insensibles que les ténèbres de la nuit font place à la clarté du jour.

L'effet d'un ouvrage dramatique est manqué, si l'intérêt se ralentit. Un ouvrage didactique perdra beaucoup de son prix, si la lumière ne va pas toujours croissant; car le développement des idées et le développement des passions sont assujettis à la même loi.

Que les métaphysiciens observent ces choses : qu'ils se règlent d'après les besoins de notre esprit; on ne se plaindra plus des difficultés de la métaphysique.

J'ai bien peur que la plupart de ces questions, qui, de tout temps, ont passé pour si difficiles, ne soient des questions de tout temps mal résolues, ou même des questions impossibles à résoudre.

Mais une science, l'algèbre par exemple, n'est-ce pas une chose difficile ?

Une science bien traitée, l'algèbre, la géométrie, la physique, la métaphysique, la morale, l'économie politique, etc.; une science bien traitée, nous l'avons dit, est une suite de propositions liées entre elles, de manière que chacune, à la fois conséquence et principe, développe celle qui la précède, pour être à son tour développée par celle qui la suit. Dans cet enchaînement de propositions, il n'y a point de difficulté réelle : la première proposition est toujours aisée; elle est, ou doit être évidente par elle-même ; sans quoi, elle aurait besoin d'être prouvée, et elle ne serait pas première ; la seconde, la troisième et les autres, reçoivent leur évidence de celles qui les précèdent immédiatement : lors donc qu'on est arrivé à la douzième, à la vingtième proposition, il suffit, afin de la comprendre, d'avoir déjà compris toutes celles qui l'ont amenée.

J'avoue que vous aurez de la peine à la saisir, ou même que vous ne la saisirez pas, si vous avez franchi les intermédiaires, ou si la science que vous étudiez est mal exposée. Mais, dans le premier cas, ce sera votre faute ; et dans le second, ce sera la faute de l'auteur. Ce ne sera jamais la faute, je veux dire la difficulté de la science.

Nous savons mal ce que nous croyons savoir ; voilà pourquoi nous avons de la peine à nous instruire. L'inconnu que nous voulons découvrir, est dans un connu antérieur. Comment trouverez-vous cet inconnu hors du connu qui le contient ? Tant que les propositions successives d'une science ne seront pas disposées dans cet ordre qui les fait naître les unes des autres, on ne les verra jamais les unes dans les autres, on ne les verra jamais. Il est vrai que nous parvenons quelquefois à saisir une vérité, quoique l'auteur ne l'ait pas mise à sa placé. Mais alors, ce n'est pas d'après les mauvaises raisons qu'il nous donne; c'est d'après la vraie raison qu'il ne donne pas, et que notre esprit supplée.

On pourrait appliquer ici le mot de Fontenelle à celui qui venait de lui faire un raisonnement embarrassé et presque inintelligible. « Je comprends bien ce que vous dites; mais, en conscience, je ne devrais pas le comprendre. »

Si, après cela, vous m'objectez que c'est un fait que les sciences sont difficiles, je vous répondrai que c'est un fait que beaucoup de livres sont mal faits, et que c'est un fait encore que peu de personnes savent lire les livres bien faits. Vous me pardonnerez la cacophonie.

Les sciences ne présentent pas de difficultés réelles : les abstractions n'en présentent aucune. Voilà deux paradoxes qui, dorénavant, seront pour nous deux vérités. Mais il ne faut pas oublier que je parle des sciences *bien traitées*, et par conséquent des sciences *bien connues*; ou du moins, de ce qu'il y a de bien connu dans les sciences; car s'il s'agissait de découvertes à faire, la première de ces propositions ne serait pas un paradoxe; elle serait une absurdité.

Ou nos recherches s'appliquent immédiatement à la nature, ou bien nous nous instruisons dans les ouvrages de ceux qui lui ont arraché quelques secrets. L'étude de la nature, on ne le sait que trop, demande du temps, du génie, de la patience. Ce n'est pas en un jour qu'a été trouvé le vrai système du monde. Les hommes cultivent l'astronomie depuis l'origine des sociétés; et il n'y a que deux ou trois siècles, qu'aidé des travaux de tous les astronomes qui l'avaient devancé, Copernic parvint, après trente-six ans de méditations, à constater le mouvement de la terre, et l'immobilité du soleil.

Il n'était pas facile de découvrir l'analogie qui se trouve entre la foudre et l'attraction exercée par un morceau d'ambre, sur de légers corpuscules.

Il ne l'était pas davantage d'apercevoir l'identité du phénomène de la combustion et de celui de la respiration.

Mais, si ce n'est qu'à la suite de travaux opiniâtres, de méthodes perfectionnées, et quelquefois d'un hasard heureux, que la vérité se montre pour la première fois aux hommes de génie; la vérité, une fois découverte, peut-être mise à la portée de tous les esprits. Il suffit qu'elle soit bien présentée, et qu'on veuille donner de l'attention.

Ce ne sont pas les sciences bien traitées qui sont difficiles; ce ne sont pas les mathématiques; ce n'est pas la métaphysique, malgré le préjugé contraire. Il est vrai que ce préjugé se fonde sur des ouvrages qui portent le nom de *métaphysique*, et qui sont d'une obscurité tellement impénétrable, qu'ils nous donnent la certitude que leurs auteurs ne se sont pas compris. De ces ouvrages, il faudrait changer le titre évidemment usurpé, et leur donner un autre nom s'ils méritent un nom.

La métaphysique ne faisant qu'observer ce qui se passe continuellement en nous, comment un bon traité de métaphysique, un traité bien exposé, pourrait-il être difficile ? ne doit-il pas nous faire dire à chaque ligne : voilà ce que nous éprouvons tous les jours, et que nous remarquons en ce moment pour la première fois ? Tout homme d'un peu d'esprit doit comprendre à l'instant un livre de métaphysique ; sans quoi ce livre est à refaire ; et c'est ici surtout que s'applique la réflexion de Pascal : « Les meilleurs livres sont ceux que chaque lecteur croit qu'il aurait pu composer. »

Je serais presque tenté de penser que souvent il y a plus de difficulté à saisir certains rapports ordinaires de la vie, que ce qu'on appelle des théories savantes. Rien, sans doute, n'est plus aisé à comprendre que le rapport de *père et de fils*, de *frère et de sœur*, d'*oncle et de neveu*. Celui de *beau-frère*, quoique un peu moins simple, se conçoit encore facilement. Mais si vous me parlez de *la belle-sœur de votre beau-frère*, j'éprouve déjà une sorte d'embarras. Et si vous ajoutez : *La belle-sœur de mon beau-frère est nièce d'un cousin de mon oncle*, je ne sais plus où j'en suis; et je renonce à mettre dans ma tête les degrés d'une telle parenté.

Ces remarques sur les abstractions, et sur la manière dont les sciences pourraient être exposées, ont une utilité pratique. En nous apprenant à ne pas nous laisser décourager par des difficultés imaginaires, elles nous donneront un juste sentiment de nos forces. Quand on se méfie trop de soi, on ne réussit à rien; on n'ose même rien entreprendre.

Pour achever de dissiper cette peur qu'on nous fait des abstractions, nous nous aiderons de quelques exemples.

S'il est des abstractions qui puissent nous coûter, ce seront celles sans doute qu'on voudra faire subir à des idées qu'une longue habitude a rendues comme inséparables. Quelquefois la nature produit entre deux idées une association si intime, qu'on ne voit pas d'abord comment on pourrait la dissoudre. Quelquefois encore, le préjugé, la passion, unissent fortement des choses qui naturellement n'ont aucun rapport.

Les idées de couleur et d'étendue sont certainement très-distinctes. Mais dans les commencemens de la vie, elles ont été si étroitement liées, qu'il nous est impossible aujourd'hui de les séparer, et de voir des couleurs sans les voir étendues. Cette séparation que l'œil ne peut faire, l'esprit la fera aisément; et je puis dire que je préfère le blanc au bleu, ou au rouge, sans penser à la longueur ou à la largeur des corps d'où me viennent ces couleurs.

Quant aux associations qui sont l'ouvrage de nos passions ou de nos préjugés, permettez-moi un exemple familier. Je suppose une personne prévenue d'une opinion politique, mais prévenue jusqu'à l'intolérance ; on me passera la supposition. Cette personne est attaquée d'une maladie grave. Elle demande un médecin : on lui en nomme un très-habile. « Monsieur un tel ? on sait comment il pense. — Eh ! qu'importe, madame, l'opinion qu'il peut avoir sur d'autres choses ? songez à guérir. — Ne me parlez pas de cet homme : c'est un extravagant, un ignorant, un esprit faux. » La voilà, par un entêtement aveugle, hors d'état de faire la plus légère abstraction ; de distinguer, dans un même individu, une qualité d'une autre qualité, le médecin du politique.

Je trouve maître Jacques, dans Molière, beaucoup meilleur métaphysicien.

Harpagon s'est décidé à donner un repas. Il appelle maître Jacques. « Est-ce à votre cocher, monsieur, ou à votre cuisinier que vous voulez parler ? — Au cuisinier. — Attendez donc s'il vous plaît. » Il ôte alors sa casaque de cocher, et paraît vêtu en cuisinier. Harpagon veut ensuite qu'on nettoie son carosse. Maître Jacques, changeant d'habit, comme d'office, reparaît aussitôt en cocher. Vous voyez qu'il entend les abstractions un peu mieux que notre malade.

Il n'y a personne, même dans les dernières classes du peuple, qui ne prouve par ses discours, que de pareilles abstractions lui sont familières. L'homme le moins instruit, ayant à faire une révélation à un juge, lui dira naturellement : c'est au juge que je parle, et non à monsieur ; ou bien, c'est à monsieur, et non au juge.

Voulez-vous une belle abstraction? Louis XII, auparavant duc d'Orléans, étant monté sur le trône, quelques courtisans lui conseillaient de tirer vengeance d'un grand seigneur qui l'avait autrefois offensé. Louis XII, par une abstraction tout-à-fait noble et royale, répondit : *Le roi de France ne venge pas les injures faites au duc d'Orléans.*

Je cherche des abstractions qui puissent motiver le reproche qu'on leur fait de présenter des difficultés : je n'en trouve pas. Voyons pourtant.

Lorsque le peuple d'Athènes prononçait l'ostracisme d'Aristide, pouvait-on dire que ce grand homme était banni par un décret des législateurs ? Assurément un bon écrivain ne dira jamais : les législateurs ont condamné Aristide. Les Athéniens, dans un tel acte, n'étaient pas législateurs. Comme législateurs, ils faisaient des lois, et ils ne pouvaient faire que des lois ; et quand ils prononçaient un jugement, ils étaient juges, non pas législateurs.

Une abstraction qui sépare le juge du législateur, peut n'être pas saisie, je le veux, par l'irréflexion : mais l'irréflexion mérite-t-elle qu'on tienne compte de ses méprises ?

Cependant il est arrivé que des gens d'esprit sont tombés, à cet égard, dans des erreurs singulières. Un traducteur, un homme qui a fait mieux que des traductions, pour rendre un passage de Hobbes dirigé contre les mauvais citoyens, qui, ne supportant aucune des charges de l'état, prétendent néanmoins profiter des avantages de la société, traduit ces mots : *Volunt tamen in civitate esse*, par ceux-ci, *veulent jouir de la ville*, au lieu de *veulent jouir des droits de cité*.

Cet écrivain pouvait-il ignorer qu'une ville est un assemblage de maisons, et qu'une cité est une réunion de citoyens? Est-il donc plus difficile d'abstraire d'un individu la qualité de *citoyen*, quand il exerce ses droits politiques, ou celle de *sujet*, quand il obéit aux lois, que celle de *Parisien*, quand vous le considérez comme natif de Paris? Ces mots sont-ils étrangers à la langue; et leurs idées ne doivent-elles pas se trouver dans tous les esprits un peu cultivés?

Redisons donc qu'*abstraction* et *difficulté* sont des mots incompatibles; et que c'est par le plus étrange abus du langage, qu'on a pu les associer. Disons que c'est par un autre abus du langage, qu'on parle d'idées *abstraites*, d'idées *plus abstraites*, d'idées *très-abstraites*, comme si la séparation admettait différens degrés, et qu'une chose pût être ôtée, plus ôtée, très-ôtée.

Sans doute, c'est parce que les idées sont plus ou moins générales, qu'on a été amené à compter plusieurs degrés dans l'abstraction. *Abstrait* et *général* sont deux choses qui se touchent de si près, qu'on les a confondues l'une avec l'autre. Nous les confondrons aussi quelquefois, puisqu'il faut parler comme on parle.

Toute science est d'abstractions. Toutes nos connaissances, comparées à leur objet, sont partielles, imparfaites. Aucune n'est complète, ni ne peut l'être.

Il ne faut pas un monde pour remplir notre intelligence : c'est trop d'un atome. Qui eût dit, il y a quelques siècles, qu'avec un grain de sable, on apercevrait des milliers d'étoiles, dont on ne soupçonnait pas l'existence? Qui eût dit qu'on découvrirait des animalcules vingt-huit millions de fois plus petits qu'un ciron ? Qui assurera que ce même grain de sable ne recèle pas des propriétés plus merveilleuses encore ?

Et, si nous le connaissions par tout ce qu'il a d'absolu, et par tout ce qu'il a de relatif, nous verrions peut-être qu'il tient à tout dans l'Univers, et qu'il peut nous mener à connaître la nature entière. Car, dans les jugemens dont se forment nos connaissances, il n'entre que trois choses : deux termes que l'on compare, et l'idée du rapport qui résulte de leur comparaison ; et comme, les deux termes étant donnés, on peut trouver le rapport qui en dérive ; de même, un terme et le rapport étant donnés, on trouvera, ou du moins il ne sera pas impossible de trouver l'autre terme.

C'est ainsi que vous aurez la distance d'un astre à la terre, aussitôt que vous aurez le rapport de cette distance au rayon terrestre.

Si donc nous avions la connaissance accomplie d'un seul grain de sable, où serait la limite de nos connaissances ?

Elle est partout aujourd'hui, cette limite. Notre science ne pouvant être une et entière, nous sommes forcés de la partager en plusieurs sciences fractionnaires ou abstraites. La géométrie abstrait l'étendue ; la mécanique, le mouvement ; l'optique, la lumière ; l'acoustique, le son ; la métaphysique, l'entendement ; la morale, la volonté. Pour qu'il en fût autrement, il faudrait que l'intelligence d'un homme pût tout embrasser à la fois ; il faudrait que cet homme fût un Dieu.

Abstraction, analyse, métaphysique : accoutumons-nous à ne voir sous ces mots que la manière la plus naturelle de conduire nos facultés. Qu'y verrez-vous, si vous n'y voyez pas une méthode adaptée à notre faiblesse ? Et que peuvent être des méthodes qui méconnaissent la nature, ou qui la contrarient ?

Les idées abstraites, comme telles, ne sont

que les premiers rudimens de notre intelligence. Elles deviennent notre intelligence elle-même, en devenant *générales*. Nous allons les considérer sous ce point de vue dans la leçon suivante.

DOUZIÈME LEÇON.

Des idées générales.

L'idée de la figure d'un corps que vous tenez dans vos mains est une idée abstraite, une idée qui entrait dans la composition de l'idée totale de ce corps, et que vous en avez séparée pour la considérer seule, pour vous en occuper exclusivement.

Cette idée n'est pas uniquement abstraite : elle est en même temps individuelle ; elle vous montre la figure du corps qui est dans vos mains, et non la figure de tout autre corps.

L'idée de l'odeur d'une rose que vous approchez de votre odorat; l'idée de la saveur d'un fruit que vous mettez dans votre bouche; l'idée du son d'une harpe qui flatte vos oreilles, sont autant d'idées, à la fois abstraites et individuelles.

Si vous n'aviez que des idées abstraites-individuelles, quelles seraient vos connaissances?

Vous verriez des qualités isolées de leurs objets; et il n'en existe pas dans la nature. Ces qualités seraient isolées les unes des autres;

et vous n'apercevriez entre elles aucun rapport.

Il faut donc que plusieurs idées abstraites se réunissent en une idée composée ; et il faut aussi que, perdant leur individualité, elles deviennent communes ou générales, afin de nous faire connaître les choses, et comme elles sont en elles-mêmes, et comme elles sont dans leurs rapports.

Nous avons parlé des conditions que doivent réunir les idées composées pour nous donner des connaissances exactes (t. 1. leç. 1). Je n'ajouterai rien à ce que j'ai dit sur la manière de systématiser ces idées, d'en former un tout.

Mais nous avons parlé trop peu des idées générales (t. 1, p. 399) : nous leur destinons cette leçon. Les secours que l'esprit retire des idées générales, autant que les abus qu'il en fait, nous imposent le devoir de mettre tous nos soins à les bien connaître.

Comme des traits épars ne forment pas un tableau, des idées dispersées ne sauraient former notre intelligence.

L'intelligence de l'homme est surtout dans les rapports, dans les liaisons ; elle est dans l'ordre, dans l'harmonie, dans l'enchaînement des principes et des conséquences. Voilà les besoins de l'esprit : voilà ses richesses.

Sachons comment les idées perdent leur caractère primitif qui individualise tout, pour prendre un caractère qui rend tout général.

L'idée abstraite *blancheur*, que je suppose nous être venue par l'action des rayons du soleil sur la rétine, ou, pour abréger le langage, que je suppose nous être venue du soleil, peut nous venir aussi de la neige, du lait, d'un lis.

L'idée abstraite *saveur*, peut nous venir du pain, du vin, d'une pêche.

L'idée abstraite *son*, peut nous venir d'une cloche, d'un instrument de musique, de la voix d'un homme.

L'idée abstraite *odeur*, d'une rose, d'un œillet, de l'ambre.

L'idée abstraite *dureté*, de l'ivoire, du marbre, du fer.

L'idée abstraite *attention*, du travail de l'esprit, lorsqu'il se porte tout entier sur un objet, sur une question de morale, sur un problème de mathématiques.

L'idée abstraite *faculté de l'âme*, de l'attention, du désir, de la liberté.

L'idée abstraite *rapport*, de la similitude, de la grandeur, de la supériorité.

En un mot, une idée abstraite, quelle qu'elle soit, nous vient, ou peut nous venir de tous les objets dans lesquels se trouve une même qualité, un même point de vue, une même chose.

Or, les mêmes qualités, les mêmes points de vue, sont répétés à l'infini dans les différens objets de la nature : le *vert* est répété dans toutes les feuilles d'arbre, dans tous les brins d'herbe ; la *saveur*, dans tous les alimens; la *forme* de chaque animal, dans tous les individus de son espèce ; l'*étendue*, dans tous les corps ; le *sentiment*, dans toutes les âmes : la *succession*, l'*existence*, sont en même temps, et dans tous les corps, et dans toutes les âmes.

Les idées abstraites, objet habituel de notre pensée, ne représentent donc pas uniquement et exclusivement des qualités individuelles déterminées.

L'idée abstraite *douleur* ne représente pas exclusivement ce qu'on éprouve quand on est tourmenté de la goutte; elle représente ce qu'on éprouve, ou du moins quelque chose de ce qu'on éprouve par un mal de dents, par un mal de tête ; elle représente ce qu'on éprouve soi-même, et ce qu'éprouvent les autres.

Mais vous voyez bien que je parle des idées abstraites, telles qu'elles sont aujourd'hui dans notre esprit. Il a été un temps où nous n'avions pas observé qu'une même qualité se trouve dans plusieurs objets : alors, chacune de nos idées abstraites représentait une qualité individuelle. L'idée que se fait de la douleur un enfant, au premier jour de sa vie, n'est d'abord que l'idée d'une certaine douleur, d'une colique dont il souffre, ou dont il vient de souffrir. Cette idée ne restera pas long-temps individuelle : la douleur sera bientôt dans la faim, dans la soif, dans le froid, dans le chaud; comme la couleur dans tous les objets colorés, le son dans tous les corps sonores, la saveur dans tous les alimens, etc.

Les idées abstraites ont donc commencé par être individuelles ; et elles ont cessé de l'être, parce que la nature nous a montré les mêmes qualités dans plusieurs objets, quelquefois dans tous les objets : mais il y a ici trois choses à remarquer.

Si vous considérez une idée abstraite au moment de sa première apparition, au moment où un premier objet nous donne la sensation de laquelle dérive cette idée, elle représente une qualité existant dans un seul objet, et elle est *individuelle*.

Si vous la considérez dans un temps où elle a déjà été produite et reproduite par un grand nombre d'objets, elle représente une qualité qui existe dans plusieurs objets, et elle est *commune* ou *générale*.

Cette idée, d'abord individuelle, ensuite générale, redeviendra individuelle, toutes les fois qu'un des objets qui peuvent nous la donner, sera présent aux sens ou à la pensée.

L'idée abstraite *blancheur*, primitivement individuelle parce qu'elle nous sera venue du lait, ensuite générale, p ce qu'elle nous sera venue et du lait, et de la neige, et de plusieurs autres corps, redeviendra individuelle en présence du lait, parce qu'en présence du lait, ce sera la blancheur du lait qui sera dans notre esprit, et non pas la blancheur de tout autre corps blanc.

Ainsi, les idées abstraites ont d'abord été individuelles : bientôt elles se sont trouvées générales, pour redevenir individuelles toutes les fois que nous voyons, ou que nous imaginons quelqu'un des objets individuels qui nous les ont données.

Cette observation s'applique aux idées *intellectuelles*, et aux idées *morales*, comme aux idées *sensibles*.

L'idée intellectuelle *opération de l'âme* a été d'abord l'idée d'un acte déterminé d'attention, d'une attention donnée par les yeux, je le suppose. Jusque-là, elle a été individuelle. Cette même idée n'a pas tardé à nous venir d'un acte d'attention donné par l'ouïe, par le goût, ou même d'un acte d'attention indépendant des organes ; et alors elle a été générale. Mais cette idée générale s'individualisera, toutes les fois que nous penserons à un tel acte d'attention, à une telle comparaison, à un tel acte de la volonté.

L'idée intellectuelle *rapport* a d'abord été l'idée d'un rapport déterminé ; de l'égalité, par exemple, entre les deux mains ; ensuite, de l'égalité qu'il y a, et entre deux pièces de monnaie, et entre deux toises, etc.; enfin, cette idée d'égalité, après être devenue d'individuelle générale, redeviendra de générale individuelle, en présence de deux objets égaux, ou par le souvenir de deux objets égaux.

L'idée morale *justice* nous est venue primitivement du sentiment produit en nous par une certaine action déterminée d'un agent libre ; ensuite du sentiment produit par un grand nombre d'actions de même nature. Cette idée, d'abord individuelle, puis générale, sera de nouveau individuelle, si nous nous trouvons les témoins d'une action juste, ou si nous pensons à une action individuelle qui soit juste.

Aux idées individuelles, et aux idées générales qui sont dans l'intelligence, correspondent dans le langage, les noms *individuels*, ou noms *propres*; et les noms *généraux*, ou noms *communs*.

Le nom *propre* ne se donne, ne s'applique qu'à un seul individu déterminé. Le nom de Louis XII ne s'applique qu'à un seul roi de France, à celui qui fut surnommé le *Père du peuple*.

Le nom *général* s'applique, à tous les individus dans lesquels nous retrouvons une même qualité, ou que nous considérons sous un même point de vue. Le nom de *roi de France* s'applique à tous les chefs de la nation française indistinctement, quand on les considère sous cet unique point de vue, qu'ils ont été chefs de la nation française.

Et l'on voit que les idées *générales* doivent être plus ou moins générales, comme les noms *généraux* doivent être plus ou moins généraux. L'idée d'*homme* est plus générale que celle de *roi*; l'idée de *roi* est plus générale que celle de *roi de France*; et il en est de même des noms de ces idées comparés entre eux.

Or, on a donné aux idées *générales* et aux noms *généraux* le nom de *classes*.

L'idée, le nom, la classe *histoire*, ont plus de généralité que l'idée, le nom, la classe *histoire de la philosophie*. Histoire de la philosophie a plus de généralité que l'idée, le nom, la classe *histoire de la philosophie ancienne*

De même, la classe *corps* est plus générale que la classe *végétal*; celle de végétal plus générale que celle d'*arbre*; celle d'arbre plus générale que celle de *chêne*.

Enfin, pour terminer cette nomenclature, chaque classe prend le nom d'*espèce*, quand on la compare à une classe plus générale dans laquelle elle est comprise, et le nom de *genre*, quand on la compare à une classe moins générale qu'elle comprend. La classe *arbre* est espèce, par rapport à la classe *végétal*; elle est genre, par rapport à la classe *chêne*.

L'*idée générale* est donc une idée qui nous fait connaitre *une qualité*, *un point de vue qu'on retrouve dans plusieurs objets*. Elle nous fait connaître *une qualité commune*, *un point de vue commun* à plusieurs objets. Elle est *une idée de ressemblance*: voilà pourquoi les noms généraux, signes d'idées générales, ont été appelés, *termes de ressemblance, termini similitudinis*.

Aucune question n'a divisé davantage les philosophes, que la question des idées *générales*, qui, en divers temps, ont été appelées simplement *idées*, ou *formes*, ou *essences*, ou *natures universelles*, ou *universaux* ; elle les a divisés chez les Grecs, elle les a divisés dans le moyen âge, et elle les divise encore.

Il n'est pas facile d'exposer clairement la philosophie des Grecs, sur les idées *générales*. Voici, autant du moins que j'ai pu les saisir, les opinions de trois de leurs philosophes les plus célèbres (1).

Platon observe que toujours l'homme, dans ses ouvrages, imite, ou cherche à imiter un modèle. Il n'importe que ce modèle existe réellement, ou qu'il soit un produit de l'imagination. Le Jupiter Olympien a son modèle dans l'imagination de Phydias. Apelles, en peignant Alexandre, a son modèle dans la personne d'Alexandre. L'historien raconte, d'après des modèles qui existent, ou qui ont existé. Homère décrit la ceinture de Vénus, d'après un modèle de sa création.

La nature, dit Platon, ne procède pas autrement. Les pierres et toutes leurs espèces ; les plantes et toutes leurs espèces ; les animaux et toutes leurs espèces ; l'homme, son corps, son âme ; le soleil, les astres, tous les êtres, en un mot, portent l'empreinte d'autant de

---

(1) Voyez la 59e. et la 65e. lettre de Sénèque à Lucilius.

modèles que nous voyons de variétés dans l'univers.

Or, Platon donne à ces modèles le nom d'*idées*. Les idées existent avant les choses créées ; elles sont éternelles, incorruptibles, impérissables. Renfermées dans le sein même de la Divinité, elles ne participent à aucune des imperfections des êtres créés. L'*humanité*, qui est le modèle d'après lequel sont formés tous les hommes, subsiste éternellement. Les hommes souffrent et meurent : l'humanité demeure inaltérable ; l'*idée* est toujours la même.

Aristote rejette ces idées éternelles ; il place l'*humanité* dans les hommes, l'*animalité* dans les animaux. Suivant ce philosophe, les êtres sont composés de *matière* et de *forme*. La matière est la même dans tous : la forme seule varie ; non qu'il existe dans la nature autant de formes que d'individus, mais seulement autant que d'espèces.

Les minéraux, les arbres, les animaux, sont faits, tous et chacun, d'une même matière ; mais ils n'ont, ni tous une même forme, ni chacun une forme particulière. Ils n'ont pas tous une même forme ; car les êtres que nous appelons *arbres*, ont une forme différente de ceux que nous appelons *animaux*. Ils n'ont pas chacun individuellement une forme particulière; car tous les individus appelés *hommes*, ont une même forme, l'*humanité*: tous les individus appelés *lions*, ont la même forme, *lion*: tous les individus appelés *éléphans*, ont la même forme, *éléphant*, etc.

Ainsi, les formes sont inhérentes aux choses : elles sont partie intégrante des choses; et elles constituent les différentes espèces que nous voyons dans le monde. Aristote donne à ces formes le nom d'*eidos*, c'est-à-dire, d'*images*.

Zénon ne fut guère plus content des *eidos* d'Aristote, que des *idées* de Platon. L'*humanité*, disait-il, est un point de vue sous lequel nous considérons tous les individus appelés *hommes*; l'*animalité*, un point de vue sous lequel nous considérons tous les individus appelés *animaux*.

Un point de vue de notre esprit n'existe pas de toute éternité; il n'existe pas non plus dans les êtres qui sont hors de nous.

Les formes d'Aristote prévalurent. Tous les êtres eurent leurs formes, leurs formes substantielles, leurs natures universelles, leurs *universaux* enfin.

La science en était là ; et les *universaux* dans les choses, ou, comme on s'exprimait en mauvais latin, les *universaux à parte rei*, étaient en possession de toutes les chaires de philosophie : ils régnaient paisiblement, lorsque, sur la fin du onzième siècle, un chanoine de Compiègne, nommé *Roscelin*, ayant connu l'opinion de Zénon, l'embrassa avec ardeur; et, au grand scandale de tous les savans, il enseigna que les *universaux* n'étaient pas *à parte rei*, qu'ils n'étaient que *à parte mentis*, c'est-à-dire, qu'ils n'avaient d'existence que dans notre esprit. Il alla plus loin; il osa avancer que les *universaux* n'étaient que des mots, des noms, des dénominations.

Cette opinion, que l'ignorance des docteurs du temps jugea tout-à-fait nouvelle, produisit une sensation extraordinaire jusque chez les gens du monde, jusqu'à la cour des princes; partout elle eut des partisans fanatiques, et des ennemis plus fanatiques encore : les uns furent les *nominaux*, les autres les *réalistes*; leurs querelles, quelquefois ensanglantées, ont duré plus de trois siècles.

Les *réalistes* avaient trouvé le moyen de dire, de six manières différentes, que les *universaux* sont dans les choses; et cela fit six écoles sous autant de chefs. Il serait assez difficile de marquer les nuances qui les séparaient, et je vous fais grâce de toutes ces subtilités inintelligibles.

Quant aux *nominaux*, il y avait entre eux une différence qui se comprend fort bien, et qu'il est nécessaire de noter. Les uns prétendaient que les idées *générales* ne sont absolument que des noms, de purs noms : c'étaient les *vrais nominaux*. Les autres voulaient que les noms des idées *générales* fussent accompagnés d'une perception, ou d'une *conception* de l'esprit. On les appelait *conceptualistes*.

A la renaissance de la philosophie, les *réalistes* et les *nominaux* étaient tombés dans l'oubli ; mais la question qui les avait tant divisés fut agitée de nouveau, et elle l'est encore.

Bacon, Descartes, Mallebranche, se sont peu occupés du rapport des mots aux idées. Hobbes s'en est occupé beaucoup, et il s'est montré extrêmement nominal, plus nominal que les *nominaux*, suivant l'expression de Leibnitz. Il ne suffit pas à Hobbes de ne voir que des noms dans les idées générales ; il affirme que toute vérité est nominale, qu'elle n'est que dans les noms : paradoxe bien extraordinaire de la part d'un homme qui, dans ses *Dialogues contre les mathématiciens*, prétend, pour rabaisser l'algèbre, que l'esprit doit nécessairement opérer sur les idées.

Après Hobbes, Locke, Berkelei, Leibnitz, et plusieurs autres philosophes, Condillac a traité, à plusieurs reprises, des idées *générales*, et il a répandu beaucoup de lumière sur cette question. Il a vu, il nous a fait voir, bien mieux qu'on ne l'avait fait avant lui, combien le raisonnement dépend du langage; et il est arrivé à ce résultat, l'un des plus heureux et des plus féconds de la philosophie; que *les langues sont autant de méthodes analytiques*; méthodes pauvres et grossières chez les peuples barbares; riches, mais souvent d'une fausse richesse, chez les peuples polis; moyens de clarté, d'élégance et de raison, quand on sait en faire un bon emploi; instrumens de désordre et d'erreur, quand elles sont maniées par la maladresse, par l'ignorance, et par la mauvaise foi; obstacles pour les esprits gâtés par les leçons d'une fausse philosophie, ou par les leçons d'un faux goût; secours admirables pour les Pascal et pour les Racine.

Telles sont les principales opinions des philosophes anciens ou modernes, au sujet des idées *générales*.

Nous accorderons, sans doute, à Platon, que Dieu, avant de créer, connaît toutes les parties de son ouvrage, et qu'il les crée conformément à la connaissance qu'il en a de toute éternité : rien ne nous empêchera de dire avec lui, que cette connaissance est le *type*, l'*archétype*, le *modèle*, l'*idée* de tout ce qui existe, et de tout ce qui peut exister; mais, quel rapport, des idées éternelles, immuables, impérissables, ont-elles aux idées qui sont dans notre esprit? Il s'agissait de rendre raison de l'intelligence de l'homme; et Platon nous parle de l'intelligence divine.

Nous n'accorderons pas à Aristote qu'il existe des *formes*, comme il l'entend; qu'il y en ait autant, ni plus ni moins, qu'on peut distinguer d'espèces; car alors, chaque forme serait une forme commune à tous les individus d'une même espèce; une forme qui se communiquerait à tous les individus d'une même espèce.

Une forme commune, n'est rien de réel: tout ce qui existe, est singulier et déterminé: une forme qui se communiquerait à tous les individus d'une même espèce, serait hors des individus; elle ne serait pas dans les choses; et, si vous dites que cette forme existe dans chaque individu, alors il y a plus de formes que d'espèces : enfin, quand on aurait prouvé que toutes ces formes, soit spécifiques, soit individuelles, existent hors de nous, en serions-nous plus instruits sur la nature de nos idées?

Il y a dans les êtres, des qualités qui nous affectent semblablement, et des qualités qui nous affectent différemment : sous le premier point de vue, nous disons que les êtres sont semblables, ou de la même espèce; sous le second, nous disons qu'ils sont différens, ou d'une espèce différente.

Les similitudes, les classes, les genres, les espèces, les *formes* communes ou universelles, les natures communes ou universelles, les *universaux*, ne sont que des points de vue de notre esprit; et Zénon avait vu les choses mieux que Platon et qu'Aristote.

Les partisans des *idées en Dieu* étaient donc hors de la question; et les réalistes ne pouvaient que s'égarer dans leurs subtilités.

Est-ce à dire que nous consentirons à ne voir dans les idées générales que des mots, de purs mots, des mots sans idées? Non, certainement; et je doute qu'aucun philosophe l'ait pensé, que Hobbes même ait pu le penser : il semble le dire, il est vrai; mais, ou il ne le dit pas en effet, ou il se contredit, comme Descartes le lui prouve fort bien.

« Le raisonnement, dit Hobbes, n'est peut-être rien autre chose qu'un assemblage et un enchaînement de noms, ou appellations, par le mot *est*. D'où il s'ensuivrait que, par le raisonnement, nous ne concluons rien du tout, touchant la nature des choses, mais seulement touchant leurs appellations; c'est-à-dire que, par le raisonnement, nous voyons simplement si nous assemblons bien ou mal les noms des choses, selon les conventions que nous avons faites, à notre fantaisie, touchant leurs significations. »

Descartes lui répond : « L'assemblage qui se fait dans le raisonnement n'est pas celui des noms ; mais bien celui des choses signifiées par les noms ; et je m'étonne que le contraire puisse venir dans l'esprit de personne.,... Ce philosophe ne se condamne-t-il pas lui-même, lorsqu'il parle des conventions que nous avons faites, à notre fantaisie, touchant la signification des mots ? car, s'il admet que quelque chose est signifiée par ces mots, pourquoi ne veut-il pas que nos discours et nos raisonnemens soient plutôt, de la chose qui est signifiée, que des paroles seules. » (*Méditation de Descartes*, t. 1, p. 151-52.)

Descartes a évidemment raison contre Hobbes ; mais ni l'un ni l'autre de ces philosophes ne connaissait le juste rapport des mots aux idées. Hobbes sentait que, dans ses raisonnemens, son esprit se portait rarement jusqu'aux idées ; et rien n'est plus vrai. Il en concluait que nous ne raisonnons pas sur les idées ; et rien n'est plus faux. Il fallait se borner à dire qu'il est rare que nous raisonnions *immédiatement* sur les idées. Descartes, profitant de l'aveu de Hobbes, que les mots signifient d'après des conventions, en conclut que le raisonnement, d'après Hobbes lui-même, doit porter sur les choses signifiées, ou sur leurs idées, et ceci est incontestable; mais il semble croire que le raisonnement porte toujours immédiatement sur les idées, ce qui est une erreur.

Hobbes se trompe, en pensant que l'esprit ne raisonne pas sur les idées, parce qu'il raisonne sur des mots qui ne sont pas signes immédiats d'idées. Descartes se trompe, en pensant que l'esprit raisonne immédiatement sur des idées parce qu'il raisonne sur des mots signes d'idées. Nous avons fait voir (t. 1 , leç. 13.) que les mots, toujours signes d'idées, ou devant toujours être signes d'idées, n'en sont pas toujours des signes immédiats; qu'au contraire, ils en sont le plus souvent des signes éloignés.

Condillac accorde prodigieusement aux mots, aux noms, aux dénominations, et en général aux signes de la pensée.

« Qu'est-ce au fond que la réalité qu'une idée générale et abstraite a dans notre esprit ? Ce n'est qu'un *nom*; ou, si elle est quelque autre chose, elle cesse nécessairement d'être abstraite et générale. » (*Log.*, p. 152.)

« Les idées abstraites et générales ne sont donc que des *dénominations*. » (*Idem*, p. 133.)

« Si vous croyez que les idées abstraites et

générales sont autre chose que des *noms*, dites, si vous pouvez, quelle est cette autre chose? » (*Langue des calculs*, p. 50.)

Ces propositions approchent tellement de la vérité, qu'on peut les admettre, et qu'il est inutile de se mettre en frais pour prouver qu'elles sont un peu exagérées. Condillac, d'ailleurs, le dit assez lui-même, lorsque, dans le *Traité des sensations*, il donne des idées générales à la statue qu'il anime, quoique cette statue soit privée de tout langage.

« Comme la statue n'a l'usage d'aucun signe, elle ne peut pas classer ses idées avec ordre, ni par conséquent en avoir d'aussi générales que nous; mais elle ne peut pas non plus n'avoir point absolument d'idées générales. Si un enfant, qui ne parle pas encore, n'en avait pas d'assez générales pour être communes, au moins à deux ou trois individus, on ne pourrait jamais lui apprendre à parler une langue; car on ne peut commencer à parler une langue, que parce qu'on a des idées générales : toute proposition en renferme nécessairement. »

Ce passage est écrit postérieurement à *la Logique* et à *la Langue des calculs*. On ne le trouve que dans la dernière édition du *Traité des sensations* (p. 312.)

DOUZIÈME LEÇON

Que sont enfin les idées *abstraites* et *générales*? Que devrons-nous répondre, quand on nous demandera si elles sont de vraies idées; si elles ne sont que des mots, des noms; ou si elles seraient toute autre chose?

Les idées *abstraites*, quoiqu'elles se généralisent avec la plus grande facilité, quoiqu'elles se généralisent naturellement, et comme à notre insu, ne doivent cependant pas toujours être confondues avec les idées *générales*. Toute idée générale est abstraite, mais toute idée abstraite n'est pas générale : idée abstraite-générale et idée générale, c'est la même chose; idée abstraite et idée générale, ce n'est pas la même chose. Afin qu'on ne perdît pas de vue cette distinction, quelquefois nécessaire, j'ai donné à la dernière leçon un autre titre qu'à la leçon d'aujourd'hui, quoique l'une et l'autre traitent au fond le même sujet.

Au lieu d'une simple question qu'on fait sur les idées abstraites et générales, nous devrons donc nous en faire deux.

1°. Les idées *abstraites* sont-elles des idées, de vraies idées? représentent-elles quelque qualité existant dans les êtres?

Il faut bien que les idées abstraites représentent des qualités réelles, puisque c'est aux idées qui représentent ces qualités, qu'on a donné le nom d'*idées abstraites*. Il n'y a là aucune difficulté.

2°. Les idées *abstraites-générales*, ou, ce qui revient au même, les idées *générales*, sont-elles de vraies idées ? représentent-elles quelque qualité existant, soit en nous, soit hors de nous ?

Pour faire la réponse à cette question, nous remarquerons d'abord que tout ce qui existe, ou qui peut exister, est individuel et déterminé ; substances, qualités, points de vue, rapports, jugemens, idées, signes. Nous remarquerons, en second lieu, qu'il s'en faut bien que tous les hommes soient doués de la même imagination. Les uns ne peuvent s'empêcher de réaliser leur pensée : ils la manifestent au dehors par un accent très-prononcé, par des gestes, et par toute sorte de mouvemens. D'autres semblent n'être émus de rien ; on dirait qu'ils sont impassibles.

Au moyen de ces deux observations, on pourra satisfaire, et ceux qui dans les idées générales trouvent de vraies idées, et ceux qui n'y trouvent que des mots.

Les idées générales sont-elles des idées ? la question ainsi posée, et prise à la lettre, mérite à peine une réponse, tant elle est identique. Peut-on demander, en effet, si une couleur rouge est une couleur, si un son grave ou aigu est un son ?

Ce qu'on appelle idée générale, est-ce réellement une idée, ou ne serait-ce qu'un mot ?

C'est une idée ; ce n'est qu'un mot : ce n'est qu'un mot pour celui qui, entendant le nom d'une idée générale, ne se porte pas jusques aux choses. C'est une idée pour celui qui se les rend présentes.

En entendant le mot *gloire*, l'esprit de la plupart des hommes ne va pas certainement au delà du mot. Que ce même son frappe les oreilles du vainqueur de Denain, son imagination lui montrera aussitôt les palmes d'une double victoire ; il sentira son front chargé de deux couronnes ; et peut-être celle qu'il reçut des mains d'un régent de collége, aux applaudissemens de ses jeunes camarades, ne lui paraîtra ni la moins belle, ni la moins glorieuse.

Il n'y a donc pas, à la rigueur, d'idées générales, puisque ce qu'on appelle *une idée générale*, est, ou une idée individuelle, ou un mot général, je veux dire, un mot appelé *général*. Car chaque mot est individuel, comme chaque idée est individuelle, comme tout est individuel.

Mais, parce qu'on a donné le nom de *générales* aux idées, quand on les a considérées comme nous venant, ou pouvant nous venir, de plusieurs objets semblables, on a dit que les noms étaient *généraux*, quand on les a considérés comme s'appliquant, ou pouvant s'appliquer aux objets d'une même espèce.

« Aucun homme n'a reçu de la nature une imagination assez puissante, pour individualiser toutes les idées générales, à mesure que la succession des mots les fait passer devant son esprit. Il est rare que, dans la rapidité de la parole, nos raisonnemens faits avec des mots, pénètrent au delà de ces mots, et qu'ils atteignent immédiatement aux choses.

« Ni vous, messieurs, ni moi, ne nous sommes fait des idées distinctes, correspondantes aux derniers mots que je viens de prononcer : *rare, rapidité, raisonnement, dans, au delà*, etc., nous n'avons eu ni le temps, ni la volonté de nous en former des images ; et il en est ainsi de la presque totalité des mots qui entrent dans nos discours.

« D'où il ne faudrait pas conclure avec Hobbes, que nos jugemens et nos raisonnemens consistent à saisir des rapports entre des mots, et que la vérité est une chose purement verbale ; car alors l'homme le plus savant ne serait guère au-dessus d'un perroquet bien dressé.

On voit ici la différence qui se trouve entre un ignorant et un homme instruit, qui prononcent les mêmes mots.

L'ignorant, manquant d'idées, n'applique ses mots à rien, et il ne saurait les appliquer. L'homme instruit, quand il ne les applique pas, a le pouvoir de les appliquer. Ordinairement il se contente du mot ; mais il ira aux idées, du moment qu'il en sentira le besoin. C'est ainsi que l'algébriste calcule, ou raisonne, mécaniquement ; il opère sur les signes, jusqu'au moment où, arrivé à son équation finale, il demande à ces signes les idées dont ils sont les dépositaires ; alors, il se trouve riche d'une vérité nouvelle.

Les idées *générales*, les noms *généraux*, se distribuent en différentes classes, subordonnées les unes aux autres.

Pour bien comprendre cette distribution, observez que tous les êtres peuvent se classer d'une infinité de manières. Les hommes, par exemple, considérés sous le rapport de l'âge, de la santé, de la richesse, de la science, de la profession qu'ils exercent, du lieu qu'ils habitent, etc., donnent lieu à autant de classes, dont chacune donne lieu, elle-même, à une série de classes.

Sous le dernier rapport que nous venons d'énoncer, on a d'abord, en commençant par la classe la plus générale, la classe *homme*, qui se divise en *homme-européen, homme-asiatique, homme-africain, homme-américain ;* et parce que, soit en parlant, soit en écrivant, les mots *européen, asiatique*, viennent à la suite du mot *homme,* on dit qu'ils lui sont *subordonnés* : mais, pour abréger, on supprime ordinairement le nom de la classe plus générale, et l'on dit *européen* au lieu d'*homme-européen*, *asiatique* au lieu d'*homme-asiatique,* etc.

Ces quatres classes subordonnées, et particulières par rapport à la classe générale *homme*, vont devenir elles-mêmes générales. La classe *européen*, se subdivisera en *européen-français, européen-anglais*, ou, plus brièvement, en *français, anglais, italien,* etc. : la classe *français*, se subdivisera en *normand, breton,* etc. : la classe *breton*, en autant de classes subordonnées, que la Bretagne comprend de départemens ; les habitans d'un département, en autant de classes que le département contient d'arrondissemens, de cantons, de villes, de villages ; que chaque ville contient de quartiers ; que chaque quartier contient de rues ; que chaque rue contient de maisons, dans lesquelles enfin se trouveront les individus, d'après lesquels, et pour lesquels ont été faites toutes les classes.

Voilà donc, à ne considérer les hommes que sous un seul point de vue, une multitude de classes intermédiaires entre les individus et la classe la plus générale.

Ces classes sont subordonnées les unes aux autres, et toutes, à la classe la plus générale *homme*, qui seule n'est pas subordonnée ; mais vous allez voir qu'elle peut l'être à son tour.

Sortez de l'humanité : cherchez des termes de comparaison parmi les habitans de la terre, de l'air et des eaux ; vous ne tarderez pas à vous apercevoir qu'entre un homme, un lion, un aigle et un dauphin, tout n'est pas différent. Le dauphin se meut d'un mouvement spontané, comme le lion, comme l'aigle, comme l'homme ; comme eux, il cherche son aliment ; il naît, croît, se fortifie, vieillit et meurt. De chacun des termes de la comparaison que nous venons d'établir, il nous vient donc une idée qui représente quelque chose de commun à tous les termes, une idée générale, par conséquent. On a donné à cette idée le nom *animalité*.

Les idées générales, les classes générales *homme*, *lion*, *aigle*, *dauphin*, sont donc subordonnées à l'idée ou classe plus générale *animal*. L'homme est une *espèce* d'animal : l'homme est une *espèce*, dont animal est le *genre*.

L'idée générale *animal* deviendra, à son tour, une idée spécifique, si nous la subordonnons à une idée plus générale qu'elle ne l'est elle-même. Or, rien n'est plus facile. Je n'entrerai pas dans un détail fatigant pour faire voir que l'animal, c'est-à-dire, le corps organisé, vivant et animé, est une *espèce de corps*; le corps, une *espèce de substance*; la substance, une *espèce d'être*; ou, ce qui revient au même, que la classe *animal* est subordonnée à la classe *corps*; la classe corps, à celle de *substance*; celle de substance, enfin, à celle d'*être*.

Ici, nous sommes forcés de nous arrêter. Nous sommes arrivés à la *classe* la plus générale, au *genre* le plus élevé; ou, comme on s'exprime en termes de l'école, au *genre suprême*.

Maintenant, rapprochons ces différentes classes; et, pour n'être pas trop minutieux, négligeons-en la plus grande partie.

Parisien, Français, Européen, homme, animal, corps, substance, être.

Souvenez-vous du point de vue qui a donné lieu à toutes ces classes : souvenez-vous qu'elles sont toutes relatives aux différens pays qu'habitent les hommes, à la place qu'ils occupent sur la surface du globe; et demandez-vous laquelle de ces classes est la plus propre à vous faire connaître le lieu où se trouve un individu déterminé, Paul, par exemple, que je suppose établi à Paris.

Il est évident que les classes *être*, *substance*, *corps*, ne vous apprennent rien de relatif à la position de Paul sur notre planète : il ne l'est pas moins, que si vous cherchez Paul dans la classe générale *homme*, vous userez inutilement la vie à parcourir la terre et les mers, les îles et les continens ; que, si vous le cherchez dans la classe moins générale *Européen*, ou même dans la classe, encore moins générale, *Français*, vous ne serez guère plus heureux ; et qu'enfin, il vous deviendra possible, quoique assez difficile, de le rencontrer dans la classe la moins générale *Parisien*.

De même, vous savez d'un homme qu'il est *savant* : jusque-là, vous en êtes bien éloigné. On vous dit qu'il est *poëte*; vous en approchez un peu. On ajoute qu'il est *poëte tragique*, vous en êtes plus près; que c'est un *poëte tragique du siècle de Louis XIV*, le champ de vos recherches s'est prodigieusement resserré; enfin, que c'est un *grand poëte tragique*, vous n'avez plus qu'à choisir entre Corneille et Racine.

Encore un exemple. L'idée générale, ou la classe générale *sentiment*, vous fait connaître, d'une manière bien imparfaite, l'intelligence de l'homme, ou plutôt, elle ne vous en donne aucune connaissance.

Divisez cette classe générale en quatre classes subordonnées, *sentiment-sensation*, *sentiment des opérations de l'esprit*, *sentiment des rapports*, *sentiment moral* : vous avez fait un grand pas, mais vous ne touchez point encore à l'intelligence.

Divisez chacun de ces quatre sentimens, en *sentimens confus* et *sentimens distincts* : vous êtes aux *idées*, au commencement de l'intelligence.

Distribuez la classe des sentimens distincts, ou des *idées*, en *idées sensibles*, *idées intellectuelles*, *idées morales* : l'intelligence se montre presque à découvert..

Continuez vos classes : que ces trois espèces d'idées soient *absolues* ou *relatives*, et qu'enfin elles soient acquises, ou par l'*attention*, ou par la *comparaison*, ou par le *raisonnement*, vous aurez de l'intelligence de l'homme, une connaissance, sinon parfaite, du moins égale, ou supérieure, à la plupart des connaissances dont se vante la philosophie.

On voit donc que, pour connaître les différens objets de la nature, il ne suffit pas d'en avoir des idées très-générales. Les idées générales représentent exclusivement ce que plusieurs êtres ont de commun : elles ne caractérisent rien. L'idée générale *homme*, ne vous fera pas connaître le peuple romain; elle ne vous fera pas connaître César ou Pompée. De l'idée générale *science*, vous ne ferez pas sortir la chimie, ou la métaphysique. L'idée générale *substance* ne vous instruira, ni des propriétés des corps, ni des propriétés des esprits : enfin, l'idée la plus générale de toutes, l'*être*, l'*existence*; sera la plus stérile des idées.

Il est vrai que ces mots, *être*, *substance*, servent à désigner la réalité des choses. La *substance* d'un corps, c'est quelquefois la totalité de ses propriétés et de ses attributs; l'*être*, c'est l'être des êtres, c'est l'existence divine.

Connaître ainsi les substances, peut être un désir de l'homme, mais un désir qui ne sera jamais entièrement satisfait : connaître ainsi l'existence, ce serait être Dieu.

Aussi, dans ces manières de s'exprimer, les idées ont-elles perdu leur généralité pour s'individualiser dans leur objet.

Chez les anciens, Homère était *le poëte*, Aristide était *le juste*, Socrate *le sage*.

Il y a des philosophes dont l'esprit se trouble

et s'anéantit devant l'idée d'*existence*. Qu'a donc cette idée de si mystérieux ?

L'idée d'*existence* est, ou la plus générale des idées, ou elle est individuelle : elle exprime, ou un point de vue commun à tous les êtres individuels; ou bien elle a pour objet, chacun des êtres individuels pris dans son intégrité, ou même la totalité des êtres.

Sous le premier point de vue, l'idée d'*existence* n'offre pas plus de difficulté que toute autre idée générale; elle en offre moins, puisqu'elle est la plus générale.

Sous le second point de vue, elle est nécessairement et évidemment imparfaite. Il n'y a pas là de mystère. Rien n'est moins mystérieux que la certitude de notre impuissance, quand nous voulons saisir la nature intime, l'existence telle qu'elle est, d'un corps déterminé, d'un esprit déterminé; et, à plus forte raison, quand nous voulons pénétrer l'essence divine, l'être de Dieu. Nous avons prouvé, dans la dernière leçon, que la connaissance complète des individus, des existences individuelles, n'est pas à notre portée. Nous avons fait voir que la connaissance complète d'un grain de sable serait, en quelque sorte, la connaissance de la nature entière.

« *Pourquoi y a-t-il quelque chose ?* Terrible

question! » s'écrie d'Alembert (Mél. , t. 5, p. 35) : il lui semble que les philosophes n'en sont pas assez effrayés.

J'avoue que je ne saurais partager le sentiment qui a donné lieu à cette exclamation. *Pourquoi*, se rapporte ou à la cause finale, ou à la cause efficiente.

Quelle est la fin ou le but de l'existence, de toutes les existences, celle de Dieu comprise ? Je l'ignore ; et cette curiosité me paraît tellement hors de proportion avec ma nature, qu'elle ne m'effraie, ni ne m'inquiète, qu'elle n'entre pas même dans mon esprit. Je dirai plus : il me paraît absurde de demander le but de l'existence de Dieu. Je doute qu'on sache ce qu'on demande.

Quelle est la cause efficiente de l'existence, de toutes les existences ? Une telle question, et une telle cause, sont de véritables contradictions. Pour produire toutes les existences, la cause efficiente doit exister ; et dès lors, n'étant pas cause de sa propre existence, elle n'est pas cause efficiente de toutes les existences.

On cherche la *raison* de l'existence : il n'y en a pas. Cette raison, s'il y en avait une, devrait être antérieure à l'existence, ou du moins elle devrait être conçue antérieure à l'existence.

Ainsi supposée, ainsi conçue, cette raison

serait, ou une *cause* qui aurait produit l'existence, ou un *principe* dont l'existence serait une émanation; elle serait donc elle-même une existence dont on continuerait à demander la raison, et à la demander sans fin.

On peut demander la raison d'une existence particulière : on ne peut pas demander la raison de toute existence. Cependant, si vous voulez dire que l'existence a sa raison en elle-même, ou qu'elle est elle-même sa propre raison, je ne m'y oppose pas.

Je ne conçois, ni la création, ni l'existence nécessaire; j'en ai une entière *certitude*, mais je n'en ai point l'*idée*. Je n'ai idée, ni de l'éternité, ni du passage du néant à l'existence, et je me tiens tranquille. Pourquoi m'effrayer de cette ignorance ? est-ce qu'elle serait moins naturelle que toute autre ? ne m'est-il pas évident que les idées de *création* et d'*éternité* que je n'ai pas, je ne puis pas les avoir ? D'où me viendraient-elles, à moins d'une révélation, quand elles n'ont leur origine dans aucun de mes sentimens ?

Il ne faut donc pas oublier que le nom d'une idée générale peut en même temps être le nom d'une idée individuelle. Comme nom d'idée générale, il exprime une qualité commune, un point de vue commun à plusieurs êtres : comme nom d'idée individuelle, il est signe d'une existence individuelle, d'un être réel.

Rien n'est plus facile à acquérir que les idées générales de tous les objets de l'univers : rien n'est plus difficile à acquérir que les idées individuelles de ces objets : les premières se bornent à nous faire connaître quelques qualités, une qualité ; les dernières, si nous les avions complètes, nous feraient connaître la réunion de toutes les qualités des êtres, de toutes leurs propriétés.

Aussi voyons-nous que les enfans, après les premières impressions qui leur viennent par les sens, et dont ils tirent quelques idées sensibles, se portent aussitôt aux idées les plus générales, *arbre*, *homme*, *bon*, *mauvais*, etc. ; et cela doit être, car il est bien plus aisé de saisir les ressemblances, que les différences. On n'obtient les différences que par une application dont le travail se fait sentir : on aperçoit les ressemblances d'un premier coup d'œil.

Par les progrès de l'âge, l'enfant distingue l'*arbre cerisier*, l'*arbre prunier*, l'*homme fort*, l'*homme riche*, l'*homme savant*, etc. ; c'est-à-dire qu'il forme des classes moins générales, à mesure qu'il s'instruit.

Avoir dans son esprit des idées très-générales, des classes très-généraux, sans connaître en même temps les séries de classes qui leur sont subordonnées, et qui, par une gradation bien ménagée, conduisent aux individus, c'est donc ressembler aux enfans, c'est ne rien savoir.

Combien d'hommes, cependant, avec quelques idées générales, parlent hardiment d'architecture, de peinture, de musique! Il est vrai qu'ils prêtent à rire aux connaisseurs, mais le nombre des connaisseurs n'est jamais très-grand. Combien décident sur la guerre, sur la marine, sur toutes les branches de l'administration! Combien aussi se donnent une apparence de profondeur, parce qu'ils font entrer dans leurs discours les mots *philosophie*, *nature*, *métaphysique*, et autres semblables! Malheureusement ils sont trahis par ces mots mêmes; leurs méprises, quand ils en viennent aux applications, rappellent la métaphore et la métonymie, *grands mots que Pradon croit des termes de chimie*.

Imaginerait-on qu'avec des classes générales, séparées des classes subordonnées qui conduisent aux individus, l'ignorance pût aller au point de confondre un *mouton* avec un *oiseau*? C'est pourtant ce qui est arrivé à une peuplade entière. Lorsque le capitaine Cook aborda, pour la première fois, à l'île d'Otaïti, les habitans, en voyant un mouton, firent entendre que c'était un oiseau. Nous ne concevons pas d'abord une erreur aussi étrange ; mais l'île ne contenait, en quadrupèdes, que le cochon et le chien : ces deux espèces, les oiseaux, et une multitude de rats, voilà tout ce que les insulaires connaissaient. Ils savaient que l'espèce des oiseaux est très-variée, car de temps en temps il en paraissait dans leur île, qui ne s'étaient pas montrés auparavant. Voici comment ils raisonnèrent : cet animal que nous voyons n'est ni un cochon, ni un chien ; il faut donc que ce soit un oiseau. Ce raisonnement ressemble à plus d'un raisonnement que nous faisons tous les jours : c'est le sophisme connu sous le nom de *dénombrement imparfait*.

Que penser, après cela, d'un précepte que donne Buffon dans son discours de réception à l'académie française ? « Avec de l'attention à ne nommer les choses que par les termes les plus généraux, le style aura de la noblesse. »

Ce précepte, plein de goût quand on l'applique à des sujets qui ont de la dignité, ou à des sujets dès long-temps connus, exige, dans la pratique, un grand discernement. Des idées neuves, des idées, jusqu'à vous mal démêlées, veulent des expressions particulières et très-circonscrites. Avec des termes généraux, vous ne serez pas entendu : votre style n'aura ni clarté, ni précision ; et si, à propos d'une querelle d'écoliers, vous veniez faire un étalage de la loi politique et de la loi naturelle, vous risqueriez fort de vous rendre ridicule.

Pour sentir combien la noblesse du style tient à l'emploi des termes généraux, supposez qu'aux obsèques d'un personnage illustre, l'orateur, voulant décrire les cérémonies de la pompe funèbre, s'énonce de la manière suivante : *Les pontifes sacrés, revêtus d'ornemens lugubres*, etc. ; l'expression générale *ornemens* a plus de noblesse, vous n'en doutez pas, que n'en auraient des expressions qui détailleraient toutes les parties de ces ornemens; et l'auditoire ne serait pas médiocrement surpris, si on allait lui montrer des surplis et des chasubles. Mais pourquoi ces expressions de détail manqueraient-elles de noblesse? parce que celui qui, dans un discours solennel, célèbre les vertus d'un héros ou d'un roi, doit oublier tout ce qui n'a pas quelque grandeur. Comment pourrait-il, sans se dégrader, descendre jusqu'au langage d'un sacristain ? Le mot m'est échappé. Si vous trouvez qu'il manque de noblesse, il confirmera ce que je viens de dire.

Les termes généraux, termes d'ignorance quand ils ne tiennent à rien, annoncent un esprit très-éclairé, quand ils se lient à des termes moins généraux, à des classes moins générales, qui, elles-mêmes, se lient à des classes toujours moins générales, jusqu'à ce qu'on soit arrivé aux choses.

C'est des individus qu'est sortie la première lumière : c'est sur les individus qu'elle doit se reporter, mais augmentée, fortifiée. D'une première qualité individuelle, nous nous sommes élevés à la classe la plus générale : cette classe s'est distribuée en classes subordonnées, du moment que nous avons aperçu des différences entre les objets qui, d'abord, nous avaient paru semblables. De nouvelles différences ont donné lieu à de nouvelles classes : ainsi, de classe en classe, de différence en différence, de qualité en qualité, nous sommes revenus aux individus, qui n'ont plus été pour nous une seule qualité, mais des assemblages de qualités : alors, notre connaissance a été d'autant plus parfaite que le nombre des qualités bien reconnues, bien constatées, a été plus grand.

Privés du secours des classes, l'esprit humain languirait dans l'inertie et dans l'ignorance : quelques actes d'attention, quelques comparaisons lui donneraient à peine l'idée des objets nécessaires à la conservation du corps. La faculté de raisonner, abandonnée à elle-même, resterait dans une inaction forcée, et serait à jamais stérile. Le raisonnement consiste dans un rapport particulier entre deux jugemens ou deux propositions, dans le rapport du contenant au contenu. *Dieu est juste, donc il récompensera la vertu.* Voilà un exemple de raisonnement ; et vous voyez que le second jugement, *Dieu récompensera la vertu,* se trouve dans le premier, *Dieu est juste.* Or, si nous n'avions point de classes, d'idées générales ; si nous n'avions ni genres ni espèces, il nous serait impossible de voir des jugemens ainsi renfermés les uns dans les autres, ou des propositions comme conséquences d'autres propositions ; et la raison en est évidente, car il nous serait impossible de former des propositions. *Paul est joueur; les joueurs sont malheureux :* dans la première de ces deux propositions, on met un individu dans l'espèce, *Paul* dans l'espèce des *joueurs :* dans la seconde, *les joueurs sont malheureux,* on met l'espèce dans le genre, la classe des *joueurs* dans la classe plus-générale des *malheureux.* Énoncer une proposition, c'est dire qu'on a mis un individu dans une classe, ou une classe dans une autre classe : sans classes, sans idées générales, sans genres et sans espèces, ne pouvant faire des propositions, comment pourrions-nous faire des raisonnemens ?

Il est vrai que les enfans, avant l'usage de la parole, donnent quelques signes de raisonnement : aussi, ne sont-ils pas totalement dépourvus d'idées générales. Je ne crois pas, du moins, qu'on puisse leur refuser celles de *bien être* et de *mal être* : mais le peu de raisonnement dont ils semblent donner des preuves, mérite-t-il, en effet, le nom de raisonnement? L'enfant qui s'est brûlé à la flamme d'une bougie, se gardera d'en approcher la main une seconde fois. Est-ce à dire qu'il a fait un syllogisme ? Il lui suffit de se souvenir de la douleur qu'il a éprouvée : l'enfant se conduit comme s'il avait raisonné; il ne raisonne pas encore ; je veux dire qu'il ne raisonne pas explicitement.

C'est donc aux idées générales, à leur distribution en différentes classes, que l'homme doit les sciences et tous les avantages qu'il en retire, puisque c'est à ces distributions qu'il doit l'exercice de la faculté de raisonner.

Mais, en reconnaissant les services que nous rendent les idées générales, en reconnaissant combien elles sont nécessaires pour le développement de l'intelligence, il ne faut pas oublier que cette nécessité est, en même temps, une preuve manifeste de la faiblesse de notre nature. Le raisonnement, privilége de l'homme, est le privilége d'un être imparfait.

L'intelligence infinie cesserait d'être elle-même, si elle pouvait devoir quelque chose au raisonnement. A ses yeux, il n'y a ni classes, ni genres, ni espèces. Les classes n'offrent que des points de vue ; les principes et les conséquences montrent les choses successivement ; et l'intelligence infinie embrasse tout, elle voit tout, et tout à la fois.

Nous-mêmes, quand les objets nous intéressent vivement, nous dédaignons les idées générales et leurs classes ; nous nous méfions aussi des inductions et des analogies ; il nous faut des idées très-spécifiques, des idées individuelles ; nous voulons connaître les objets par des idées immédiates.

Ce n'est point par les idées générales de rouage, de ressort, que l'horloger connaît une montre : ce n'est point par les idées générales d'étoffe ou de draperie, que le marchand connaît son magasin : ce n'est pas surtout par des idées générales qu'une mère connaît ses enfans. Elle est sans cesse occupée à les observer, à les étudier ; elle cherche à pénétrer jusqu'au fond de leur âme, pour en découvrir les mouvemens les plus cachés ; et rien ne lui échappe, de ce qui peut annoncer la diversité de leurs goûts, ou la différence de leurs caractères. Sans cette curiosité active, dont la nature a fait le besoin de son cœur, comment pourrait-elle régler sa conduite, encourager, réprimander, caresser et punir à propos ?

« Il est à croire, dit Rousseau, que les événemens particuliers ne sont rien aux yeux du maître de l'univers ; que sa providence est seulement universelle ; qu'il se contente de conserver les genres et les espèces, et de présider au tout, sans s'inquiéter de la manière dont chaque individu passe cette courte vie. Un roi sage qui veut que chacun vive heureux dans ses états, a-t-il besoin de s'informer si les cabarets y sont bons ? » (*Lettre à Voltaire*.)

Un roi sage, s'il veut mériter ce titre, s'informera si les cabarets sont bons : un roi sage veille sur tout son peuple. Les voyageurs excitent sa sollicitude, autant que ceux qui vivent tranquillement auprès de leur foyer.

C'est parce que les rois et les législateurs sont hommes, parce que leur intelligence et leur puissance sont limitées, que, ne pouvant établir des rapports immédiats avec chacun des individus soumis à leur sagesse ou à leur empire, ils se voient forcés de les considérer en masse.

Dire que la Providence est universelle, et n'est qu'universelle, c'est dire que Dieu gouverne le monde par des lois générales, par des volontés générales, et non par des volontés particulières ; c'est dire qu'il gouverne tous les êtres par ce qu'ils ont de commun ; c'est dire qu'il n'agit que sur des qualités communes ; c'est en faire un législateur humain, un roi de la terre.

Deux feuilles d'un même arbre, vues de près, ne sont pas semblables : deux gouttes d'eau regardées avec le microscope nous présentent bientôt des différences. Les similitudes tiennent à la grossièreté de nos sens, et aux bornes de notre esprit. Il ne faut pas transporter à Dieu, ce qui n'est que de l'homme. Dieu connaît les êtres, tels qu'ils sont en eux-mêmes : il les voit tous, différens les uns des autres ; et, comme la manière dont il agit sur eux, varie suivant la connaissance qu'il en a, il s'ensuit que Dieu agit sur chaque être d'une manière spéciale, c'est-à-dire, qu'il n'agit point par des lois générales et uniformes.

Je crois qu'on se rendra à ces raisons, après les avoir attentivement examinées. Cependant, nous ne changerons rien au langage reçu, et nous continuerons à nous énoncer comme s'il existait en effet des lois générales. Nous dirons que la gravitation est une loi générale dans l'ordre physique ; que le désir du bonheur est une loi générale dans l'ordre moral. Il est vrai, qu'à parler mathématiquement, deux atomes, par cela seul qu'ils occupent deux lieux différens dans l'espace, ne sauraient tendre de la même manière vers aucun des points matériels de l'univers; ni deux êtres sensibles avoir précisément la même manière de vouloir être heureux : mais ces différences nous échappent ; et, s'il n'y a ni similitudes, ni lois générales pour la nature, il y en a pour nous.

Ceci peut concilier ceux qui veulent que les classes, les genres, les espèces, aient leur fondement dans notre propre nature, et ceux qui les fondent sur la nature des choses. Les genres, les espèces, sont des ressemblances ; et, à la rigueur, les ressemblances ne sont que dans l'esprit de l'homme (leç. 7) : mais, quoique dans les choses tout soit différent, tout n'est pas également différent. Deux chênes diffèrent l'un de l'autre ; ils diffèrent encore plus des ormes, des peupliers. Deux oranges se distinguent entre elles; mais elles se distinguent bien mieux des pêches, ou des pommes. Il y a donc, dans les êtres, des différences à tous les degrés : or, ce sont les moindres différences qui sont pour nous des ressemblances; et cela suffit pour autoriser, je ne dis pas pour justifier, ceux qui prétendent que les classes, les genres, les espèces, ont leur fondement, ou du moins un de leurs fondemens, dans la nature des choses.

Nous ne transigerons pas ainsi avec certains philosophes qui confondent les idées générales avec les idées collectives, comme d'autres les ont confondues avec les idées composées (t. 1, p. 399).

L'idée *collective* consiste dans la répétition d'une même idée. Telles sont les idées d'un sénat, d'une armée, d'une forêt, d'une ville, d'un nombre ; je ne dis pas *de sénat, d'armée*, etc. Ces dernières idées sont générales : elles expriment ce qu'il y a de commun entre les sénats de Rome, de Carthage, d'Athènes, de France, d'Angleterre, de Russie ; entre les armées de Darius, d'Alexandre, de Charles XII; entre les forêts du Nord et celles du Midi, etc. : au lieu que l'idée d'*un sénat* est la répétition de l'idée de sénateur ; l'idée *d'une armée*, la répétition de l'idée de soldat ; l'idée *d'une forêt*, la répétition de l'idée d'arbre ; l'idée *d'une ville*, la répétition de l'idée de maison ; l'idée *d'un nombre*, la répétition de l'idée de l'unité.

On a donc cru que les idées générales étaient pareillement la répétition d'une même idée, une collection d'idées semblables ; que l'idée générale, *blancheur*, s'obtenait en ajoutant la blancheur de la neige, à celle de l'ivoire, à celle du lait ; que l'idée générale de la *figure humaine*, résultait de la réunion de la figure d'un enfant, d'un vieillard, d'un blanc, d'un nègre. Imaginez le singulier visage qu'on aurait avec l'idée générale de la figure humaine ainsi conçue.

Il en est de l'idée générale, *figure humaine*, comme de l'idée générale, *homme*. Cette idée, *homme*, ne représente, ni enfant, ni vieillard, ni guerrier, ni magistrat, ni savant, ni ignorant : elle ne représente rien de ce qui caractérise les individus ; elle se borne à nous faire connaître des qualités communes à tous les hommes. De même, l'idée générale, *figure humaine*, ne présente aucun caractère de beauté ou de laideur, de jeunesse ou de vieillesse : elle nous fait connaître les seuls traits, qui distinguent la figure de l'homme de la figure de l'animal.

Avant de terminer ce que je me suis proposé de vous dire aujourd'hui sur les idées générales, je dois répondre à une question qu'on m'a faite. On veut savoir si l'idée de la *vertu* doit être rangée parmi les idées abstraites, ou parmi les idées générales, ou parmi les idées composées.

Qu'est-ce que la *vertu ?*

La vertu, nous répond la saine philosophie, est *un désir constant de rendre toutes nos pensées, toutes nos actions, conformes aux lois divines et humaines.*

Écrivons ces paroles en lettres d'or; et méditons-les, jusqu'à ce que nous puissions nous les appliquer.

Gravons surtout en caractères d'or ces paroles plus belles, plus simples : La vertu consiste à *aimer Dieu par-dessus tout, et le prochain comme nous-mêmes.*

Sacrifiez votre intérêt à l'intérêt général ; vous mériterez le nom de vertueux.

Vous serez vertueux, *si vous immolez vos passions à la raison.*

Toutes ces définitions ont obtenu vos suffrages, parce que dans toutes vous avez reconnu le modèle de ce qu'il y a de meilleur dans la nature humaine.

Mais pourquoi quatre définitions d'une même chose ? Gardez-vous de vous en plaindre : désirez plutôt qu'on les multiplie. Chacune montre la vertu sous de nouveaux points de vue ; et, mieux nous la connaîtrons, plus nous aurons de motifs de l'aimer.

Rappelez ici ce que nous avons dit ailleurs, et plus d'une fois, combien est abusive la méthode qui, supposant aux mots une acception toujours la même, ne peut faire connaître les choses que d'une manière extrêmement imparfaite.

Il faut quelque discernement pour choisir, entre plusieurs définitions, celle qui convient le mieux au sujet que l'on traite. Si, dans un discours politique vous faisiez consister la vertu à aimer Dieu par-dessus tout : si, dans un discours religieux vous la définissiez par la préférence de l'intérêt général à l'intérêt particulier, vous pourriez dire des choses très-vraies, mais très-déplacées. Parlez-vous sur la morale, sur cette partie de la morale qui cherche à relever la dignité de l'homme ? Montrez-nous la vertu dans le triomphe de la raison sur les passions, etc.

Comme c'est au choix du terme propre qu'on distingue celui qui sait écrire, c'est au choix de sa définition qu'on reconnaîtra celui qui sait raisonner.

Nous pouvons répondre maintenant à la question qu'on nous a adressée. L'idée de la vertu est-elle simple ou composée, abstraite ou concrète, générale ou individuelle ?

Elle est *composée*, puisqu'on peut la définir. Cette réponse suffirait ; mais revenez à la première définition, et faites le compte des idées qu'elle renferme, *désir, conformité, action, pensée, loi, Dieu, homme.*

Elle est *abstraite*; car vous l'avez séparée de plusieurs autres idées avec lesquelles elle était unie. Fénélon était un écrivain illustre; il était archevêque, précepteur d'un prince, académicien, etc. Mais, quand vous vous souvenez qu'il disait: *Je préfère le genre humain à ma patrie, ma patrie à ma famille, ma famille à moi-même*: quand vous vous le représentez, sacrifiant aux décisions de l'autorité ce que l'homme de génie a de plus cher, son opinion, sa pensée; alors, oubliant toutes ses autres qualités, il ne reste dans votre esprit que l'image de sa vertu.

L'idée de la vertu est *générale*; elle est très-générale. Nul individu de notre espèce, heureusement pour l'humanité et pour les sociétés humaines, ne s'aurait avoir été toujours étanger à la vertu, ni en avoir effacé toutes les traces. Où est l'âme assez dégradée pour n'en rien conserver? Dans quel cœur sa flamme est-elle éteinte, au point de ne jamais laisser échapper quelque étincelle? Mais elle brille surtout dans les Socrate, les Marc-Aurèle, les Fénélon, les Vincent de Paule.

La philosophie n'offre pas de question plus féconde en résultats utiles, que celle des idées générales : aucune n'a un rapport plus direct à la conduite que nous devons tenir dans la recherche de la vérité. Comme les idées générales, et les noms généraux, sont presque toujours une même chose pour notre esprit, et que les noms propres n'entrent pas dans les langues des sciences, on voit que, traiter des idées générales, expliquer leur formation, montrer leur indispensable nécessité, et faire sentir en même temps combien elles nuisent quand elles sont mal faites, c'est traiter en effet de l'influence des langues sur la marche directe ou rétrograde, ou sur l'immobilité de l'esprit humain : mais ces importantes considérations appartiennent à la logique plutôt qu'à la métaphysique.

C'est à la logique à nous dire, pourquoi, avant l'invention de ses signes, la science des nombres méritait à peine le nom de *science*; pourquoi, la littérature française n'exista que du moment où la langue eut dépouillé sa barbarie; pourquoi, les Chinois, tant qu'ils conserveront leur langue, resteront en arrière des lumières des Européens, etc.

C'est à la logique à décider si les idées générales sont des *principes*, ou des *conséquences*. Pour résoudre cette question, elle distinguera les connaissances acquises par la simple *observation*, des connaissances acquises par le *raisonnement*. Les unes et les autres supposent, il est vrai, quelques idées individuelles; mais d'un côté, l'esprit se porte à l'instant aux idées les plus générales, pour revenir aux individus par des idées toujours moins générales, tandis que de l'autre, avançant par un mouvement progressif, il voit ses idées s'étendre à mesure qu'il s'élève.

Les idées les plus générales sont les *principes* ou les *commencemens* des sciences d'observation; elles sont les *derniers résultats* des sciences de raisonnement; mais ces choses demandent quelques modifications que je ne puis vous faire connaître aujourd'hui. N'allons pas plus loin; et sachons nous arrêter pour prévenir le moment de la fatigue.

N'oubliez pas, messieurs, tout le mal qu'ont fait, et que font encore tous les jours, les idées générales; mais n'oubliez pas le bien qu'elles font, et le plus grand bien qu'elles pourraient nous faire.

N'oubliez pas surtout que l'intelligence suprême, embrassant tout, et tout à la fois, n'a besoin, ni de nos idées générales, ni de notre raisonnement; et que toutes les sciences dont s'enorgueillit le génie de l'homme ne sont qu'un *magnifique témoignage* de son impuissance.

TREIZIÈME LEÇON.

Tout ce que peut nous apprendre la métaphysique, tient à la solution de deux problèmes : trouver la manière dont se forme l'intelligence de l'homme, et, par ce moyen, la bien former. Exposition succincte des principes qui nous ont servi à résoudre le premier de ces problèmes. Indication de la méthode qu'il faut suivre pour résoudre le second. Application de cette méthode à quelques idées, et particulièrement aux idées des corps, *de l'âme et de* Dieu. *Erreur inévitable des philosophes, pour n'avoir reconnu dans l'homme qu'une seule manière de sentir. Ce qu'il faut penser de l'ontologie. Résumé de la doctrine métaphysique développée dans les leçons précédentes.*

Celui qui s'est engagé dans l'étude d'une science, éprouve, à mesure qu'il se porte en avant, le besoin de comparer l'espace parcouru à l'espace qui lui reste à parcourir. Une telle comparaison le rend plus modeste, ou lui donne des espérances. Heureux, si toujours elle produisait ces deux sentimens à la fois !

Après nous être assurés des *facultés élémen-*

taires qui constituent l'entendement, nous avons essayé de porter quelque lumière dans les ténèbres qui obscurcissaient la *question des idées*. Nous savons en quoi consiste leur *nature* : nous avons reconnu toutes leurs *sources*, assigné toutes leurs *causes*, noté leurs principales *espèces*.

Sommes-nous au terme de nos recherches ? Non, messieurs ; à peine les avons-nous commencées. Cette réponse ne vous découragera pas ; car vous avez senti la nécessité d'un premier travail, pour vous préparer à ces recherches, pour les rendre plus faciles, plus sûres.

Nous avons, j'ose le croire, tout disposé pour bien commencer. Nous avons demandé aux philosophes un compte rigoureux de leurs opinions sur les premiers principes de l'intelligence. Nous avons passé en revue tout ce qu'ils ont pensé, tout ce qu'ils ont imaginé pour découvrir ces principes. Rien de ce qui les a satisfaits n'a pu nous satisfaire. Les uns ont mal vu, les autres mal raisonné. Souvent, tout a été fautif, les expériences et les théories. Il a donc fallu ne plus suivre des guides qui nous auraient égarés. Nous nous sommes frayé une route infiniment plus étendue que celle qui avait été tracée par les sensations. Nous avons laissé loin de nous celle qui était indiquée par des notions originairement gravées dans nos âmes. Nous avons évité toutes celles qui avaient été tentées jusqu'à ce jour.

Nous avons dit : *Toutes les idées ont leur origine dans le sentiment;* et nous nous sommes séparés de Platon, de Descartes, de Mallebranche.

Nous avons dit : *Toutes les idées n'ont pas leur origine dans la sensation ;* et nous avons abandonné Aristote, Locke, Condillac.

Nous avons dit encore : *Toutes les idées ont leur cause dans l'action des facultés de l'entendement*; et nous nous sommes trouvés hors des voies de tous les philosophes.

Si, en effet, tout ce qu'il a été donné à l'homme d'avoir de connaissances, a son origine nécessaire dans quelque *sentiment*, et sa cause nécessaire dans quelque *acte de l'esprit*, nous avons dû ne reconnaître aucune école ; car ces choses n'ont été professées par aucune école.

Mais, suffit-il d'avoir appris à distinguer ce que nous faisons nous-mêmes en nous-mêmes, de ce qui se fait en nous, sans notre coopération ; d'avoir observé toutes nos manières d'agir, et toutes nos manières de sentir ? Suffit-il de nous être démontré, qu'à la différence du sentiment qui nous vient de la nature, l'idée est un produit de notre activité propre ; que notre *intelligence* enfin est notre ouvrage ?

Qu'avons-nous fait pour cette intelligence ?

Nous avons étudié la *manière dont se forment les idées* : avons-nous procédé à la formation d'une seule idée (1)? Nous savons que *toutes les idées ont leur origine dans quelque sentiment :* cette vérité a-t-elle été mise mise à l'épreuve ? a-t-elle reçu ses applications ?

Tout nous reste donc à faire : et cependant tout est fait, en quelque sorte.

Un peuple, dont le territoire abonde en mines d'or et d'argent, et qui, en même temps, possède les instrumens nécessaires à l'extraction de ces métaux, n'a qu'à vouloir. Ses *richesses métalliques* augmenteront tous les jours, tant que les mines ne seront pas épuisées, tant que l'industrie ne se lassera pas de fouiller dans les entrailles de la terre.

Image de l'esprit humain. Les divers sentimens qu'il doit à la nature, sont les mines qui recèlent les matériaux inépuisables de ses connaissances. Les facultés qu'il doit aussi à la na-

___

(1) Sont exceptées, sans qu'on le dise, les idées dont nous avons eu besoin pour établir notre doctrine.

ture, mais dont l'art a augmenté la puissance, sont les instrumens avec lesquels il agit sur ces matériaux, pour en faire sortir les *richesses intellectuelles*.

Il ne tient donc qu'à nous d'entrer en possession de ces richesses, de les accroître sans mesure. Le sentiment qui les donne ne nous manque jamais. Il est vrai qu'il faut les lui demander. Souvent même, il faut les lui demander avec obstination; mais il est rare qu'il ne cède pas à nos instances réitérées.

Pour savoir interroger le *sentiment*, il faut le connaître; il faut s'être bien assuré de tout ce qui le constitue. Car si vous négligez quelqu'un des élémens de *notre* sensibilité. Vous ne rendrez pas raison de *notre* intelligence.

L'intelligence qui nous appartient, embrasse des *idées sensibles*, des *idées intellectuelles* et des *idées morales*. C'est cette intelligence, et non une autre, qu'il s'agit d'expliquer, ou du moins, qu'il est nécessaire d'expliquer d'abord.

Ce problème, le plus intéressant qui puisse être proposé à des créatures intelligentes, à des hommes, en comprend deux, dont l'un, plus vaste dans ses développemens, est subordonné à l'autre auquel il emprunte ses principes.

La solution de celui-ci, le premier qui ait dû

appeler nos recherches, et fixer notre attention, nous a fait connaître la *nature*, les *sources*, les *causes* des idées, et toutes les variétés de leurs espèces. Elle a pour objet *la manière dont se forme l'intelligence*.

Pour résoudre le second, il est nécessaire d'entrer dans le détail des idées, d'assigner à chacune son origine spéciale, sa cause propre, la place qui lui convient, et de leur donner ainsi à toutes les titres qui leur serviront de garantie. Ici, l'objet, c'est *la formation de l'intelligence*.

Si vous transposez ces deux problèmes, vous ne les résoudrez jamais. Comment formerez-vous l'intelligence, si vous ignorez la manière dont elle se forme ?

Presque tous les métaphysiciens ont fait ce renversement d'ordre. Presque tous commencent, sans s'être pénétrés de l'importance de bien commencer ; souvent même, sans s'être rendu compte de la juste signification du mot *commencement*. Ils entrent donc en matière par des questions prises à l'aventure. Manquant de principes, rien ne les éclaire, rien ne les dirige, rien ne les soutient : ils marchent au hasard, ou dans les ténèbres, sans appui, sans secours, sans se douter même qu'ils en aient besoin. Leurs systèmes ont fait mépriser le nom de *système* ; comme leur métaphysique, le nom de *métaphysique*.

Il fallait donc, avant tout, avoir reconnu les vérités suivantes :

1°. Notre âme, au sortir des mains du Créateur, est tout à la fois *sensible* et *active*.

2°. A peine est-elle unie au corps, que, de *sensible* qu'elle était, elle devient *sentante* ; et, dès qu'elle a senti, d'*active* qu'elle était, elle devient *agissante*.

3°. Nous ne comprenons, ni *comment* un mouvement du corps est suivi d'un sentiment de l'âme, ni *comment* un sentiment de l'âme est suivi d'une action de l'âme. Mais nous avons la certitude que le *mouvement*, de quelque manière que l'imagination se le représente, ne saurait se transformer en *sentiment*, ni le sentiment en *action*. Nous devons ici nous en tenir à la seule expérience.

4°. S'il est indispensable de bien séparer l'activité de la sensibilité, pour avoir dans ces deux attributs primitifs les *fondemens* de l'intelligence, il ne l'est pas moins pour concevoir les *développemens* de l'intelligence, de distinguer, dans l'activité, toutes les manières dont elle s'exerce, et dans la sensibilité, toutes les manières dont elle se produit.

5°. L'activité, dans son exercice, et considérée seulement dans ses rapports avec l'intelligence, est, ou *attention*, ou *comparaison*, ou *raisonnement*. Ces trois facultés, si distinctes dans leur *action*, se confondent et s'identifient dans un seul et même *principe*. Elles ne sont que l'*attention*.

6°. La sensibilité, quand elle se manifeste, est, ou *sensation*, ou *sentiment de l'action de l'esprit*, ou *sentiment de rapport*, ou *sentiment moral*. Il n'en est pas des manières de sentir, comme des manières d'agir, qui ne sont au fond qu'une seule manière d'agir. Les quatre manières de sentir ne dérivent pas les unes des autres. Elle ne peuvent se confondre et s'identifier avec la *sensation*, comme dans un seul *principe*.

7°. L'âme peut donc agir, et elle agit de trois manières différentes sur chacune de ses quatre différentes manières de sentir. De cette action qui se multiplie, appliquée au sentiment qui se diversifie, sortiront des idées sensibles, des idées intellectuelles et des idées morales : idées qui seront *absolues et immédiates*, si elles sont produites par la seule attention; *relatives et immédiates* si elles sont produites par la comparaison; *médiates ou déduites*, si elles sont l'ouvrage du raisonnement.

Quand on aura vu toutes ces idées se former successivement ; quand on les aura comptées, pour ainsi dire ; alors, on aura assisté à *la formation de l'intelligence*, et le second problème sera résolu dans toutes ses parties. Mais il ne peut l'être, si l'on n'a d'abord résolu le premier ; si l'on ignore les vérités que nous venons d'énoncer ; si l'on ne connaît pas *la manière dont se forme l'intelligence*.

Nous avons essayé de répandre quelque lumière sur cette question fondamentale. Elle doit à son tour éclairer toutes les questions particulières de la métaphysique.

Ici, afin de n'être pas exposés à nous perdre dans des difficultés qui viennent de nous, plus que des choses elles-mêmes, il faudra, surtout, ne rien précipiter. Les idées devront être prises une à une. On se demandera si elles sont primitives ou dérivées, simples ou composées, abstraites ou concrètes, de choses ou de mots, réelles ou chimériques : en un mot, on vérifiera soigneusement leurs titres pour bien apprécier leurs qualités, pour fixer leur valeur.

Je voudrais aujourd'hui vous faire entrevoir, à l'avance, la méthode qui me paraît devoir être suivie en faisant ces recherches. Mais il faut bien savoir d'où nous venons, où nous sommes, où nous allons.

Vous apercevez, ce me semble, très-distinctement, le point où nous sommes placés sur la ligne que nous parcourons. Votre œil mesure le chemin que nous avons fait sur cette ligne, la distance qui nous sépare de son origine.

Après la question des *facultés de l'âme*, objet de la première partie, celle qui s'est présentée à nous, au moment où nous sommes entrés dans la seconde, c'est la question de la *nature des idées*. Nous avons fait quelques pas; nous avons trouvé leurs *sources*, et presque en même temps leurs *causes*. Nous nous sommes arrêtés devant ces causes qui nous étaient déjà connues, puisqu'elles sont les facultés mêmes de l'entendement. Quels rapports y a-t-il entre leurs effets (1)? quels rapports y a-t-il entre elles (2)? La curiosité nous a retenus devant ces sources. Viennent-elles toutes d'une seule et même source? seraient-elles sans communi-

---

(1) Les effets produits par l'action des facultés de l'entendement, ce sont les idées sensibles, les idées intellectuelles, et les idées morales. Il y a, entre ces idées, *des rapports de différence spécifique*.

(2) Il y a entre les facultés *un rapport d'identité*, puisque dans leur principe elles ne sont toutes que l'*attention*.

cation? Voilà ce que nous avons cherché à découvrir. Nous avons tout observé, tout examiné avec un grand soin. Plusieurs fois nous sommes revenus sur ce que nous avions vu, pour le mieux voir. Enfin, après une course qui peut-être n'a pas été sans quelque instruction, ni peut-être aussi sans quelque agrément, loin de désirer le repos, nous avons senti le besoin de faire l'étude des différentes classes auxquelles peuvent se rapporter nos connaissances.

Nous savons donc en quoi consiste la nature des idées. Nous savons où elles sont engagées, et comment on peut les dégager. Nous les trouverons facilement toutes les fois que nous voudrons nous en occuper, si nous les disposons avec ordre.

Mais, pour ordonner des idées, il faut les avoir : et on ne les a qu'autant qu'on les a faites. Il s'agit donc de faire nos idées, de réaliser l'intelligence. Jusqu'ici, vide et déserte, elle existe à peine : elle ne sera, que lorsque nous l'aurons peuplée d'idées, d'images, de souvenirs; que lorsque nous l'aurons enrichie, et comme remplie des trésors de la connaissance et de la vérité. Les sources et les causes de l'intelligence nous assurent qu'elle est *possible*. Les produits de ces sources, les effets de ces causes, lui donnent l'*existence*. Elle fera la gloire de celui qui la cultive, si, de bonne heure, il lui a confié les semences du beau et du bon; la honte de celui qui la néglige ou la déprave.

La philosophie a été placée devant l'esprit humain pour le défendre du mensonge et des préjugés, pour ne donner accès qu'aux idées vraies, aux notions éprouvées. A-t-elle toujours été fidèle à ses devoirs ? n'a-t-elle jamais été complice de l'erreur ? Ne confondons pas la philosophie avec les philosophes : disons plutôt, comment il nous semble que ceux-ci devraient s'y prendre lorsqu'ils veulent faire, ou refaire, ou vérifier les idées. Je me bornerai à un petit nombre de ces idées, et aux indications les plus sommaires.

Les corps : l'âme : Dieu. Comment l'âme se formera-t-elle une image des corps ? comment pourra-t-elle se connaître elle-même ? comment s'élèvera-t-elle jusqu'à l'être infini ?

Puisqu'il est démontré que toutes les idées ont leur origine dans quelqu'une de nos manières de sentir, et leur cause dans l'action de quelque faculté de l'entendement, nous savons où se trouve la réponse à ces questions.

Et d'abord; des sensations, naissent les idées sensibles; idées, qui nous montrent les *corps*, en nous montrant leurs qualités. Je n'ignore pas qu'il y a ici des difficultés réelles, dont on a donné des solutions plus ingénieuses que complétement satisfaisantes. Je dirai bientôt comment on devrait s'y prendre pour lever ces difficultés ; mais, pour le moment, je veux faire une observation qui pourrait nous échapper.

Parce que l'idée des corps nous vient des sensations, on a cru que les sensations suffisaient pour nous donner l'idée du spectacle de l'univers. L'univers est quelque chose de plus que l'assemblage ou la somme de tous les corps. Il est un concert d'élémens, un accord admirable de fins et de moyens, un immense système de proportions et de rapports de toute espèce.

Bornés aux *seules sensations*, et privés des *sentimens de rapport*, nous serions dans une ignorance invincible des merveilles de la nature. Nous ne connaîtrions ni l'harmonie qu'on découvre dans l'organisation du plus petit insecte, ni l'harmonie qui éclate dans les sphères célestes.

La connaissance du monde physique repose donc sur deux bases, les *sensations* et les *sentimens de rapport* : elle exige aussi l'emploi de deux facultés de l'entendement, l'*attention* et la *comparaison*. Sans ces deux points d'appui, et sans ces deux leviers, l'âme ne pourrait s'élever ni aux idées de rapport, ni aux idées sensibles : elle ne connaîtrait ni l'ordre qui règne entre les objets extérieurs, ni aucun objet extérieur : elle existerait solitaire, au milieu des mondes qui remplissent les espaces.

Si, pour connaître les corps, il est nécessaire de *sentir*, connaîtrons-nous *l'âme* sans avoir recours au *sentiment* ? Mais, quoi ? ignorons-nous donc ce que c'est que l'âme ? n'est-ce pas de l'âme que nous parlons dans toutes nos séances ; et aurions-nous tant de fois prononcé ce nom sans y attacher quelque idée ?

Vous ne le pensez pas : vous ne sauriez le penser. Les mots dont nous nous sommes servis pour désigner les divers emplois de l'activité, et les divers modes de la sensibilité, ne sont pas vides de sens. Nous n'avons pas imaginé que nous étions *sensibles* et *actifs* ; nous n'avons imaginé ni les *facultés de l'âme*, ni ses *différentes manières de sentir*. Ce sont des choses bien réelles ; et, comme elles nous sont connues, l'âme elle-même nous est connue, ou du moins elle ne nous est pas tout-à-fait inconnue.

Il est vrai que l'âme est une substance incorporelle, immatérielle, inétendue, simple, spirituelle ; mais la connaissance de la *spiritua-*

lité de l'âme est une suite de celle de son activité et de sa sensibilité.

Une substance ne peut *comparer* qu'elle n'ait deux sentimens distincts, ou deux idées à la fois. Si la substance est étendue et composée de parties, ne fût-ce que de deux, où placerez-vous les deux idées ? seront-elles toutes deux dans chaque partie, ou l'une dans une partie, et l'autre dans l'autre ? Choisissez : il n'y a pas de milieu. Si les deux idées sont séparées, la comparaison est impossible. Si elles sont réunies dans chaque partie, il y a deux comparaisons à la fois, et par conséquent deux substances qui comparent, deux âmes, deux *moi*, mille, si vous supposez l'âme composée de mille parties.

Vous ne pouvez échapper à la force de cette preuve : vous ne pouvez nier la simplicité, la spiritualité de l'âme, qu'en niant que vous ayez la faculté de comparer, ou qu'en admettant en vous-même, pluralité de *moi*, pluralité de *personnes*.

Il faut donc pour se faire une idée de l'âme, de l'*âme spirituelle*, chercher l'origine de cette idée dans le sentiment de l'action de ses facultés, et la cause dans le raisonnement.

Nous *sentons* l'action du principe pensant ; nous *prouvons* sa simplicité, sa spiritualité.

Il nous sera peut-être également facile d'indiquer la manière dont nous nous élevons à l'idée de *Dieu*; mais n'oubliez pas qu'il ne s'agit dans ces indications, ni de l'existence de Dieu, ni de l'existence de l'âme, ni de l'existence des corps; et si, dans le peu que nous venons de dire sur l'âme, on trouvait une preuve de son existence, comme dans le peu que nous allons dire sur Dieu, une preuve de l'existence de Dieu, nous devrions nous en féliciter, sans doute; mais ces preuves, destinées à nous mettre en possession des plus importantes de toutes les vérités, et qui, pour être dignement développées, veulent le génie abondant et sublime des Pascal et des Bossuet, ne sont ici qu'une chose accessoire. Il s'agit, en ce moment, de la formation des idées, non pas de leur formation complète, mais des élémens qu'il faut mettre en œuvre pour obtenir des idées sûres et inébranlables.

L'idée de *Dieu* sera à l'épreuve de toutes les attaques, si elle s'appuie sur le *sentiment*.

Or, là est son appui. Qui pourrait le nier? qui pourrait en douter?

Du *sentiment* de sa faiblesse et de sa dépendance, l'homme, par un raisonnement naturel, ne s'élèvera-t-il pas à *l'idée de la souveraine indépendance et de la souveraine puissance?*

Du *sentiment* que produisent en lui, la régularité des lois de la nature et la marche calculée des astres, à l'*idée d'un ordonnateur suprême?*

Du *sentiment* de ce qu'il fait lui-même, quand il dispose ses actions pour les conduire vers un but, à l'*idée d'une intelligence infinie ?*

Ces trois idées ne sont qu'une seule idée. Mais, comme cette idée unique part de trois sentimens divers, on a pu, en la considérant sous trois points de vue, en faire le moyen de trois argumens de l'existence de *Dieu,* distincts et séparés. Le premier est pris dans la constitution même de *notre nature*; le second sort du *spectacle de l'univers*; le troisième est *l'argument des causes finales.*

Vous arriverez encore à l'idée de *Dieu*, et vous vous assurerez de son existence, par le *sentiment* du juste et de l'injuste, par la *conscience* du bien et du mal *moral* qui nous révèle un juge suprême.

Ainsi, la *sensibilité* humaine, toute entière, tend vers la *divinité*.

Aidée par les facultés de l'entendement, et convertie en *intelligence*, elle s'approche de la *divinité*, elle la voit, elle y touche présque.

Entrer aujourd'hui dans le développement de chacune des manières de sentir qui nous suggèrent l'idée de Dieu, ce serait trop anticiper.

Essayons, toutefois, de faire connaître la manière de *sentir* qui sert de fondement à l'idée de *cause première*.

Lorsque l'âme agit sur ses sentimens et sur ses idées, nous ne pouvons pas douter que, souvent, elle ne change sa manière d'être actuelle. Les sentimens deviennent des idées; les idées simples se réunissent pour former des idées composées; les idées composées se distribuent en idées simples. Quelquefois les affections s'affaiblissent: d'autres fois, au contraire, elles acquièrent une énergie qu'elles n'avaient pas. L'âme n'agit pas sans motif: elle agit pour se donner une connaissance, ou pour rectifier une erreur; pour se procurer un bien, ou pour se délivrer d'un mal.

Or, l'âme ne peut pas agir, et en conséquence éprouver un changement, qu'elle n'ait le sentiment de son action, et celui du changement opéré par cette action. Ces deux *sentimens* deviendront bientôt deux *idées*, dont l'une sera celle de *cause*, et l'autre celle d'*effet*. Car, un changement considéré dans son rapport à l'action, en vertu de laquelle il est produit, reçoit le nom d'*effet*, comme l'action elle-même prend le nom de *cause*.

Redisons la même chose. Les deux sentimens, de l'action de l'âme, et du changement qui en est la suite, donnent lieu à deux idées. La présence simultanée de ces deux idées donne lieu, d'abord au simple sentiment du rapport qui se trouve entre l'action et le changement, et bientôt à l'idée de ce même rapport. Ce rapport est de la *cause* à *l'effet*, si vous allez de l'action au changement ; de l'*effet* à la *cause*, si vous allez du changement à l'action.

C'est donc en nous-mêmes que nous trouvons l'idée de *cause*. Elle dérive du *sentiment du rapport*, entre une *action* de l'âme et un *changement* de l'âme.

On croira peut-être, en convenant que c'est en nous que se trouve l'origine de l'idée de *cause*, qu'il serait mieux de faire sortir cette idée, de l'action que l'âme exerce sur son corps, que de l'action qu'elle exerce sur elle-même. Je suis loin de le penser : je ne nie point l'action de l'âme sur son corps ; je ne l'affirme pas. Nous avons fait profession, avec Pascal, d'ignorer la manière dont le corps influe sur l'âme, et celle dont l'âme influe sur le corps. Ainsi, nous ne saurions partager l'opinion des philosophes qui, sans balancer, prononcent que l'âme est une *force motrice des fibres*.

Vainement, direz-vous avec Rousseau, *j'aimerais autant douter de mon existence que du pouvoir que j'ai de remuer mon bras*. La parité n'est pas exacte : on ne peut pas douter de son existence, au lieu qu'on peut douter du pouvoir de remuer son bras : car, faites-y bien attention, vous sentez la *volonté* de remuer votre bras, vous ne sentez pas le *pouvoir* de le remuer.

On a dit que l'âme est une *force pensante* : on a dit aussi qu'elle est une *force sentante*. La première de ces expressions est parfaitement juste ; la seconde est fausse ; elle est même contradictoire, à moins qu'on ait voulu dire que l'âme est une force, et que de plus elle sent.

La *pensée* prouve la force de l'âme ; elle est la force de l'âme. Le *sentiment* n'est pas la force de l'âme ; il ne prouve pas que la force soit dans l'âme. Au contraire, il prouve que la force est hors de l'âme, puisque, sans les sensations qui sont produites par l'action des objets extérieurs, l'âme, dans son état actuel, serait privée des autres espèces de sentiment.

L'*activité* et la *sensibilité* sont, il est vrai, également essentielles à l'âme ; mais le passage de la sensibilité au *sentiment* requiert l'action d'une force étrangère à l'âme ; au lieu que le passage de l'activité à l'*action*, quoique sollicité, quoique nécessité, si l'on veut, par le *sentiment*, se fait par l'énergie même de l'âme. L'*action* est plus l'âme elle-même, que ne l'est le *sentiment*.

L'idée de *cause* nous vient donc primitivement du *sentiment* de notre propre force, joint au sentiment des modifications qui sont produites par cette force. Elle nous vient du *sentiment d'un rapport* entre des choses qui sont en nous.

Mais bientôt nous voyons des forces et des causes hors de nous, et dans toute la nature. Un corps a la *force* de remuer un autre corps ; il est la *cause* du mouvement. La lune a la *force* de soulever les eaux de la mer ; elle est la *cause* du flux et du reflux. Les vents ont la *force* de déraciner les forêts, de renverser les édifices, etc.

Et ces causes, qui sont partout, n'agissent pas séparément, et isolées les unes des autres : elles sont liées, au contraire, de telle manière, qu'elles forment comme une chaîne immense, dont chaque anneau est tout à la fois cause et effet.

Or, une série de causes et d'effets, dans laquelle chaque cause est en même temps effet, et chaque effet en même temps cause, remonte nécessairement à une cause qui n'est pas effet, c'est-à-dire, à une cause première.

Ainsi, de l'idée de *cause*, qui a son origine immédiate dans le *sentiment d'un rapport*, entre des manières d'être de notre âme, le raisonnement nous porte au milieu des choses, d'où il nous élève à l'idée d'une *cause première*, d'une cause qui, dans son universalité, embrasse toute la nature.

Le raisonnement fera plus ; dans l'idée de cause première, il nous montrera l'idée d'un *être souverainement parfait*, l'idée même de Dieu.

Objectera-t-on que la force que nous attribuons aux corps, n'est pas leur force propre : qu'elle n'est que la force même de l'âme, qu'une illusion nous fait transporter hors de nous ; et qu'ainsi, l'idée que nous nous formons de Dieu, reposant sur une erreur de jugement, doit manquer de vérité ?

Rien n'est plus faible qu'un tel argument. Il se détruit lui-même ; et, loin de porter atteinte à l'idée de Dieu, il lui prête un nouvel appui, et lui donne plus d'évidence. Car, s'il est vrai qu'il y ait illusion dans notre jugement ; si la force que nous attribuons au corps, n'est que la force même de l'âme, les corps n'ont que du mouvement sans force réelle : ils ne *se meuvent* donc pas eux-mêmes, ils *sont mus* ; et nous sommes conduits à l'idée d'un *premier moteur*, d'une *cause première*.

Quelque supposition que l'on fasse, on sera toujours forcé de remonter à l'idée de Dieu.

En effet, la force que nous attribuons aux corps, et dont nous faisons la cause permanente du mouvement, de l'ordre, de la stabilité des lois de la nature, et de tous les phénomènes de l'univers; cette force, cette âme universelle qui *agite la masse* toute entière, et qui en vivifie jusques aux moindres élémens, peut être conçue de deux manières.

Ou l'on dira qu'elle appartient à la matière, comme une vertu qui lui est propre, et qu'elle transmet successivement d'un corps à d'autres corps; ou bien, la matière inerte et passive de sa nature, reçoit le mouvement, le laisse passer d'un corps à un autre, mais sans le donner, sans le transmettre, la force lui manquant pour le produire, et pour en opérer la transmission.

D'un côté, c'est un enchaînement d'effets, dont chacun est en même temps cause; et, à moins de se perdre dans une série infinie, on trouve Dieu à l'extrémité de la chaîne, ou plutôt, Dieu est au-dessus, et hors de la chaîne.

De l'autre, c'est un enchaînement d'effets, dont aucun n'est cause; et, alors, chaque chaînon réclame la cause universelle.

L'idée de *Dieu*, l'idée de l'*âme*, l'idée des *corps*, ont donc leur origine dans le *sentiment*; l'idée des corps, dans le *sentiment-sensation*; l'idée de l'âme dans le *sentiment de l'action de ses facultés*; l'idée de Dieu, dans *tous les sentimens*.

Mais, pour ne pas étendre notre conclusion au delà du raisonnement que nous venons de faire, l'idée de Dieu a une de ses origines dans le *sentiment de rapport*, dans ce sentiment de rapport qui donne lieu à l'idée de *cause*, d'où nous nous élevons d'abord à l'idée de cause *première*, et bientôt à l'idée de cause première *infinie* dans toutes ses perfections.

Et sur quoi s'appuierait notre intelligence, si le *sentiment* venait à nous manquer ? On voudrait donc que l'homme connût les rapports des choses sans avoir aucun *sentiment de rapport* ! les modifications de son âme, sans les *sentir* ! On voudrait que l'âme connût sa propre existence, sans *sentir* qu'elle existe !

Dira-t-on que Dieu est le maître de créer un esprit pur, dépourvu de sentiment, puisqu'il ne serait uni à aucun corps, et cependant doué d'une intelligence susceptible de s'accroître sans fin ?

J'admets la supposition d'un esprit pur : et comment s'y refuser ? Je n'admets pas qu'il puisse avoir une intelligence séparée de tout sentiment. Un esprit pur n'aurait pas de *sensations*, sans doute ; mais n'y a-t-il pas d'autres manières de *sentir* ? Et cet esprit fera-t-il usage de ses facultés, sans sentir ce qu'il fait? agrandira-t-il à chaque moment son intelligence, sans en être averti? se connaîtra-t-il lui-même, s'il est privé du sentiment de lui-même? Il sentira donc, mais ce sera à l'inverse des hommes. Il sentira, parce qu'il aura une intelligence; au lieu que nous, nous avons une intelligence parce que nous sentons.

Dieu, lui-même, *sent*; ne craignons pas de le dire. Dieu a le *sentiment* de ses perfections. Il a le *sentiment* de la plénitude de son être; ou, si ces expressions pouvaient faire quelque peine à ceux qu'une fausse philosophie a accoutumés à ne voir le *sentiment* que dans les *sensations*, nous dirions, en changeant le langage, mais non la pensée, que *Dieu jouit d'une félicité suprême;* qu'il est une *source infinie de bonheur,* comme il est une source infinie de puissance et de gloire.

Les philosophes, n'ayant reconnu dans la *sensibilité* que le résultat des impressions faites sur les *sens*, ont dû se diviser en une multitude d'opinions, mais qui toutes se ramènent nécessairement à deux sectes également impuissantes pour découvrir la vérité, et fortes seulement, l'une contre l'autre, de leur faiblesse réciproque.

Les uns, se croyant assurés par l'expérience, que les *premières idées* viennent des *sensations*, ont prétendu que *toutes* devaient en venir ; et ils ont fait de vains prodiges de sagacité, afin d'expliquer par quelles opérations, et par quelles modifications, les idées *sensibles* pouvaient se convertir en idées *intellectuelles*, et en idées *morales*.

Les autres, convenant qu'un grand nombre d'idées nous viennent des sensations, ont toujours nié que toutes les idées pussent remonter à cette source. Montrez-nous, ont-ils dit à leurs adversaires, montrez-nous dans les sensations, les idées des facultés de l'âme, les idées morales, les idées de rapport (1) : à l'instant nous vous donnons gain de cause ; mais les argumens des plus habiles d'entre vous n'ont pu nous convaincre. Il nous paraît même que vous avez tenté l'impossible.

Il est impossible, en effet, de voir l'intelligence humaine toute entière dans les *seules sensations* : et, jusque-là, les derniers ont l'avantage ; faible avantage, à la vérité, puisqu'il est

---

(1) Ils ne l'ont pas dit avec cette précision, et ils ne pouvaient pas le dire. Mais je suppose qu'en parlant des idées *spirituelles*, ils sentaient d'une manière confuse ce que nous énonçons ici d'une manière distincte.

purement négatif : encore, vont-ils le perdre à l'instant ; car voici la manière dont ils raisonnent.

Puisqu'on n'a pu montrer toutes les idées dans la sensation ; puisque nous avons la certitude qu'on les y chercherait vainement, il faut que les idées qui n'ont pas leur origine dans la sensation, soient sans origine : donc, elles tiennent à l'essence de l'âme ; donc elles existent au moment même où l'âme reçoit l'existence ; donc elles sont gravées en nous par la main de la nature ; donc elles sont antérieures aux sensations ; donc elles sont dans l'âme *à priori* ; donc elles sont *innées* ; donc, outre l'*entendement* auquel nous devons les idées sensibles, nous avons un *entendement pur*, qui n'a rien de commun avec la sensibilité ; donc, etc.

Vous voyez que les deux partis, ne reconnaissant qu'une manière de sentir, s'égaraient nécessairement, et que leurs raisonnemens ont été ce qu'ils devaient être. Qu'auraient-ils pu dire, en effet, que ce qu'ils ont dit ?

Les sensations sont notre seule manière de sentir. Or, les premières idées viennent des sensations. Pourquoi toutes n'en viendraient-elles pas ?

Les sensations sont notre seule manière de sentir. Or, il y a plusieurs idées qui ne sauraient venir des sensations. Il faut donc que l'âme les tienne uniquement et exclusivement d'elle-même, de sa nature, soit antérieurement aux sensations et à l'expérience, soit en même temps que les sensations et l'expérience, soit postérieurement aux sensations et à l'expérience.

Ces deux raisonnemens partant d'un principe faux, leurs conséquences, quoique opposées entre elles, sont nécessairement fausses.

Elles sont fausses ; et leur opposition, qui divise aujourd'hui les philosophes, comme elle les divisait il y a près de trois mille ans, continuera à les diviser, et à les diviser sur le choix entre deux erreurs, tant qu'ils borneront la sensibilité aux seules sensations. Appelons en témoignage deux grands philosophes.

« Locke, dit Leibnitz, n'a pas connu la nature de la *vérité*. Il a cru que la connaissance de toutes les *vérités* nous venait des sens. S'il avait bien compris quelle différence se trouve entre les vérités *contingentes*, et les vérités *nécessaires*, c'est-à-dire, entre les vérités acquises par *induction*, et les vérités *démontrées*, il aurait vu que les seules vérités contingentes dépendent des sens ; que les vérités nécessaires n'ont rien de commun avec eux ; et que, par conséquent, leur connaissance est fondée sur des principes gravés dans l'âme. » (*OEuvres de Leibnitz*, t. 5, p. 358.)

Les vérités *contingentes*, comme les vérités *nécessaires*, c'est-à-dire, les vérités acquises, soit par *induction*, soit par *démonstration*, les seules dont parle Leibnitz, sont fondées sur la liaison des conséquences avec leurs principes; elles sont, les unes et les autres, des *perceptions de rapport*; par conséquent, elles dérivent, les unes et les autres, du *sentiment de rapport*, et elles en dérivent exclusivement à toute autre manière de sentir.

Locke et les siens se trompent donc lorsqu'ils enseignent que les *vérités nécessaires* ont leur origine dans les *sensations*; ils ne se trompent pas moins, lorsqu'ils donnent la même origine aux *vérités contingentes*.

Leibnitz et les siens se trompent aussi doublement, d'abord en faisant la concession que les vérités contingentes viennent des sensations; et, en second lieu, quand, après s'être crus assurés que les vérités nécessaires ne dérivent pas de cette source, ils en concluent qu'elles sont fondées sur des principes gravés dans l'âme.

Ne pourrait-on pas dire, en empruntant la manière de Leibnitz?

Ni Locke, ni Leibnitz n'ont connu la nature de la *vérité*. Ils ont cru, l'un, que la connaissance de toutes les vérités nous venait des seules sensations; l'autre qu'elle nous venait, en partie des sensations, et en partie de certains principes gravés dans l'âme. S'ils avaient bien compris quelle différence se trouve entre les *sensations* et les *sentimens de rapport*, ils auraient vu que toutes les vérités acquises par *induction*, de même que toutes les vérités acquises par *démonstration*, dérivent des sentimens de rapport; et qu'il n'y en a aucune qui soit fondée, ou sur les sensations, ou sur des principes gravés dans l'âme.

Il est donc également certain, et que toutes les *idées* nous viennent de quelqu'un de nos sentimens, et que toutes les *vérités* nous viennent du seul sentiment de rapport.

C'en est assez pour asseoir les fondemens des sciences.

Sur les *sensations*, et sur les *sentimens de rapport*, s'élèvera la science de l'univers, la *cosmologie*.

Sur le *sentiment de l'action des facultés* de l'âme, et sur les *sentimens de rapport*, la science de l'âme elle-même, la *psychologie*.

Sur le *sentiment moral*, et sur les *sentimens de rapport*, la science des mœurs, la *morale*.

Sur *tous les sentimens*, et particulièrement sur le *sentiment de force*, sur le *sentiment* d'où naît l'idée de *cause*, la science de Dieu, la *théodicée*, science qui élève la pensée au-dessus de la nature, et prête en même temps à la morale, un appui nécessaire, en ajoutant aux décisions trop souvent incertaines de la conscience de l'homme, l'immutabilité de la loi divine.

Qu'y a-t-il au delà? Rien, sans doute. Mais dans ces sciences immenses, combien d'idées imparfaites, obscures, ou mal démêlées! Que ne laissent pas à désirer la plupart de celles qu'on a placées à l'entrée des sciences particulières! elles devraient tout éclairer, tout faciliter : elles obscurcissent tout; elles rendent tout difficile.

C'est à la métaphysique, mais seulement à une métaphysique dans laquelle auraient été déjà exposés les *vrais principes de l'intelligence*, qu'est réservé l'examen de ces idées. Sont-elles quelque chose de plus que des mots? Sont-elles autre chose que de vains produits de l'imagination? Quelle est leur origine? Quelle est leur cause? Représentent-elles les objets dans leur intégrité, ou seulement dans quelqu'une de leurs parties, dans quelqu'un de leurs points de vue? Sont-elles bien distinctes, bien précises, bien exactes?

Après avoir subi cette espèce d'interrogatoire, les idées seront adoptées lorsqu'elles auront produit leurs titres : elles seront rejetées, si elles ont usurpé le nom d'*idée*.

La métaphysique, dans ces vérifications, ne perdra jamais de vue le *sentiment*, point fixe auquel tout doit pouvoir se ramener, puisque tout en est parti.

C'est de là, vous n'en doutez plus, que sont parties les trois idées qui sont comme le fond de l'intelligence. D'où pourraient nous venir les autres ? Et, alors même que les traces en seraient effacées, ne sommes-nous pas assurés qu'elles remontent au *sentiment* ?

Il n'est pas toujours facile de découvrir l'origine première de nos connaissances. Cette difficulté, quand elle se rencontre, provient de ce que certaines idées datent d'une époque antérieure aux époques conservées par notre mémoire, telles que les idées des objets extérieurs, de notre propre corps, et plusieurs autres encore. Cette même difficulté provient pour d'autres idées, de ce que nous les avons déplacées du rang que leur avait assigné la nature, ou une méthode qui imite la nature. Alors, elles ne tiennent immédiatement à rien; et l'on ferait de vains efforts pour les voir ralliées à quelque principe. Il faut donc commencer par établir, ou rétablir, l'ordre, en mettant toutes les idées à leur place : elles nous conduiront d'elles-mêmes, et par une progression continue, au *sentiment* qui les a vues naître, qui leur a donné naissance.

Ici, les exemples viennent en foule : il n'est aucune science qui ne présente un grand nombre de ces idées, placées arbitrairement les unes après les autres. Ne sortons pas de la métaphysique : elle suffit, et de reste, pour justifier ce reproche.

La plupart des métaphysiciens, avant de s'engager dans les grandes questions de l'*âme* et de *Dieu*, qu'ils comprennent sous le nom de *métaphysique particulière*, croient devoir se préparer à cette étude par l'étude d'une science, suivant eux, bien plus élevée, plus sublime, plus transcendante, qu'ils appellent *métaphysique générale*. C'est l'*ontologie* ou la *science de l'être*. C'est la *philosophie première*, la *science première*, la *science des sciences*, etc.

Qu'enseigne donc cette ontologie? Que peut-elle enseigner? Quoi! elle est la science de l'*être*, la science des *existences*; et elle ne parle, ni des *corps* qu'elle laisse à la physique, ni de l'*âme*, ni de *Dieu!* Elle se dit la science première, et elle se tait sur le *sentiment!* Mais laissons s'expliquer eux-mêmes les métaphysiciens ontologistes.

Je ne remonterai pas jusqu'aux anciens scolastiques. Descartes, vers le milieu du dix-septième siècle, fit justice de leur *science première*. Je ne m'adresserai pas non plus à quelques ontologistes, ou scolastiques modernes, qui semblent vouloir renchérir sur les anciens : il vaut mieux écouter ceux qui ne sont ni trop loin, ni trop près de nous : voyons ce que c'est que leur *science des sciences*; quelles sont les idées dont ils la composent ; quel ordre ils assignent à ces idées. Trois auteurs célèbres nous tiendront lieu de tous les autres.

Hobbes, dans sa *philosophie première*, traite successivement de l'espace, du temps, du principe, de la fin, du fini, de l'infini, du corps, de l'accident, du plein, du vide, du contigu, du continu, du mouvement, du repos, de l'essence, de la forme, de la matière, de la cause, de l'effet, du nécessaire, du contingent, de la puissance, de l'acte, du même, du divers, de la relation, de la raison, du principe de l'individuation, de la quantité.

Volf, dans son *ontologie* : du principe de contradiction, du principe de la raison suffisante, de l'essence, de l'existence, du possible, de l'impossible, du déterminé, de l'indéterminé, de l'être, de l'identité, de la similitude, de l'être singulier, de l'être universel, du nécessaire, du contingent, de la quantité, de la qualité, de l'ordre, de la vérité, de l'être composé, de l'étendue, de la continuité, de l'espace, du temps, du mouvement, de l'être simple, des modifications simples; du fini, de l'infini, de la dépendance, des rapports, des causes, du signe.

S'gravesande, dans son *ontologie* : de l'être, de l'essence, de la substance, du mode, des relations, du non-être, du néant, du possible, de l'impossible, du nécessaire, du contingent, de la durée, du temps, de l'identité, de la cause, de l'effet.

Voulez-vous encore un exemple, un exemple domestique ? Je prends l'*ontologie* d'un cours de philosophie enseigné à l'université de Paris, et imprimé en 1750 : de l'être, des principes de la connaissance, des causes, de l'effet, de l'essence, de l'existence, de l'acte, de la puissance, de la nature, de l'entité, de l'individu, du principe indicatif et formel de l'individuation, de la subsistance, de la personnalité, des propriétés de l'être, de l'unité, de la bonté, des espèces de l'être, de la substance.

Maintenant, comparez entre elles ces quatre tables de matières fidèlement copiées. Le choix des idées, leur nombre, leur disposition, tout ne vous semble-t-il pas comme jeté au hasard ?

Et, si vous craignez la fatigue d'un trop long parallèle, arrêtez-vous aux deux titres qui se présentent les premiers.

L'un des auteurs commence par *l'espace et le temps*; l'autre, par *le principe de contradiction et le principe de la raison suffisante*; le troisième, par *l'être et l'essence*; le quatrième, par *l'être et les principes de la connaissance*.

Imaginez quatre traités d'arithmétique, dans lesquels on aurait bouleversé, à plaisir, la suite naturelle des règles et des théorèmes; que surtout on n'ait pas manqué de présenter d'abord les choses les plus disparates : en sorte que, là, on débute par les *logarithmes*; ici, par les *fractions*; d'un autre côté, par la *règle de trois*; et enfin, par la recherche du *plus grand commun diviseur*.

Voilà *l'ontologie* ou les ontologistes.

Lorsque nos idées ne sont pas disposées dans l'ordre qui les fait naître les unes des autres, il n'y a ni bonnes définitions, ni bonnes explications possibles (t. 1, leç. 13) : et, parce qu'il n'est que trop ordinaire de vouloir paraître savoir quand on ne sait pas, il arrive qu'on parle sans comprendre ses propres paroles; ou, si quelque adversaire incommode oblige à les définir, on fait entrer comme on peut dans ses définitions, ce qu'on a l'intention de prouver.

On élève des systèmes, qui ne reposent sur rien, pas même sur l'imagination : car ils échappent à l'imagination autant qu'à la raison et au bon sens. L'oreille est frappée : l'impression s'y arrête ; et rien n'arrive jusqu'à l'intelligence.

Comment l'*ontologie*, à la tête de la métaphysique, ne serait-elle pas un chaos ? Comment pourrait-elle satisfaire une raison qui veut s'éclairer ? Les connaissances qu'on lui demande tiennent à un problème qui ne peut être résolu, qu'autant qu'on a donné la solution d'un problème antérieur : et l'on appelle l'ontologie, la *science première*, la *philosophie première* !

Mais le premier problème, celui qui a pour objet *la manière dont se forme l'intelligence*, étant une fois résolu, sera-t-il possible d'ordonner enfin les idées *ontologiques*, puisque c'est ainsi qu'on veut les appeler ? Pourra-t-on en faire un tout qui ait son commencement, son milieu, sa fin ?

Je n'oserais l'assurer : je n'oserais, surtout, me flatter d'y réussir, et de ramener à un système régulier tant de choses, dont plusieurs semblent n'avoir entre elles aucun rapport.

Cependant, il serait possible de remédier, jusqu'à un certain point, à l'excès du désordre. On peut se diriger vers le but, quoiqu'il soit difficile de l'atteindre. Il suffit d'une chose ; mais elle est indispensable : il faut bien se placer en commençant.

Et vous ne direz pas que c'est en cela que consiste la plus grande difficulté : elle n'est plus, cette difficulté, depuis que nous avons acquis la certitude que toutes nos connaissances ont leur origine dans le sentiment, qu'elles commencent toutes au *sentiment*.

Que votre point de départ soit donc le *sentiment*, et suivez-en les progrès.

Le *sentiment-sensation* vous mène aux idées sensibles, et, par ces idées aux qualités des corps, et aux *corps*. Le *sentiment des facultés* de l'âme vous mène à la connaissance des facultés, et à l'*âme elle-même*.

L'idée du corps, et celle de l'âme, vous mèneront à l'idée de *substance*; celle de substance, à celle d'*essence*; celle d'essence, à celle de *possibilité*; la possibilité, au *pouvoir*; le pouvoir, à la *cause*. Vous pouvez encore, par une méthode plus prompte, arriver à cette dernière idée, à l'idée de *cause*; car, l'*idée de cause* sort immédiatement du *sentiment* de la cause, sentiment que nous éprouvons aussitôt que l'activité entre en exercice, ou, du moins, au premier acte de la volonté.

Remontez au *sentiment*, aux *sentimens* : vous

pouvez les considérer comme successifs, ou comme simultanés. Comme successifs, ils vous donneront, tous, l'idée de *succession*, de *temps*, de *durée* : comme simultanés, pourvu que ces *sentimens* soient des *sensations*, et que, parmi ces sensations simultanées ou co-existantes, se trouvent des sensations de *résistance*, ils vous donneront les idées d'*impénétrabilité*, d'*extériorité*, d'*étendue impénétrable*, de *matière*, de *corps*; d'*étendue pénétrable*, de *vide*, d'*espace*, d'*espace pur*.

Mais, à l'occasion de l'idée de l'espace, je ne veux pas vous dissimuler mon incertitude, ou mon ignorance; et, s'il m'était permis de juger de l'intelligence des autres par la faiblesse de la mienne, je ne craindrais pas de dire que, de quelque manière que vous vous y preniez pour vous rendre raison de cette idée, de l'idée de l'*espace pur*; soit que vous fassiez usage d'une analyse que vous n'auriez jamais trouvée en défaut, soit que vous appeliez à votre secours, ou l'imagination la plus fertile en ressources, ou l'abstraction qui sait le mieux simplifier son objet, ou les suppositions les plus ingénieuses, il vous sera bien difficile, sinon impossible, de vous satisfaire.

Les idées du *temps* et de l'*espace* vous conduiront à l'idée de l'*indéfini*, de l'*infini* même, autant qu'il nous est donné d'avoir cette dernière idée.

La curiosité vous forcera de jeter plus d'un regard, sur la question si ancienne et toujours nouvelle, de la *divisibilité à l'infini*, de la *matière*, de l'*étendue*, de la *durée*, des *nombres*, de la *vitesse*, etc., etc.

Je sens, messieurs, que je vous donne des aperçus bien superficiels, bien imparfaits, et de simples assertions au lieu de preuves. Aussi, n'ai-je promis, et n'ai-je pu vous promettre que les plus légères indications; mais je ne dois pas manquer de vous avertir que les mots que vous venez d'entendre, reçoivent, la plupart, un grand nombre d'acceptions, et que les idées que ces mots sont destinés à réveiller, ne sont pas toujours exprimées par ces mêmes mots.

Ainsi, vous trouverez que les *qualités* et les *propriétés*, soit des corps, soit de l'âme, prennent les noms de *modes*, de *modifications*, d'*attributs*, d'*attributs essentiels*, d'*attributs accidentels*, de *qualités premières*, de *qualités secondaires*.

Vous verrez que, par la *substance* d'un être, on entend quelquefois *la réunion de toutes les qualités* de cet être; et, d'autres fois, le *sujet*, le *soutien* de toutes les qualités. Au moyen de cette distinction, vous ne serez pas embarrassés lorsqu'on vous demandera, s'il nous est possible de nous faire une idée des *substances*.

Vous vous arrêterez sur le mot *essence*; vous vous demanderez ce que c'est, dans le langage des métaphysiciens, que l'*essence première* et l'*essence seconde*; l'*essence réelle* et l'*essence nominale*; l'*essence physique* et l'*essence métaphysique*.

Vous chercherez à deviner comment des philosophes ont pu enseigner que, dans l'ordre du développement de nos connaissances, l'idée de *possibilité* précède l'idée d'*existence*.

Vous n'oublierez pas, alors que vous vous occuperez du mot et de l'idée de *cause*, de faire un examen attentif des mots et des idées de *force*, de *principe*, de *raison*. Vous vous direz que, si quelquefois il est permis de confondre ces choses, d'autres fois, au contraire, il est de la plus grande importance de les séparer. *Il n'y a rien sans raison; il n'y a pas d'effet sans cause*, seront pour vous deux axiomes très-différens : surtout, vous vous garderez de reconnaître des *causes*, partout où vous verrez des *successions*; comme s'il suffisait qu'un phénomène se montrât constamment à la suite d'un autre, pour lui devoir son existence.

A la *cause*, à la *force*, au *principe*, se lie la

création, dont vous chercheriez vainement l'idée dans quelqu'un de vos sentimens, mais dont le raisonnement vous donnera la certitude.

Dans le *sentiment* de votre succession, de la succession des actes de votre esprit, de la succession de vos idées, vous ne trouverez pas seulement les idées de *succession*, de *temps*, de *durée* : vous verrez encore dans ces idées qui nous représentent le *passé*, le *présent*, et même l'*avenir*, l'étonnante propriété par laquelle nous sentons notre existence *passée* dans notre existence *actuelle*; et vous chercherez à vous rendre raison de la *mémoire*.

Vous saisirez cette occasion pour restituer à Descartes une découverte que, mal à propos, on attribue à Locke; savoir, que nous ne connaissons le *temps*, ou la durée successive des êtres, que par la succession de nos idées et de nos pensées. Voici, en effet, ce que tout le monde peut lire dans Descartes.

« Prius *et* posterius *durationis cujuscumque mihi innotescit, per* prius *et* posterius *durationis successivæ quam in cogitatione meâ deprehendo.* »

« L'*avant* et l'*après* de toute durée m'est connu, par l'*avant* et l'*après* de la durée successive que je découvre en ma pensée. » (Lettres de Descartes, t. 3, in-12, p. 63 et 71.)

Quand l'*infini* sera l'objet de vos méditations,

vous ne douterez pas, je le présume, que l'idée que nous pouvons en avoir n'ait été précédée par celle du *fini*, puisqu'il suffit de comparer entre eux deux objets inégaux, pour avoir l'idée de *plus* et de *moins*, l'idée de *bornes*, l'idée du *fini*. Alors, il faudra tâcher de vous expliquer comment des esprits aussi éminens que Descartes, Mallebranche, Bossuet, Fénélon, ont pu croire que la connaissance du *fini* suppose celle de l'*infini*, et qu'elle lui est postérieure, etc., etc.

La métaphysique n'a pas uniquement pour objet la génération et la formation des *idées* que nous nous faisons des choses : elle cherche à nous faire connaître les *choses* elles-mêmes, leur réalité, leur existence. Mais, après avoir démontré l'existence de *Dieu*, de l'*âme*, et des *corps*, que prononcera la métaphysique sur les *substances*, les *essences*, les *attributs*, les *modes*, les *formes*, les *causes*, le *temps*, l'*espace*, l'*infini* des géomètres, les *rapports*, le *vrai*, le *beau*, le *bon*, etc. ? Toutes ces choses sont-elles des êtres réels, ou ne seraient-elles que de pures idées, et quelques-unes, moins que des idées peut-être ?

Quoique je ne songe, en ce moment, à prouver aucune *existence*, je crois devoir faire une remarque sur la manière dont on pourrait traiter la question de l'*existence de l'âme*, et celle de l'*existence des corps*.

Ces deux questions, celle de l'*existence des corps* surtout, tant qu'elles ne seront pas autrement posées qu'on a coutume de le faire, présenteront toujours de grandes difficultés.

On est d'abord étonné des peines incroyables que se sont données les philosophes, pour chercher à nous convaincre de l'*existence* du ciel et de la terre, de celle des autres hommes, de celle de notre propre corps ; mais, dans tous les temps, il s'est rencontré des esprits qui ont exigé qu'on leur prouvât la réalité de chacune de ces choses.

Les hommes d'une opinion opposée n'ont pas manqué non plus ; et refuser la réalité aux corps a paru aussi extraordinaire que de l'accorder aux esprits.

La philosophie est donc ici obligée de combattre deux sortes d'adversaires : ceux qui, dans le monde entier, ne veulent reconnaître que des *corps*; et ceux qui ne veulent reconnaître que des *esprits*, ou même que leur seul *esprit*.

On ne voit ordinairement que deux questions, dans ce procès de la philosophie contre les *matérialistes* qui nient les esprits, et contre les *spiritualistes* qui nient la matière. On peut y en voir quatre qui, bien présentées, et bien résolues, feraient cesser les mauvais raisonnemens.

Observez que la question des corps est double : car, il s'agit d'abord de faire voir comment nous en avons acquis l'idée, et ensuite de prouver que cette idée correspond à une réalité placée hors de notre esprit : il s'agit de démontrer l'existence des corps, après avoir expliqué la formation de l'idée des corps.

Mais, à qui a-t-on besoin de démontrer l'existence des corps? A ceux qui la nient, à ceux qui ne reconnaissent d'autre existence que celle des esprits.

A qui a-t-on besoin de démontrer l'existence des esprits? A ceux qui n'admettent d'autre existence que celle des corps.

Et, s'il se trouvait des sceptiques assez intrépides, ou plutôt assez fous, pour nous dire : nous ne devons croire, ni à l'existence des esprits, ni à celle des corps, serions-nous réduits à les prendre en pitié? nous serait-il impossible de les détromper?

Il est donc nécessaire de résoudre quatre questions pour satisfaire la curiosité inquiète de l'homme, et de faire voir :

1°. *Comment nous avons acquis l'idée des corps* : première question pleine d'intérêt, quelque opinion qu'on ait sur la réalité des corps.

2°. *Que nous avons une âme spirituelle, s'il est vrai que nous ayons un corps*: seconde question contre les matérialistes qui nient l'âme.

3°. *Que nous avons un corps, et qu'il existe d'autres corps, s'il est vrai que nous ayons une âme spirituelle*: troisième question contre les spiritualistes qui nient les corps.

4°. *Que le sentiment démontre, d'abord l'existence de notre âme, et, par l'existence de notre âme, celle de notre corps et des corps étrangers*: quatrième question contre ceux qui nient tout, et la réalité des esprits, et la réalité des corps.

Mais je m'aperçois que, d'indication en indication, cette séance pourrait se prolonger à l'excès. Qu'il nous suffise d'avoir établi que nos connaissances remontent toujours à quelque *sentiment*: c'est de là qu'elles partent toutes: ceux qui les cherchent ailleurs ne les trouveront pas.

On n'en trouvera que la moindre partie, si on les cherche dans les *seules sensations*. Les idées *intellectuelles* et les idées *morales* tiennent, vous le savez, à d'autres manières de sentir.

Regardez autour de vous; comparez entre

eux les hommes avec lesquels vous vivez ; observez quels sont leurs goûts, leurs penchans ; remarquez le genre d'étude qui leur offre le plus d'attraits : tout vous dira combien la sensibilité varie ; tout vous dira l'influence des diverses manières de sentir, sur les qualités, et sur les habitudes de l'esprit.

Chez plusieurs, chez un trop grand nombre, dominent les *sensations* : quelques-uns sont plus p articulièrement affectés, ou par le *sentiment de leur activité* propre, ou par le *sentiment de rapport*, ou par le *sentiment moral* ; les premiers ne connaissent, en quelque sorte, que la vie de leur corps ; les autres, faits pour des plaisirs plus délicats, plus purs, vivent d'une vie intellectuelle, d'une vie morale.

A ces différentes *sensibilités*, joignez le *génie* ; et, dans ceux qui les auraient ainsi en partage, supposez à la fois, le pouvoir de soutenir long-temps leur *attention*, un goût vif pour le *rapprochement* des idées, une grande force de *raisonnement* : l'intelligence, considérée dans ses rapports à la seule philosophie, vous étonnera par ses contrastes, autant que par ses richesses.

Vous aurez la philosophie d'Épicure et de Lucrèce : vous aurez celle d'Aristote. et de Locke : vous aurez celle de Pythagore, de Platon, de Mallebranche, et les prodiges des mathématiques : vous aurez enfin Épictète, Marc-Aurèle, Fénélon.

Mais il est rare qu'une manière de sentir domine exclusivement ; il est rare qu'un sentiment ne réveille pas les autres sentimens. On ne verra point un monument d'architecture, sans que le *sentiment* de quelque *rapport* ne se mêle à la *sensation*; et, si ce monument est destiné au culte que l'homme rend à la Divinité, s'il est l'asile du guerrier qui versa son sang pour la patrie, qui pourra se défendre d'un *sentiment moral?*

Comme les *facultés de l'âme* agissent à la fois, alors même que l'une d'elles semble s'être emparée de toute notre activité (t. 1, p. 362) ; ainsi, les *manières de sentir* nous affectent à la fois, alors même qu'une seule paraît avoir absorbé la sensibilité entière. On dirait que tout ce que nous pouvons être, nous le sommes toujours, et que l'existence de toute la vie se trouve dans l'existence de chaque moment. C'est ce qui nous rend si difficile la connaissance de nous-mêmes ; énigme à jamais inexplicable, si l'analyse, descendant au fond de notre être, n'eût séparé des choses que la nature a unies et confondues, si son flambeau ne les eût successivement éclairées.

La distinction des *quatre sentimens*, sur laquelle repose ce que nous avons exposé dans cette seconde partie, n'est pas une chose si nouvelle qu'on n'en puisse montrer les traces dans plus d'un auteur. Il est vrai que cette diversité de sentimens n'avait jamais été consignée dans la théorie ; mais souvent on s'était exprimé comme si elle avait été distinctement reconnue.

Montesquieu nous en a fourni un exemple remarquable (leç. 4). Sans doute, il ne s'était pas dit explicitement, qu'il recélait dans les trésors de sa sensibilité *quatre sources* de connaissances. Qu'avait-il besoin de se le dire ? Il lui suffisait d'écrire sous la dictée de son génie. Une froide analyse lui devenait inutile : elle lui eût été nécessaire pour s'assurer de cette vérité, échappée, d'elle-même, à son *sentiment*.

Qui jamais, à l'égal de Condillac, regarda comme inébranlable le fondement de sa philosophie ? La *sensation*, principe unique des idées et des facultés, remplit toutes ses pages. Chaque nouvel écrit de l'auteur atteste une conviction plus grande. Le passage même que je vais transcrire est donné comme une preuve.

« Lorsque Thémistocle arrive aux jeux, le spectacle qui s'offre à lui n'est d'abord qu'un *plaisir de sensation* ; mais, lorsqu'il remarque tous les regards qui se tournent sur lui, Salamine alors se présente à sa mémoire. Il voit l'amour des Grecs, la considération de l'étranger, son nom porté aux deux bouts de la terre, et transmis à la postérité la plus reculée. Il semble que les sentimens de toute cette multitude qui l'environne, viennent se réunir en lui avec la promptitude du coup d'œil qui les exprime. Ce *plaisir de réflexion* est sans doute le plus délicieux : et c'est uniquement parce qu'il remue l'*âme toute entière*, au lieu que l'autre ne fait que l'effleurer. ». (*OEuvres de Condillac*, t. 14, p. 263.)

Si ce passage prouve qu'il n'y a en nous que des *sensations*, comment pourrait-on s'y prendre pour prouver le contraire ?

Le *plaisir de sensation* produit par la beauté du spectacle qui frappe les yeux de Thémistocle : voilà, sans doute, le *sentiment-sensation*. Mais ce que Condillac appelle *plaisir de réflexion*, n'a pas sa cause dans un objet physique. Ce plaisir est produit par l'amour des Grecs, par l'admiration des étrangers. N'est-ce pas là le *sentiment moral* ?

Et, que peut être un plaisir qui remue l'*âme toute entière*, s'il ne reveille toutes les affections de l'âme à la fois, celles qui tiennent à l'action des facultés, aux rapports, à la morale, comme celles qui dépendent d'un mouvement de l'organe ; ou, pour continuer la métaphore, s'il ne remue toutes les fibres de la sensibilité ?

Direz-vous, qu'en reconnaissant des plaisirs de nature différente, Condillac reconnaît des manières de sentir qui diffèrent aussi de nature, et qu'il les comprend toutes sous le nom de *sensation*, comme nous les comprenons toutes nous-mêmes sous le nom de *sentiment* ?

Dites donc qu'il admet *quatre espèces de sensations*, dont une seule est produite par l'action des objets extérieurs. Dites qu'il admet *quatre sources* de connaissances, *quatre origines* d'idées.

Ne voyez-vous pas que vous changez par-là toute sa doctrine ?

Mais qu'est-il besoin de recourir à des témoignages échappés involontairement à quelques auteurs, quand la langue que nous parlons tous, séparant avec une délicatesse exquise le *sentiment* de la *sensation*, réserve le premier de ces deux mots aux affections les plus douces ou les plus nobles, pour laisser l'autre aux besoins de la vie ; quand la langue maternelle nous force elle-même à dire et à répéter, sans cesse, que la nature n'a pas borné l'homme aux *sensations* ; qu'elle lui donna le *sentiment* des *rapports*, pour le préparer à la connaissance de la vérité, comme elle lui donna le *sentiment moral*, pour lui faire connaître la vertu.

Osons le dire : *la manière dont se forme l'intelligence*, n'est pas un mystère plus impénétrable que la plupart de ces phénomènes si long-temps inconnus, aujourd'hui familiers.

Avec du marbre et son ciseau, l'artiste fait une statue : il la fait aussi avec la pierre la plus commune.

Avec des *sentimens* et ses *facultés*, l'homme fait une intelligence : il fait son intelligence ; grossière et terrestre, quand il prend ses matériaux dans les *sensations* ; céleste et presque divine, s'il la forme avec les élémens les plus purs de la *sensibilité*.

D'où venaient les innombrables difficultés de ce premier problème de la métaphysique ?

Elles étaient, surtout, dans une expression dont l'habitude nous empêchait de découvrir le vice et la dangereuse influence.

En donnant à la *sensibilité* le nom de *faculté de sentir*, on avait associé, et comme identifié, deux idées incompatibles. Nous avons séparé ces deux idées. Ainsi séparées, elles ont été aussi fécondes en vérités, que leur réunion et leur confusion avaient été fécondes en erreurs.

Dans l'analyse de l'*activité*, nous avons trouvé le système des facultés de l'âme ; et, dans ces facultés, les *causes* de l'intelligence.

La *sensibilité* n'a plus été toujours la même. Une observation attentive nous a montré des oppositions de *nature*, où l'on soupçonnait à peine quelques différences d'*espèce*. Plusieurs manières de sentir ont donc été constatées ; et les *sources* de l'intelligence ont été reconnues.

On avait placé l'*activité* dans la *sensibilité*. On avait placé la *sensibilité* dans la *matière* ; et, dans cette *sensibilité*, aussi injustement ennoblie qu'injustement dégradée, on n'avait aperçu qu'un phénomène, changeant à la vérité dans ses formes, mais invariable dans son essence.

Nous avons dégagé l'*activité* de la *sensibilité* ; nous avons laissé la *matière* à son *inertie insensible* ; nous avons séparé le *sentiment* de tout ce qui n'est pas lui. Alors, dans le *sentiment*, nous avons vu, non pas un seul phénomène, qui n'aurait annoncé que le premier degré de l'intelligence ; mais quatre phénomènes pour la faire connaître toute entière ; quatre élémens également nécessaires pour former la raison ; quatre sources d'idées ; quatre *origines* de connaissances.

A quoi aboutit enfin le travail auquel nous nous livrons depuis l'ouverture du cours ? A quoi se réduisent tant de recherches, tant de discussions ?

Je craindrais de le dire à l'amour-propre : je ne le dirais pas à de faux savans ; mais je le dirai à vous, messieurs. Nous avons expliqué un mot, un seul mot, le mot *sentir* ; ou, si j'avais acquis le droit de penser qu'à l'avenir on séparera toujours l'*activité* de la *sensibilité*, qu'on ne confondra plus dans une seule idée le *sentiment* et l'*action*, je dirais que nous avons expliqué un mot encore, le mot *agir*.

Combien donc il est vrai qu'après les jugemens qui sortent immédiatement de l'expérience, la rectitude ou la fausseté de nos opinions dépend des signes de la pensée !

Et, pour finir par où nous avons commsncé ; pour vous rappeler une proposition, dont les développemens appartiennent à la logique, combien il doit être vrai que l'*esprit* humain *est tout entier dans l'artifice du langage!*

CONCLUSION.

L'ANALYSE de la *faculté de penser*, et l'analyse de la *sensibilité*, forment deux théories qui tendent vers le même but.

L'une fait voir *comment agit* notre âme ; l'autre, *comment elle est affectée ;* réunies, elles nous enseignent *comment elle connaît*.

L'infinie multitude de *sentimens* qui nous viennent en foule et sans ordre, de tous les points de l'univers, et de toutes les parties de nous-mêmes, portent à l'âme les affections de plaisir ou de peine, sans pouvoir encore l'éclairer. La *pensée* agit ; elle est *attentive* ; elle *compare* ; elle *raisonne*. L'esprit démêle et sépare des élémens qui étaient réunis et confondus ; il les distribue en *espèces*, dont il détermine le *caractère*, le *rang*, le *nombre* : déjà brille la lumière : le jour a pénétré le chaos ; et l'*intelligence* est créée.

Que fallait-il pour amener de tels objets à une telle simplicité ? Il fallait *avoir découvert ses principes*. (Préface de *l'Esprit des Lois*.)

FIN.

TABLE DES MATIÈRES.

pag.

LEÇONS DE PHILOSOPHIE. SECONDE PARTIE. De l'entendement considéré dans ses effets, ou, des *idées.*

PREMIÈRE LEÇON. *Introduction à la seconde partie.*

Dans quelle acception nous prenons le mot *philosophie.* Principales découvertes des philosophes depuis Descartes. Résumé de la première partie du cours de philosophie. Indication des suivantes. Nous nous bornons à l'étude de l'entendement, que nous considérons dans ses *effets* ou dans les *idées*, après l'avoir considéré dans ses *facultés* . . 1

IIe. LEÇON. — *De la nature des idées.*

Importance du sujet. Division des philosophes sur la nature de l'idée. Cause principale, et effets de ces divisions. Comparaison de la méthode des chimistes et de celle des métaphysiciens. Les uns vont des choses aux mots. Les autres veulent aller aux choses par les mots. En quoi consiste la nature de l'idée 23

IIIe. LEÇON.—*Des origines, et des causes de nos idées.*

Les philosophes ne sont pas moins divisés sur l'origine de nos idées que sur leur nature. Du mot *sentir*. Les idées *sensibles* ont leur origine dans le *sentiment-sensation* ; les idées *des facultés de l'âme*, dans le *sentiment de l'action de ses facultés* ; les idées *de rapport*, dans le *sentiment de rapport* ; les idées *morales*, dans le *sentiment moral*. Ces quatre espèces *d'idées* sont produites par *l'action des trois facultés* de l'entendement appliquées aux quatre manières de sentir. 48

IVe. LEÇON. — *Les diverses origines de nos idées ne peuvent pas être ramenées à une seule origine. Réflexions sur la formation des sciences.*

Les philosophes n'ayant pas remarqué les différentes manières de *sentir* dont notre âme est susceptible, se sont trouvés dans l'impossibilité de résoudre le problème de l'*origine des idées*. Les quatre espèces de sentimens d'où dérivent quatre espèces d'idées, ont chacune une nature qui leur est propre. Absurdité du spinosisme. Deux conditions indispensables pour la création des sciences. Nos divers sentimens ne sont pas subordonnés entre eux de la même manière que nos facultés. Comparaison des plaisirs des sens, des plaisirs de l'esprit, et des plaisirs du cœur 71

V^e. LEÇON. — ÉCLAIRCISSEMENS SUR LA NATURE DES IDÉES. *Des idées, dans leur rapport aux images, aux souvenirs et aux jugemens.*

La question de l'origine des idées avait été ramenée à une disjonctive dont les deux membres sont également faux. Différence entre la *nature*, l'*origine* et les *causes* de nos idées. Il ne faut pas confondre les idées avec les images, ni avec les souvenirs. Les philosophes n'ont vu dans le jugement qu'une perception de rapport, ou une affirmation. L'idée est un jugement d'une espèce particulière. En quoi consiste la perfection des idées. — Exemples. Combien nous devons à la parole. Cause de l'inégalité des esprits. Des scolastiques. Conclusion 96

TABLE

                                                             pag.

VIe. LEÇON. — ÉCLAIRCISSEMENS SUR L'ORIGINE DES IDÉES. *Fausse doctrine de l'école de Descartes et de celle de Locke.*

Critique des philosophes qui font dériver l'intelligence des *seules sensations*. Quelle est la part des sensations. Erreur de ceux qui enseignent que toutes les idées viennent des sens, et de ceux qui enseignent que les idées sont innées. Critique d'un passage de la Logique de Port-Royal, au sujet de l'idée de la *pensée*. Critique de la maxime, *il n'y a rien dans l'entendement qui n'ait été auparavant dans le sens*. Toute idée a été sentiment. Hors du sentiment il n'y a rien pour l'intelligence de l'homme 136

VIIe. LEÇON. — ÉCLAIRCISSEMENS SUR LES CAUSES DE NOS IDÉES. *Des rapports. Solution de quelques questions.*

Sentir et connaître ne sont pas une même chose. Des *idées de rapport*. En quoi elles diffèrent des *idées absolues*. Toutes les idées sont l'ouvrage de l'esprit. L'homme n'a pas le droit de se plaindre de son ignorance. Solution de plusieurs questions relatives aux idées. 166

VIII⁰. LEÇON.—*Objections contre l'ordre de nos leçons, et contre notre doctrine des idées.*

On objecte, 1°. que la logique doit précéder les autres parties de la philosophie, et que la métaphysique doit traiter successivement des sensations, des idées, et des facultés de l'âme; 2°. que, d'après la doctrine que nous avons exposée, l'intelligence est et n'est pas une même chose que la sensibilité. Réponses. 197

IX⁰. LEÇON. — *Des idées innées.*

Deux opinions principales sur l'origine des idées. Systèmes imaginés par les philosophes pour expliquer *comment* un mouvement du cerveau est suivi d'une idée. Influx physique. Médiateur. Causes occasionnelles. Harmonie préétablie. Sentiment de Pascal. Idées en Dieu. Platon. Mallebranche. Idées innées. Descartes n'admet pas les idées innées dans le sens qu'on les lui attribue. Idées innées d'après Leibnitz. Passages de Descartes qui font connaître sa vraie pensée. En quoi son opinion sur l'origine des idées diffère de celle de Locke, et de celle de Condillac. Pourquoi Descartes tenait à son système. Pourquoi Leibnitz tenait au sien. Le mot *entendement*, source de division. Idées *spirituelles*, autre source de division. Le mot *pensée*, autre source de division. De la *table rase*. L'opinion des idées innées, sous quelque forme qu'on la présente, ne peut soutenir l'examen de la raison. 234

X^e. LEÇON. — *Distribution des idées sensibles, intellectuelles et morales, en différentes classes.*

Idées vraies, claires, distinctes, etc. Avantages et inconvéniens des divisions. Ce que c'est qu'une idée simple. Énumération des principales idées simples. Liaison de la théorie des idées simples au projet d'une langue universelle. En quoi consiste une langue universelle. Leïbnitz. Descartes. Une langue universelle est possible. Nous avons plus de sentimens que d'idées, et plus d'idées que de mots. Comment on s'assure des idées simples et des idées composées. Différence de l'analyse descriptive et de l'analyse de raisonnement. L'analyse, toujours la même dans son essence, varie dans ses formes. 280

XIe. LEÇON. — *Des idées abstraites.*

Abstraction des sens. Abstraction de l'esprit.

Abstraction du langage. Double acception du mot *abstraction*. *Abstraction* et *difficulté* sont deux idées opposées. Du mot *difficulté*. La métaphysique est la plus facile des sciences. Divers exemples d'abstraction. Toute science est abstraite. 320

XII°. LEÇON. —*Des idées générales*.

Ce que c'est qu'une *idée générale*. Platon, Aristote. Zénon. Réalistes. Nominaux. Descartes. Hobbes. Condillac. Les idées générales peuvent être des idées ; elles peuvent n'être que des noms. Distribution des idées générales en classes subordonnées les unes aux autres. Exemples. Pour connaître les choses, il ne suffit pas d'en avoir des idées générales. Idée de l'*être* ou de l'*existence*. Passage de d'Alembert, relatif à l'existence. Passage de Buffon, relatif à la noblesse du style. Sans idées générales, l'homme ne raisonnerait pas. Aux yeux de l'intelligence suprême, il n'y a ni classes, ni genres, ni espèces, et, par conséquent, Dieu ne gouverne pas le monde par des lois générales. Si les idées générales sont fondées sur la nature des choses. Il ne faut pas confondre les *idées générales* avec les *idées collectives*. L'idée de la vertu est abstraite, générale et composée. C'est à la logique à montrer l'influence des termes généraux, et du langage, sur la marche directe, ou rétrograde, ou sur l'immobilité de l'esprit humain. . . . 346

XIIIe. LEÇON. — *Réflexions sur ce qui précède. Indication de ce qui reste à faire pour compléter un traité de métaphysique. Résumé.*

Rendre raison de l'intelligence de l'homme : tel est le problème dont on demande la solution à la métaphysique. Ce problème en comprend deux. L'un a pour objet, *la manière dont se forme l'intelligence* ; l'autre, *la formation de l'intelligence*. Le premier de ces deux problèmes est le seul que nous ayons cherché à résoudre. Vérités qu'il faut avoir reconnues, avant d'entreprendre la solution du second. Indication de la méthode qui peut le résoudre dans toutes ses parties. L'idée des *corps* a son origine dans le sentiment-sensation ; l'idée de l'*âme*, dans le sentiment de l'action de ses facultés ; l'idée de *Dieu*, dans tous les sentimens, et particulièrement dans le sentiment de *cause*. Les philosophes, pour n'avoir reconnu qu'une seule manière de sentir, ont dû nécessairement s'égarer. Erreur de Locke, et de ses disciples. Erreur de Leibnitz, et de ses disciples. Fondemens des sciences. L'ontologie n'est pas la science première. Ontologie de Hobbes, de Volf, de S'gravezande. Il faut partir du *sentiment*, pour arriver aux idées de la substance, de l'essence, de la possibilité, de la cause, du temps, de l'espace, de l'infini, du beau, du vrai, du bon, etc. Comment doit être posée la question de l'existence des corps. Confirmation de notre théorie de la sensibilité. 398

Conclusion. 452

FIN DE LA TABLE DES MATIÈRES.

FAUTES A CORRIGER.

Tous les N°˙. de renvoi du premier volume au second, doivent être augmentés d'une unité. Ainsi, par exemple, à la page 19, ligne dernière de la note, au lieu de (*t.* 2, *leç.* 2, 5 *et* 8.), lisez (*t.* 2, *leç.* 3, 6 *et* 9.), et il en est de même de tous les autres N°˙. qui renvoient du premier au second volume.

www.ingramcontent.com/pod-product-compliance
Lightning Source LLC
Chambersburg PA
CBHW070526230426
43665CB00014B/1581